LE JAGUAR ET LE TAMANOIR

Bernard Arcand

LE JAGUAR ET LE TAMANOIR

Vers le degré zéro de la pornographie

Boréal

© Les éditions du Boréal
Dépôt légal: 2ᵉ trimestre 1991
Bibliothèque nationale du Québec

Diffusion au Canada: Dimedia

Données de catalogage avant publication (Canada)
Arcand, Bernard
    Le jaguar et le tamanoir: vers le degré zéro de la pornographie
    ISBN 2-89052-382-9
    I. Titre
HQ471.A72 1991   363.4'7   C91-096220-0

À la fière mémoire de Lamar Clark qui,
faute de table ronde, choisit une arène carrée.

Ce livre traite un sujet des plus délicats, des plus graves et, nous l'avouons, nous a coûté plus de peine que les autres, ce qui en a retardé longtemps la publication. Mais nous avons senti notre responsabilité d'écrivain en face d'excès qui vont se multipliant et mettent en péril l'existence même du monde, et nous avons rempli notre devoir, tout notre devoir. Plus d'un lecteur se rendra difficilement à nos raisons, combattra nos conclusions, se plaindra de notre âpre franchise. Qu'il nous écoute sans passion, qu'il réfléchisse devant Dieu, qu'il interroge sa conscience, et il nous rendra tôt ou tard ce témoignage que nous avons dit la Vérité, pour l'honneur de la raison humaine et le salut du pays.

GEORGES SURBLED

Quiconque ne s'est jamais réveillé dans un lit anonyme à côté d'un visage qu'il ne reverra plus, et n'est pas sorti d'un bordel à l'aube avec l'envie de se jeter dans un fleuve par dégoût physique de l'existence, a manqué quelque chose.

CHARLES BAUDELAIRE

INTRODUCTION

DE LA DIFFICULTÉ DU SUJET

> Au fond, il n'y aurait que le degré
> zéro qui pourrait résister au mythe.
>
> ROLAND BARTHES
> *Mythologies*

À bien y penser, le début de cette histoire n'est pas très excitant. Imaginez le doyen d'une faculté des sciences sociales déclarant que le département d'anthropologie accueillait trop peu d'étudiants pour espérer couvrir ses frais, et que, de toute manière, l'anthropologie n'était plus vraiment une discipline qui convenait «au monde moderne». Il fallait donc réagir rapidement: consulter un journal et prendre note de ce qui préoccupait ce «monde moderne» que semblait connaître le doyen. C'était en 1983, et la page que ce journal consacre aux opinions de ses lecteurs accordait alors beaucoup de place aux controverses sur le contrôle politique de la pornographie. La plupart des lecteurs y dénonçaient la progression constante du marché de la pornographie, rangée parmi les fléaux de la société moderne et perçue comme le reflet d'une dégradation générale de l'environnement social, culturel et moral, une forme de pollution en quelque sorte, comparable au délabrement des milieux naturels. Comme la passion qui marquait ces débats laissait croire à leur grande importance et que le sexe constitue un outil publicitaire efficace, le sujet parut tout trouvé.

L'objectif premier de ce livre est donc de montrer comment l'anthropologie peut contribuer à ces discussions actuelles et permettre peut-être une meilleure appréciation de leurs enjeux. Essayer de joindre aux débats sur le bien et le mal une recherche des conditions qui ont créé la pornographie et qui assurent son succès, de même qu'un examen des raisons qui sous-tendent les questions politiques qu'elle soulève. En somme, espérer rien de moins que de pouvoir expliquer pourquoi la pornographie existe, avec ses contenus actuels et sous les formes particulières qu'elle revêt. Tâcher de retrouver ses sources premières et donc viser le degré zéro du phénomène, lequel, selon les lois fondamentales de l'anthropologie comme selon celles de la physique, ne peut jamais être atteint mais seulement approché.

Cette entreprise ambitieuse implique un cheminement contraire à celui emprunté par les commentaires habituels qui proposent de suivre l'évolution d'un phénomène de la préhistoire jusqu'à nous. Le travail de l'anthropologue procède généralement en sens inverse: partir du cas incontestablement moderne et tout à fait actuel pour ensuite montrer que les questions qui le sous-tendent étaient déjà connues et avaient parfois trouvé réponse ailleurs et depuis très longtemps. Dans le cas qui nous occupe, il s'agira de montrer que, dans le rituel où des individus se déguisent en jaguars et d'autres en tamanoirs (fourmiliers géants), les Indiens Sherente du Brésil central explorent en fait la seule solution au dilemme posé par la pornographie moderne.

Il faut tout de suite prévenir les amateurs de débats publics qu'ils ne trouveront probablement pas ici de réponse directe à leur besoin de savoir comment juger la pornographie. Car cette contribution à l'anthropologie cherche moins à distinguer le bien du mal qu'à repérer les conditions nécessaires à l'émergence d'un phénomène et à en mesurer les conséquences. Au mieux, les pages qui suivent traceront une carte des risques à venir, devant laquelle les choix sociaux sembleront parfois évidents, parfois confus et incertains. Mais, ce faisant, l'anthropologie réussit quelquefois à élargir et à tranformer les débats politiques en insinuant que les paramètres de la discussion étaient trop étroits et que la question était encore mal posée; prétentieuse, elle espère même justifier son existence parfois en mettant des points là où souvent l'on ne voyait même pas de i. Il faudra pour cela emprunter quelques détours, visiter d'autres lieux et considérer d'autres sujets, tout cela dans le noble but, admirablement résumé par Dan Sperber, de rendre «confusément intelligibles quelques fragments de l'expérience humaine qui, à eux seuls, valent le voyage[1]». Mais il ne faut pas oublier qu'il s'agit d'un essai, c'est-à-dire, selon le dictionnaire, d'un «ouvrage littéraire en prose, de facture très libre, traitant d'un sujet qu'il n'épuise pas». Qui pourrait prétendre épuiser la pornographie?

L'ouvrage est divisé en trois parties fort différentes, tant par les sujets traités que par le mode d'écriture. Il y a donc au départ un indéniable pari à réunir trois genres qui d'ordinaire se fréquentent assez peu.

La première partie s'intitule «Notes de lecture» parce qu'elle cherche à résumer l'essentiel de ce qui s'est écrit

dans une documentation devenue maintenant assez considérable. Les commentaires et analyses y sont regroupés sous
les deux rubriques habituelles: la définition du sujet et les
controverses qu'il suscite. Au début, la recherche d'une
définition adéquate de la pornographie s'amuse un peu de
la froideur et de l'ennui gêné que les commentaires analytiques trahissent surtout face à la franchise grossière du
marché pornographique, pour ensuite considérer brièvement les limites toujours incertaines des classements opérés
par les juristes ou les censeurs des mœurs nationales. Quant
au survol des débats, il se fait d'abord à travers la critique
d'une perspective conservatrice qui espère protéger la
moralité publique, puis par le rappel des principales discussions au sein du mouvement féministe, lesquelles ont
vite réussi à soulever des questions dont l'importance
dépasse de loin la simple polémique sur la censure d'images
sexistes.

La deuxième partie résume quelques analyses qui traitent de la pornographie comme phénomène caractéristique
de la société moderne. On y aborde donc la question des
contextes historiques et sociaux. Cette partie porte le titre
un peu ronflant de «Lectures notoires» dans le but premier
de signifier qu'il s'agit encore une fois très largement d'un
travail de lecture. La discussion s'ouvre alors sur quelques
gigantesques pans de l'expérience humaine qui paraîtront
vite inépuisables, car le sujet de la pornographie relance la
plupart des questions classiques autour des notions d'image
et d'imaginaire, de fantasme et de réalité, de relations entre
les sexes, de violence et de rapports sociaux, bref, certaines
des grandes inquiétudes de la société moderne qui semblent
toutes pertinentes pour faire comprendre le phénomène,
mais apparemment sans ordre de préséance ou même sans
agencement particulier. Ces lectures sont «notoires» parce
que les meilleurs esprits ont abordé chacune de ces grandes

questions. Mieux vaut donc avouer tout de suite que l'on trouvera là quelques reprises et des redites; mais comme disait André Gide, «toutes choses sont dites déjà; mais comme personne n'écoute, il faut toujours recommencer[2]». Quand un sujet a déjà été traité par George Steiner, Susan Sontag, Roland Barthes et combien d'autres, s'y engager à son tour demande une bonne dose d'humilité. Néanmoins, il ne nous paraît pas superflu de faire le point sur quelques-unes de ces idées, ne serait-ce que pour dire que nous ne les avons pas toutes, seul, inventées.

Enfin, la recherche du degré zéro viendra en troisième partie, quand la poursuite des conditions premières de la pornographie retrouvera les sentiers plus familiers et déjà battus de l'anthropologie. Il s'agira alors de réfléchir à l'aide des Sherente, de l'Inde médiévale, des Navaho ou d'autres peuples, sur des questions aussi élémentaires que la modestie et le privé, la création des genres, l'usage et la gestion sociale de la sexualité, le cas très particulier de la masturbation et de la perte des solidarités, et, finalement, la vie éternelle.

* * *

S'il est vrai que qui veut triompher avec un peu de gloire doit d'abord convaincre de l'ampleur du péril qu'il s'apprête à vaincre, il faut rappeler que la pornographie demeure un objet d'étude particulièrement difficile et sur lequel tout chercheur risque beaucoup. Il y a au moins quatre raisons qui expliquent pourquoi l'introduction à un essai sur la pornographie prend inévitablement l'allure d'une mise en garde.

Dans un article publié par le *Northwestern University Law Review*[3], la juriste Ruth McGaffey montre à quel point l'avis des témoins experts est facilement négligé dans les procès pour obscénité, aux États-Unis et en Angleterre.

Alors que, dans les causes d'homicide, les témoignages savants ont souvent une influence considérable sur le jury, l'opinion d'experts des mêmes disciplines (psychiatres, sociologues, etc.) devient soudain négligeable quand la cour cherche à prouver si la matière qu'elle a à juger mérite ou non d'être déclarée obscène. Certains magistrats vont jusqu'à conseiller aux jurés de résister aux témoignages des experts et de se fier plutôt à leur jugement personnel; ils insistent même pour dire que le juré ne doit pas modifier son opinion à partir de ce qu'il entendra au cours du procès, et qu'il serait parfaitement compréhensible que sa conclusion soit déjà formée et qu'elle demeure inébranlable. Bien sûr, la cour cherche par cette attitude à atteindre une définition de l'obscénité qui refléterait l'opinion la plus ordinaire du citoyen le plus idéalement moyen. La société affirme en somme, par la bouche du magistrat, que l'individu modeste, sans titre ni prestige et sans compétence par ailleurs sanctionnée, a droit dans ce cas-ci à une opinion qui égale ou même surpasse celle des meilleurs experts. Le fait est extrêmement rare, car dans la plupart des autres situations ce même individu moyen fait figure d'ignorant que la science doit éclairer sinon écraser sous la lourdeur de multiples tables rondes d'experts.

Si l'on reconnaît que la question de l'obscénité sexuelle appartient d'emblée au domaine du privé et du secret, et puisque les tribunaux eux-mêmes n'hésitent pas à juger des gens sur la base d'opinions personnelles, il ne faut donc pas s'étonner que dans les débats publics sur les usages sociaux et politiques de l'obscénité, les échanges d'opinions prennent si souvent le ton de dialogues de sourds.

Et de fait, si tout n'a pas encore été dit de la pornographie, on a par contre dit là-dessus très certainement n'importe quoi.

Peu de sujets semblent se prêter aussi facilement aux affirmations péremptoires mais gratuites, aux interprétations douteuses, aux conclusions hâtives, aux distorsions et à la mauvaise foi. Avant d'essayer de comprendre pourquoi il en est ainsi, on doit être conscient qu'un nombre considérable de déclarations publiques sur le sujet ne sont en fait que l'expression ouverte d'opinions qui n'ont d'autre poids que leur totale sincérité. Même les analyses qui se prétendent sérieuses ne sont pas toujours fiables: on y trouve parfois un mépris étonnant pour la méthode scientifique (qui s'accommode mal des querelles d'opinion) et ses meilleures contributions se réduisent souvent à quelques intuitions qui restent à vérifier. Bref, la documentation sur le sujet est considérable, mais terriblement partielle et passionnée. Notre première difficulté consiste donc à vouloir parcourir un champ déjà densément miné. Comment traiter en effet d'un sujet sur lequel chacun entretient une opinion socialement reconnue valable et égale à toute autre? Comment contourner des manières de penser, des jugements déjà formés et protégés par la mémoire sélective qui porte tout lecteur à ne retenir que ce qui confirme sa conviction et à ne jamais écouter ce qu'il ne veut pas entendre?

A. W. B. Simpson a consacré un livre entier à cette question[4]. Quatre ans après la publication du rapport du Comité Williams sur la pornographie en Grande-Bretagne, dont il avait été membre, Simpson prend la peine de montrer en détail à quel point le travail du comité n'a pas été compris par ses critiques, qui ne l'ont jamais vraiment lu et dont les préconceptions sont évidemment demeurées inchangées. Il montre aussi comment ces mêmes critiques ont fait un usage apparemment illimité de fausses assertions, de rumeurs et même de calomnies. Le livre illustre le désarroi d'un intellectuel qui croyait à la franchise et à l'honnêteté, mais à qui on pourrait facilement reprocher de n'avoir pas compris que l'empire du sexe est l'un de ceux où chacun joue sa vie et où tous les coups ne sont pas seulement permis mais recommandés. Les réactions que dénonce Simpson auraient dû être prévisibles parce qu'elles étaient inscrites dans la nature même de l'objet d'étude.

Dans le cas présent, il y a pis: comment dépasser l'opinion personnelle quand une partie essentielle de la thèse que l'on veut défendre consiste justement à affirmer que la pornographie apparaît lorsqu'il devient socialement admissible de dire n'importe quoi? Comment participer à un débat pour y introduire l'idée que la discussion et l'échange ne sont plus possibles? Comment Joseph Heller a-t-il réussi à terminer *Catch 22*?

* * *

Il y a quelques années, une émission de télévision[5] réunissait des femmes et des hommes dont le métier consistait à se déshabiller en public dans des clubs spécialisés. Or la toute première question que leur posa l'animatrice était s'ils faisaient ce métier «par choix, par intérêt ou plutôt par besoin d'exhibitionnisme»? La question était sans doute légitime, mais on ne penserait généralement pas à la poser, du moins pas dès l'entrée en matière, à un lecteur des informations télévisées, à un spécialiste en droit constitutionnel ou à une vedette du sport. Les mœurs, les habitudes et toute la tradition culturelle disent très clairement que le sexe sort de l'ordinaire. Se montrer nu n'est pas la même chose que de raconter sa vie.

Seconde difficulté, donc: le sujet est délicat. Sans doute encore trop mal connu, secret, tabou, extrêmement privé et inquiétant, mais, du même souffle, reconnu et annoncé comme terriblement fondamental et déterminant. Prétendre aujourd'hui que la sexualité n'est pas une force profonde de l'expérience humaine serait contredire une partie importante des discours officiels de la psychologie, de l'art et de la religion. Il serait plus prudent, et à peine excessif, de suggérer que l'évolution de notre culture a vu le sexe remplacer l'âme: les moindres détails du comportement peuvent aujourd'hui y être rattachés et la plupart des malaises se sont vu désigner une origine sexuelle. L'essentiel en dépend: une sexualité saine a été très souvent présentée comme la garantie d'un bien-être général, malgré le cancer et les accidents de la route. Le sexe a été promu au rang de moteur de l'histoire, peut-être pas universelle, mais du moins personnelle. Il n'est donc pas surprenant que l'opinion que chacun s'en fait soit si marquée et si immuable. Puisque la sexualité est devenue constitutive de l'être entier, changer d'avis à son sujet exigerait que l'on transforme du même coup tout son mode de vie.

Toutefois, cette force prodigieuse demeure largement celle de l'inconnu. Comme dans les formules latines de la messe traditionnelle ou dans les recettes d'anciennes potions magiques, le secret et l'incompréhensible conservent un pouvoir considérable. Et c'est avec une facilité souvent déconcertante que le sexe réussit à faire ricaner, à choquer, à passionner ou à écœurer. Seuls les sentiments forts lui conviennent et c'est peut-être pourquoi il est si difficile d'en parler. On ne décrit le sexe et la jouissance que par le biais du langage savant ou de celui de l'obscénité: d'un côté, le langage ordurier et provocateur des blagues osées et des films de sexe, de l'autre, les passages brusquement mis en latin dans les textes anciens ou la désignation de gestes ordinaires par les mots *cunnilinctus* et *fellatio*. Comme si, aussitôt choisi, chaque mot subissait une irrésistible pression vers le vulgaire («baiser») ou vers le trop poli, le précieux et le pédant («faire l'amour»), et ce jusqu'à l'exclusion de toute possibilité d'employer un langage ordinaire. On reconnaît ou bien les mots grossiers et les jurons des prolétaires, ou bien le jargon sémiotique et médical de l'aristocratie: la classe moyenne n'a pas les moyens de parler de sexe. George Orwell disait qu'il est difficile de discuter d'obscénité parce que les gens ont trop peur soit de paraître scandalisés, soit de ne pas paraître scandalisés. D'autres ont noté que, aux meilleures heures d'écoute de la télévision américaine, l'humour sert de dérivatif à l'embarras, puisqu'il y a beaucoup plus de gestes et de discours connotant la sexualité dans les comédies de situation que dans les documentaires ou les séries policières[6].

Dans un premier temps, ce malaise reflète probablement l'ignorance encore considérable chez nombre de gens de bien des aspects de la sexualité humaine. La plupart des enquêtes publiques sur le sujet répètent que de nombreuses personnes tiennent pour totalement mystérieux des phénomènes aussi courants que les menstrues, la fécondation ou l'éjaculation[7]; et c'est encore l'ignorance, source très réelle d'accidents et de drames, dont se plaignent avant tout les travailleurs sociaux et les conseillers scolaires. Mais il faut assurément joindre à cette ignorance l'idée que le sexe a été depuis longtemps désigné comme un des lieux privilégiés du péché. Toute une tradition religieuse, mais aussi civile, le classe du côté du mal et de la tentation démoniaque, dans les rayons de bibliothèques dont la désignation «enfermés» se transforma vite en «enfer». Cette tradition oppose le sexe à l'image d'un Dieu parfait issu d'une mère vierge et d'un père pur et chaste, et qui demeura à son tour éternellement vierge et fut suivi puis imité par des dévots qui s'approchaient de lui en faisant vœu de chasteté. La première personne qui remarqua que la cathédrale de Chicago était autrefois voisine du quartier général de l'empire *Playboy* avait sans doute raison de conclure que celui-ci ne pourrait pas vivre sans celle-là. Il est donc normal que les gens les plus à l'aise pour discourir sur le sexe soient si souvent des moralistes: prédicateurs chrétiens, juristes spécialisés dans les infidélités conjugales, médecins traitant les MTS, sexologues en croisade. Pour le commun des mortels, comme disait Susan Sontag, il est difficile de parler du mal quand on a perdu les termes religieux et philosophiques pour le faire[8].

Nous ne sommes cependant pas seuls, et la majorité des cultures humaines tiennent la sexualité dans un respect qui ne découle en rien de nos propres obsessions religieuses ou morales. Pas nécessairement toutes, et de mille façons fort différentes bien sûr, la plupart des sociétés reconnaissent que le sexe est important, essentiel, puissant et parfois même sacré. Comme si des êtres humains, pourtant très éloignés les uns des autres, avaient tous reconnu à l'acte sexuel l'étonnante capacité, tout à la fois, de faire jouir, de donner la vie et de faire mourir. Une ethnologie un peu terre à terre dirait sans doute que l'acte sexuel nous désarme et nous place dans une situation de vulnérabilité qui impose la discrétion et même la dissimulation. D'autres auteurs souligneraient plutôt que l'accouplement est un instant très particulier où notre comportement se rapproche dangereusement de celui des animaux et qu'il est donc nécessaire d'en faire un tabou afin de maintenir l'essentielle distinction qui nous sépare d'eux.

* * *

Tout individu appartient à plusieurs catégories sociales dont les principaux attributs lui sont imposés: il y a des nourritures pour jeunes et des nourritures pour vieux, comme il y a des vêtements de femmes et des vêtements d'hommes, de la musique de dentiste et de la musique de motocycliste, des expressions de riches et des phrases de pauvres. Ce qui n'élimine toutefois pas les tricheries: parler comme un prolétaire pour masquer sa fortune, porter le jeans qui rajeunit, ou alors, aux extrêmes, changer de sexe ou gagner à la loterie. Or le sexe est aussi un attribut culturel. On dira donc qu'il y a une sexualité jeune et une sexualité adulte, que la sexualité féminine n'est pas identique à la sexualité masculine, que les riches et les pauvres font des choses que les classes moyennes n'oseraient jamais faire, et on colporte des rumeurs sur les monastères. On arrive ainsi à croire que les stéréotypes d'attitudes et de comportements sexuels sont largement définis par le genre, l'âge, la profession et tout le reste. C'est d'ailleurs sur ces mêmes stéréotypes que joue la pornographie en choisissant ses vedettes parmi les camionneurs, les hôtesses de l'air, les infirmières ou les moines, tous réputés plus actifs sexuellement que les arpenteurs-géomètres ou les comptables.

Le sexisme n'est souvent que le plus évident des nombreux périls culturels qui guettent toute incursion dans le champ de la sexualité, mais il est considérable. Car si la lutte contre le sexisme consiste à vouloir partout démontrer que le sexe n'est pas un facteur de différence, cette lutte risque d'être particulièrement difficile là où justement la différence est donnée comme essentielle. Si on sait aujourd'hui faire admettre que le sexe d'un individu ne détermine en rien son intelligence ou sa compétence professionnelle, on hésite cependant à ajouter que ce même sexe ne détermine pas davantage sa sexualité. Et pourtant, malgré les différences physiques et les inconnues de la neurophysiologie du dimorphisme sexuel, la première leçon de l'ethnologie consiste à affirmer qu'il y a autant de versions de la sexualité humaine que de cultures pour les inventer et que la plasticité à ce niveau n'est pas si différente de celle qui caractérise la nourriture ou les modes vestimentaires. C'est souvent d'ailleurs en ânonnant cette leçon que les ethnologues se rendent intéressants dans les salons ou, au contraire, ennuient tout le monde dans les débats publics: il y a toujours quelque part une île où l'on prétend que les femmes dominent sexuellement, et que les hommes sont menstrués et sont contraints de se donner en spectacle.

Néanmoins, la notion d'une sexualité nécessairement sexuée a des allures de dogme et fait que la lutte contre le sexisme s'inverse parfois: les différences entre les sexes, qui ailleurs paraissent injustifiables et sont vues comme de fallacieux prétextes à l'oppression, deviennent ici constitutives, immuables et hautement respectables. Puisque la sexualité demeure le point d'ancrage de tout rapport entre les sexes, il était naturel que le mouvement de lutte contre le sexisme s'y intéresse, et que la question de la gestion sociale de la pornographie devienne l'occasion d'un débat plus général sur les stéréotypes sexuels et sur l'ensemble des rapports entre les sexes. Et parce que l'apprentissage de ces modèles culturels peut toujours laisser des traces, il convient de préciser tout de suite que cet essai a été écrit par un mâle hétérosexuel, stéréotype qu'il faudra constamment s'efforcer de neutraliser. À ce sujet, l'auteur se doit de faire au moins mention du point de vue radical selon lequel la difficulté serait insurmontable. Affirmer qu'il sera toujours impossible d'apprécier l'expérience qu'autrui peut avoir de la pornographie, c'est dire que les barrières entre les sexes et entre les diverses formes de sexualités demeureront toujours infranchissables. Mais il n'y a pas vraiment de raison valable de ne pas ajouter, de la même manière, la barrière des classes sociales, de l'âge, de l'expérience de vie, des positions philosophiques, de l'intelligence et du talent, pour enfin conclure que la communication est impossible et déclarer que toute analyse n'est finalement que le monologue égotiste de son auteur. En poursuivant, on peut enfin prétendre que le monde disparaît chaque fois que l'on ferme les yeux. Mieux vaut admettre simplement que le sujet est difficile et que, ici plus qu'ailleurs sans doute, il faut se méfier du sexisme rattaché à la plupart des idées qui fondent à la fois le phénomène lui-même et son analyse critique[9].

* * *

Reste à admettre une dernière difficulté: celle qui provient de l'extraordinaire platitude du discours savant quand il porte sur une entreprise commerciale entièrement axée sur le plaisir et la jouissance. Pornographie et science sont les produits d'une société qui distingue et sépare très nettement les activités du corps et celles de l'esprit. Le sexe, avec le sport, étant par excellence affaire de corps, cette séparation mène à dire que les gens beaux et pourvus d'attrait sexuel, tout comme les grands athlètes, sont obligatoirement tous un peu stupides, tandis qu'aux génies on ne reconnaît pas de sexe et l'on attribue facilement la laideur. Les intellectuels se trouvent donc ici en territoire très mal connu, et c'est sans doute pourquoi la plupart des discours savants sur la jouissance se rapprochent habituellement de la limite extrême de ce que la science peut produire comme ennui.

Car, comme chacun le sait, les intellectuels ont atteint la fonction sociale qu'ils occupent en partie par automépris sexuel, et il est donc facile de les accuser de parler comme des pédants souffrant d'inhibition sexuelle. C'est ce que disait très clairement Al Golstein, grand producteur américain de pornographie, lorsqu'il se trouva entraîné à la prestigieuse New School for Social Research de New York pour participer à un débat avec divers intellectuels et commentateurs de la société américaine (Erica

Jong, Susan Brownmiller, Aryeh Neier et d'autres)[10]. Bien qu'exprimant leur plus parfait désaccord sur ce qu'il faudrait désormais penser de la pornographie, tous ces intellectuels s'entendirent pour reproduire le discours officiel le plus commun: la pornographie est d'un ennui accablant, la plupart du temps désespérément triste et de très mauvais goût. Or, notait Golstein, puisqu'elle réussit commercialement, la pornographie doit bien procurer du plaisir à quelqu'un. Et comme les intellectuels n'oseraient pas ouvertement prétendre être supérieurs aux millions de consommateurs de pornographie, on doit alors comprendre qu'ils ajoutent à la gêne entourant le sexe et à son tabou traditionnel la honte du plaisir lui-même. D'où la nécessité pour un essai comme celui-ci, qui se veut savant, de ne pas éluder les notions de plaisir et de jouissance, de manière à ne pas oublier ce qui fonde très certainement l'essentiel de notre sujet.

PREMIÈRE PARTIE

NOTES DE LECTURE

CHAPITRE 1

TROIS DÉFINITIONS
DE LA PORNOGRAPHIE

> «Pornographie» désigne
> un argument, pas une chose.
> WALTER KENDRICK
> *The Secret Museum.*
> *Pornography in Modern Culture*

Qu'est-ce que la pornographie? L'obscène commence-t-il vraiment là où cesse l'érotisme? À quoi au juste tient la distinction? La plupart des réponses demeurent incertaines, et la définition fragile. On arrive à croire que cela tient au sujet: la pornographie provoque quelques sentiments forts, dont l'excitation sexuelle et la rage, mais reste imprécise et éminemment insaisissable... au point d'être d'abord reconnue par ses effets. Fait plus étonnant peut-être, les trois principales définitions de la pornographie semblent appartenir à des univers différents qui s'ignorent mutuellement. Chacune a ses mérites. On verra d'abord la définition analytique du phénomène, considérée avec un certain recul clinique dans l'espoir d'en dégager les éléments fondamentaux et d'en tirer un modèle valable en toutes circonstances, mais qui ne réussit pas souvent à échapper à la confusion ou à la tautologie. Il faudra donc implorer la patience du lecteur parce que les théoriciens ne recherchent pas nécessairement la clarté, mais aussi parce que l'on sent la gêne et les hésitations souvent arides de commentateurs peu habitués à discourir sur la grossièreté. Viendra ensuite la définition beaucoup plus simple du marché de la pornographie, c'est-à-dire la définition très empirique d'un produit de consommation par son contenu, par son marché et par ce que nous savons des gens qui y travaillent, qui le vendent ou l'achètent. Enfin, nous verrons la définition souvent très précise des censeurs gardiens du bon ordre social, moral et culturel, en somme la définition établie par l'État qui s'inquiète de l'obscénité et de ses effets pernicieux sur la société.

Vue de la tour d'ivoire

Il faut croire que la science a longtemps éprouvé beaucoup de gêne à parler de ces choses-là, tant ses efforts pour définir la pornographie paraissent provenir de plumes hésitantes. L'acception courante définit la pornographie comme une représentation de choses obscènes, c'est-à-dire de choses qui blessent délibérément la pudeur, laquelle est une honte ou une gêne qu'une personne éprouve à envisager des choses de nature sexuelle. S'il était facile de préciser quelles sont au juste ces «choses» obscènes et de nature sexuelle dont parle le dictionnaire, nous obtiendrions enfin une définition claire de la pornographie.

Le juge Potter Stewart, autrefois membre de la Cour suprême des États-Unis, s'était couvert de ridicule aux yeux d'à peu près tous les commentateurs en se déclarant, un jour de 1964, satisfait de la définition la plus simple possible de la pornographie, et sa formule est devenue célèbre: «Je le sais quand j'en vois[1].» Les auditeurs s'étaient esclaffés et on a unanimement reproché à cette boutade de n'offrir rien de mieux qu'une appréciation toute subjective, donc sans généralisation possible et sans aucune valeur juridique, en plus de tomber dans ce qu'on appelle parfois le sophisme de l'éléphant (croire qu'il existe dans le monde certaines choses fort difficiles à décrire mais en même temps parfaitement reconnaissables... comme l'éléphant!). Pourtant, le juge Potter Stewart énonçait peut-être très simplement une définition particulièrement adéquate et précise de la pornographie, en fait la seule définition formelle utilisable. Mais il aurait dû poursuivre son idée et l'expliquer davantage.

D'abord, le sophisme de l'éléphant n'est pas si absurde. La pornographie, comme la beauté, la qualité ou l'humour, appartient à cette classe de choses curieuses que nous croyons chaque fois reconnaître sans pouvoir toujours les définir. C'est bien sûr un spectacle à caractère sexuel, une représentation osée sinon obscène, mais cela dit, on risque d'exprimer un simple pléonasme si on ne peut dans chaque cas identifier ce qui méritera cette étiquette; qu'est-ce qui fait qu'un objet, une image ou un geste devient pornographique et cesse d'être artistique, érotique, pathologique, naïf ou n'importe quoi d'autre? Plusieurs ont proposé des définitions plus précises, mais elles se sont toutes révélées trop facilement contestables, si bien qu'aucune n'a connu mieux qu'un succès passager, engendrant des débats sans fin, particulièrement autour de la frontière entre l'érotisme et la pornographie, question encore pendante. Définir la pornographie paraît à ce point difficile que les commentateurs les plus rigoureux préfèrent s'en abstenir; par exemple, le rapport de la Commission Fraser, après avoir examiné assez minutieusement ce qui s'était fait ailleurs, conclut que «les mots "obscénité", "pornographie" et "érotisme" sont associés à un réseau tellement embrouillé de significations primaires, secondaires et populaires, et à un tel nombre de connotations différentes dépendant (sic) de l'idéologie individuelle, que nous avons décidé de les éviter dans le cadre du droit pénal[2]».

En somme, les contempteurs du juge Potter Stewart sont incapables de corriger sa boutade. La Commission Fraser abandonne le projet d'une définition et dévie vers des questions de violence et de protection de la jeunesse. D'autres insistent cependant et arrivent à une définition qui correspond d'abord à ce qui les intéresse en énonçant, par exemple, que la pornographie est une «commercialisation d'images à caractère sexuel», ou encore une «violence faite aux femmes». C'est faire alors de la pornographie un argument, comme disait Kendrick, ce qui peut être tout à fait pertinent dans un débat, mais a chaque fois le désavantage d'être trop peu exclusif: dans les deux exemples de définitions qu'on vient de donner, deviendraient par définition pornographiques une partie importante de la publicité et une proportion alarmante des rapports conjugaux.

La difficulté première vient de la nécessité de préciser clairement la nature d'un phénomène constamment changeant dans le temps comme dans l'espace social. Ce qui, hier, faisait scandale n'attire même plus l'attention aujourd'hui, et il est probable que demain nous prépare encore des surprises. Ces transformations ont peut-être été particulièrement rapides au cours des trente dernières années, mais elles ont toujours été le principal écueil du censeur obligé de juger et qui sera à son tour immanquablement jugé par l'histoire. Pis encore, les variations dans l'espace social sont tout aussi prononcées, car du point de vue individuel n'importe quoi peut être pornographique. Il ne s'agit pas simplement de redire par là que l'être humain est capable de s'exciter sous n'importe quel prétexte et d'attribuer une intention phallique à n'importe quel cigare. Bien sûr, la pornographie est avant tout un produit commercial, donc fabriqué pour être vendu, mais il faut aussi noter que certains produits peuvent être reçus et compris comme résultant d'une volonté d'exercer une stimulation sexuelle alors que ce n'était probablement pas leur destination première. On a par exemple prétendu que les Canadiens anglais s'étaient longtemps éveillés à la sexualité dans les pages illustrées de sous-vêtements féminins des catalogues de la maison Eaton; il faut citer aussi le cas de cette téléspectatrice américaine qui a un jour protesté contre l'obscénité dans laquelle sombrait le personnage principal de l'ancienne émission *L'Homme invisible* chaque fois qu'il enlevait ses bandelettes. Sous cet angle, tout paraît imaginable et les véritables déterminants demeurent l'œil du voyeur et l'état de sa santé.

Il semble donc essentiel de limiter la recherche et de considérer la pornographie comme un phénomène social. C'est une étiquette collectivement apposée à certains produits: sera pornographique ce que la société déclarera tel. Néanmoins, comme les sociétés modernes sont devenues de gigantesques conglomérats de groupes sociaux souvent fort disparates, on y trouvera presque assurément une multiplicité de définitions diverses et contradictoires. Certes, il existe un certain consensus au sein de chaque groupe, car la pornographie se définit comme l'art (dont on a dit qu'il était aujourd'hui devenu simplement ce qui peut être accroché à un mur), en ce sens que la décision d'accrocher une chose au mur dépend des gens que l'on invite chez soi; le maintien de relations avec un groupe social et les bonnes fréquentations exigent de ne pas trop contredire les gens que l'on invite, justement parce que, parmi leurs autres qualités, ils manifestent la même appréciation des belles choses et partagent notre définition de la pornographie. En somme, la définition doit tenir compte du contexte de la réception: pour certains groupes sociaux, le monde moderne a depuis longtemps sombré dans l'obscénité la plus décadente, tandis que d'autres ne trouvent jamais rien d'assez audacieux pour vraiment mériter l'étiquette de pornographie.

Toutefois, ces solidarités semblent dans bien des cas en voie de devenir plutôt limitées, et le citoyen moderne se distingue par sa conviction grandissante que certains de ses voisins font preuve du plus profond mauvais goût et des pires fanatismes. Avec pour résultat que ces mauvais voisins n'ont plus à s'entendre entre eux vraiment et que, au-delà des individualités, la détermination de ce qui sera pornographique relève souvent directement de l'État. Ainsi, dans les États où un groupe social n'a pas usurpé le pouvoir et où subsistent quelques pratiques démocratiques, la définition officielle de l'obscénité (et dans une large mesure celle de la pornographie) témoigne nécessairement d'un effort, parfois considérable, pour transcender les différences d'opinion et découvrir les dénominateurs communs, ce qui pose ici comme ailleurs la question politique de la centralisation et du risque d'une définition qui, se voulant bonne pour tous, devienne mauvaise pour chacun. Au terme de cet effort, une société affiche en quelque sorte sa hiérarchie des valeurs, car ne sera reconnu pornographique — et surtout ne sera interdit — que ce qui lui semble fondamental, par opposition à tout ce qui sera toléré parce qu'encore discutable, c'est-à-dire tout ce qui est moins profondément ancré dans sa vision du monde. Et par opposition aussi à tout ce qui ne sera même pas mentionné parce que carrément impensable.

Tout cela est fâcheux, semble-t-il, pour la plupart des États modernes qui préfèrent ne jamais devoir exercer leur pouvoir de censure et qui espèrent s'éviter de légiférer dans ce domaine en passant le problème au pouvoir judiciaire. Le juge Potter Stewart avait donc raison si ce qu'il a dit peut se traduire par «Je sais ce que c'est puisque je suis membre de la Cour suprême et que c'est moi qui décide!» Seuls les membres du plus haut tribunal du pays jouissent du privilège d'imposer leur jugement à l'ensemble de la société.

Toutefois, bien que l'examen de ce qui est juridiquement sanctionné par l'État soit sans doute révélateur, cela ne suffirait pas à définir la pornographie. Dans plusieurs pays, en effet, la pornographie n'est plus un crime et n'est donc pas ce qui tombe sous l'interdit de la loi. Et il ne s'agit pas d'un domaine où l'on peut se contenter d'une définition qui fluctuerait au même rythme que l'évolution des mœurs et la tolérance juridique. L'histoire de la pornographie ne se limite pas à l'histoire de la censure. En devenant tolérables et plus accessibles, certaines représentations n'ont pas cessé d'être ostensiblement pornographiques et, d'obscènes et illégales, elles sont simplement devenues obscènes et légitimes. La loi n'a rien modifié si ce n'est la légitimité.

Par ailleurs, le vice premier de plusieurs définitions est de laisser croire qu'il serait possible de découvrir dans la pornographie un contenu particulier et identifiable. Un peu à la manière des anciens physiciens qui poursuivaient le niveau le plus élémentaire de la matière, on cherche l'instant précis où une représentation acquiert le statut de pornographie. Tout en admettant volontiers que cette frontière fluctue beaucoup et qu'elle est constamment modelée par l'histoire, on procède néanmoins comme si la pornographie demeurait, à chaque époque, une matière définissable que l'on peut assez facilement sinon palper du moins montrer du doigt. Or c'est là justement la méthode du censeur: décider quand un mot est trop fort, une image trop osée, un spectacle trop provocant, bref, tracer très minutieusement la limite du tolérable. Si on veut éviter de transformer une définition de la pornographie en une simple histoire de la censure, il faut donc comprendre que notre méthode ne peut être celle du censeur, qui fournit une définition concrète et ponctuelle et qui doit prendre des décisions sans doute importantes mais qui ne valent que pour «l'état actuel de la société», en sachant déjà que l'avenir — comme le passé d'ailleurs l'a fait déjà — viendra contredire son meilleur jugement. Aucun savant ne prendrait ce genre de risque. Autre différence fondamentale: le travail du censeur procède par déduction à partir de quelques principes généraux, mais ce qui le concerne directement demeure l'application de ces principes dans une interminable série de cas concrets examinés avec attention, tandis que c'est dans les principes généraux que se cache la définition de la pornographie et donc que travaille le chercheur.

Le tout premier de ces principes enseigne que l'objet lui-même a moins d'importance que les circonstances qui l'entourent. La pornographie n'est jamais une matière identifiable, mais un rapport entre un contenu et son contexte. D'abord, on l'a dit, il y a le contexte historique: l'attrayant et le scandaleux d'hier est aujourd'hui accepté, ou souvent même risible et ennuyeux. Mais il y a aussi divers contextes sociaux à l'intérieur desquels, depuis environ cinquante ans, les représentations d'éléments à caractère sexuel se sont considérablement multipliées. La gêne du corps s'est récemment beaucoup estompée, et les enseignements des sciences de la santé, des arts ou de n'importe quel autre domaine reconnu comme sérieux peuvent aujourd'hui être illustrés d'images tout à fait précises et détaillées de la sexualité humaine. Un même objet, une même image prendront leur vrai sens selon qu'ils sont présentés dans le cadre d'un enseignement médical, en page neuf d'un quotidien, dans une clinique de sexologie ou à l'école des beaux-arts. Rien n'est en soi pornographique, et l'étiquette n'est attribuée qu'après évaluation du contexte social.

Si l'on ajoute que le seul but de la pornographie est de montrer la sexualité humaine dans tous ses détails et de réussir à vendre des illustrations qui explorent le sexe dans ses aspects les plus attrayants (ce qui est rendu facile par le fait qu'il est possible de trangresser un interdit culturel en allant, par définition, trop loin), elle prendra donc l'allure d'une entreprise qui ne veut parler que de sexe, sans mise en forme culturelle et sans autre référence. Et c'est probablement ce qui permet le mieux de la définir: le sexe sans autre artifice. Comme disaient déjà Bruckner et Finkielkraut: «ce ne sont plus les corps qui sont obscènes, c'est la gratuité de leur ostentation. Du dévoilement lui-même, le grief se déplace vers son absence de signification. Pour mériter l'épithète de cochon, il faut être deux fois dévêtu: d'habits et de transcendance[3].» Dans la même veine, Steven Marcus décrivait comment le genre est essentiellement fondé sur l'élimination progressive de la réalité sociale afin d'atteindre l'état extatique qu'il nomme la «Pornotopia», où il n'y a plus de temps et d'espace que pour le sexe[4]. Aldous Huxley parlait de ces fabuleuses orgies où il n'y a jamais de rage de dents ni de loyer à   payer.

Devient ainsi pornographique un objet auquel on enlève ce qui semble lui appartenir nécessairement. De la sorte, au siècle dernier, la nudité hors du contexte de la chambre nuptiale pouvait être inacceptable, tandis qu'aujourd'hui c'est plutôt l'image du sexe dénué d'amour qui sera souvent déclarée pornographique[5]. La définition est d'une parfaite simplicité: la représentation du sexe en lui-même, sans maquillage et sans autre référence, sans prétexte ou excuse, en somme, le sexe sans autre raison. Du coup, on comprend combien il peut être facile d'être pornographique dans une société où depuis longtemps, comme disait Herbert Marcuse, toute la puissance de la moralité joue contre l'usage du corps comme simple objet, comme instrument de plaisir, là où le sexe doit toujours révéler quelques valeurs supérieures et où la sexualité a nécessairement besoin d'être transcendée par l'amour[6]. Dès que cela cesse d'être vrai, l'obscénité devient plus difficile.

Comme toute bonne arme doit avoir deux tranchants, cette définition de la pornographie, qui sert à identifier ses produits et à condamner ses auteurs, permet du même coup de la rendre acceptable en l'affublant de contextes totalement artificiels mais socialement admissibles. Pour échapper à la censure, il suffisait traditionnellement de faire admettre que l'ouvrage en question était une œuvre d'art, ou qu'il s'agissait d'un manuel de dessin, d'une revue consacrée à la photographie moderne, d'un traité de médecine, de sexologie ou même d'ethnologie[7], ou encore que les photos étaient essentielles au commerce des sous-vêtements, ou bien que le texte racontait rien de moins que la vie de quelque grand martyr de l'Église.

En offrant chaque fois un cadre à la sexualité et en affirmant le plus clairement possible que l'œuvre contient «autre chose» et qu'il ne s'agit pas uniquement de sexe, on évite la condamnation pornographique. Longtemps aux États-Unis, toute œuvre qui ne voulait pas être déclarée pornographique devait, dans les termes mêmes de la loi, pouvoir faire preuve d'une certaine *redeeming social value*, d'une valeur de rachat: pouvoir démontrer une référence ou une pertinence autre et extérieure à la sexualité qui permît d'excuser un traitement trop explicite du sexe. Cela dit clairement que la représentation du sexe constitue déjà en elle-même une faute qu'il est nécessaire de racheter. La discussion portera donc sur la valeur de l'ajout, car l'objet en soi est injustifiable. Et cette attitude n'est pas réservée aux corridors mal éclairés de la justice américaine, ni aux apôtres de la chasteté chrétienne; dans toute la littérature sur la pornographie, il est aussi rare d'entendre parler de sexe qu'il est fréquent de rencontrer des commentaires justificateurs évoquant l'esthétique, la portée sociologique ou la profondeur philosophique. Et c'est aussi ce à quoi prétendent les quelques rares acheteurs qui ne cherchent pas à se cacher ou qui sont découverts en flagrante consommation. Sans excuse, la pornographie appartient à l'univers des maladies honteuses.

Cette même définition permet de comprendre comment des objets qui paraissent à première vue (ou de loin) assez comparables, ne mériteront pas tous la même étiquette. C'est l'attribution d'une transcendance certaine qui porte à voir une différence essentielle entre le *David* de Michel-Ange et une photo de Burt Reynolds posant nu dans *Playgirl*. La transcendance explique aussi comment l'artiste américaine Judy Chicago peut rendre hommage aux femmes célèbres de l'histoire en peignant l'image de leur vagin sur des assiettes et pourquoi la même œuvre de la main de Hugh Hefner aurait été comprise et reçue très différemment[8]. C'est aussi le contexte qui permet de comprendre qu'une image de femme déshabillée, battue et mise à mort peut être déclarée carrément pornographique, alors que celle d'un homme déshabillé, battu et maltraité jusqu'à la mort peut n'être ni pornographique ni même érotique si l'individu en question est cloué à une croix dans toutes les églises de la chrétienté.

D'autre part, le contexte est évidemment extensible dans le temps comme dans l'espace, et le degré de cette extension détermine ce qui sera pornographique. En bref, plus la distance est grande, moindre sera le choc. C'est ainsi que les peintres du siècle dernier nous ont laissé d'interminables séries de nus dont les noms appartiennent toujours à l'histoire ancienne et à la mythologie: Sabines, Phryné, Saint-Étienne, Vénus, Saint-Sébastien, Adam et Ève, quand ce ne sont pas quelques nymphettes anonymes entourées de bébés volants et de satyres aux pieds de bouc. La distance sauve les apparences. On comprend dès lors le risque couru par les impressionnistes qui décidèrent de peindre leurs contemporaines, en particulier Manet, qui joua doublement sur le contexte en osant peindre des Françaises sans vêtements dans des situations où habituellement elles n'enlevaient même pas leurs gants. Finie la mythologie lointaine, la distance était soudain devenue insuffisante et il y eut choc. La nudité de Vénus était acceptable parce qu'on ignorait absolument tout du contexte de sa naissance, tandis que dans le tableau de Manet, tout le monde connaissait le contexte familier d'un déjeuner sur l'herbe où la nudité était impensable. Cent ans plus tard, *Playboy*, dont l'intention est inverse en ce sens qu'elle cherche délibérément à provoquer, prétendra montrer toute nue «la fille d'à côté», c'est-à-dire justement celle qui habite le contexte le plus immédiat, la porte voisine. Ailleurs, le souci de la distanciation a survécu. L'art moderne traite souvent le corps humain comme une espèce de nature morte sur laquelle on fait jouer des détails de forme, des ombres et des couleurs, des montages ou collages, et dont le résultat contribue à nous éloigner de ce à quoi ressemble un corps véritable, ce qui a aussi pour effet d'atténuer toute possibilité de connotation sexuelle.

George Steiner suggérait même de définir l'art abstrait comme ce qui ne peut pas être pornographique[9].

Cette concentration exclusive sur le sexe débarrassé de toute référence extérieure permet de définir la pornographie et marque en même temps ses limites. Nous y reviendrons, mais notons tout de suite que le spectacle de la sexualité humaine limitée à des jeux de corps semble perdre assez rapidement son attrait commercial en devenant un produit trop banal. C'est pourquoi la production pornographique fait très vite demi-tour et cherche à se donner quelques références qui serviront à maintenir l'intérêt. Alors qu'autrefois on cherchait à éviter la censure en prétextant qu'il s'agissait d'art, d'ethnographie ou encore en disant que le film soupçonné était en fait un documentaire à caractère sociologique sur le mouvement naturiste, on est depuis vingt ans arrivé au point où le sexe ne suffit plus et où son succès repose sur le contexte. Dans l'exemple du cinéma pornographique, cette recherche d'une mise en contexte a engendré une production qui, tout en laissant une large place à l'humour, reprend à sa manière très particulière quelques contes pour enfants, les meilleurs succès cinématographiques de l'année, des émissions populaires de la télévision, des légendes connues ou des drames historiques. C'est ainsi qu'on a vu des films comme *La Chatte sur un doigt brûlant* et *L'arrière-train sifflera trois fois*[10]! En plus, bien sûr, de faire un usage répétitif de certains groupes occupationnels stéréotypés par la culture dite populaire: la pornographie raconte beaucoup les ébats sexuels des collégiennes, des infirmières, des camionneurs, des hôtesses de l'air et de cette classe privilégiée de religieuses et de moines qui appartiennent au contexte religieux où la débauche est nécessairement de meilleure qualité. Les deux principales revues américaines du genre offrent des exemples contrastés d'efforts pour ajouter un intérêt contextuel à des illustrations autrement trop répétitives: *Penthouse* cherche à convaincre des femmes célèbres de poser nues, tandis que *Playboy* a toujours prétendu que ses modèles représentaient la fille ordinaire, la voisine. Dans les deux cas, le stimulant appartient au contexte. Les corps sont trop semblables et la sexualité humaine trop limitée pour maintenir l'intérêt; on fait donc appel aux autres sens. Une image devient ainsi excitante parce qu'il s'agit de Jackie Kennedy, de Miss USA ou d'un sénateur, ou parce qu'elle décrit la vie amoureuse de Raspoutine, de Robin des Bois ou même de la très désinvolte Blanche-Neige. Mais il se peut aussi que ce soit la vie quotidienne la plus ordinaire qui se trouve envahie par le sexe: soudain, le livreur, la bibliothécaire, le chauffeur d'autobus, l'agent d'immeuble, tous se déshabillent et ne pensent qu'à ça.

En somme, l'étiquette pornographique sera placée quelque part, en un point souvent imprécis et contesté, le long d'un processus qui tend à réduire la sexualité à sa dimension purement matérielle de jeu de parties du corps. La plupart des débats consistent à demander où se situe ce point, et la pornographie ne commence que là où le contexte le décide. Si la littérature dite sérieuse et le cinéma contemporain montrent des scènes qui satisferaient tout pornophile, et si la publicité récente se sert beaucoup du sexe, rien de tout cela ne pourra être dit pornographique si on ne réussit pas à oublier le reste de l'œuvre ou le produit que la publicité cherche à vendre. L'étiquette «pornographie» exige la gratuité et donc l'absence de contexte.

La censure moderne opère sur le même mode. Mais elle s'inquiète peut-être moins aujourd'hui de la gratuité du sexe que de certaines conjonctions entre sexe et contexte. Par exemple, un des tabous les plus formels imposés à la pornographie est de n'y jamais mêler enfants ou religion, et l'annonce, il y a quelques années, d'un projet de film danois intitulé *La Vie sexuelle de Jésus-Christ* (qui n'a jamais atteint le stade de la réalisation) avait créé un scandale considérable. Dans les deux cas, ce n'est pas la sexualité même qui fait problème, mais la protection que la société veut assurer aux enfants et à certains personnages sacrés. L'illustration de la sexualité est maintenant permise, mais certaines associations contextuelles demeurent inadmissibles. C'est par le même raisonnement qu'un ministre de la Défense nationale perdra son poste pour avoir fréquenté un club de strip-tease et qu'une Miss America sera déchue de son titre pour avoir posé nue. Ce n'est pas le sexe mais la conjonction qui paraît intolérable.

Cet exemple du ministre dégradé permet de conclure ce survol d'une première définition abstraite, car il résume déjà bien d'autres choses. Dire que la politique et la pornographie ne peuvent être mêlées, c'est d'abord confirmer qu'il s'agit bien de deux genres différents; on introduira plus loin l'hypothèse que sans cette division des genres, la pornographie serait impensable. De plus, l'exemple dit aussi que la politique et le sexe ne doivent pas être confondus[11], un peu comme on tient à la séparation de l'État et de l'Église, pour finalement organiser toute la vie en divers domaines, secteurs ou niveaux (que l'on nomme économie, affaires culturelles, transports, religion, santé, technologie, sciences, etc.), chacun défini par une autonomie qu'il lui est essentiel de préserver. C'est dans ce jeu des genres que la pornographie reçoit le rôle crucial et unique de se concentrer sur le sexe.

Finalement, il faut encore donner raison au juge Potter Stewart. Malgré tous les détours prudents de cette définition formelle, la pornographie demeure concrètement aussi énorme et évidente qu'un éléphant.

Vue de la ruelle (première partie)

Au début des années 50, on pouvait acheter discrètement à certains voyageurs de commerce qui les transportaient dans le coffre de leur voiture des photos en noir et blanc, assez fortement granulées, de dames qui aujourd'hui paraîtraient un peu grassouillettes, et qui dévoilaient un sein ou deux en adoptant ce qu'on appelait alors des «poses suggestives», c'est-à-dire qui se cabraient pour faire ressortir fesses et seins tout en gardant les yeux mi-clos et en plaçant la pointe de leur index dans le coin d'une bouche entrouverte. C'était quelques années avant que la télévision américaine prenne soin de toujours cadrer Elvis Presley au-dessus de la ceinture. Vingt ans plus tard, quand la même télévision jugeait encore trop osés les textes de certaines chansons des Rolling Stones, on pouvait voir dans les salles de cinéma, en projection 35 mm et avec une excellente qualité sonore, les ébats sexuels de Marilyn Chambers qui, dans *Behind the Green Door*, dispose de cinq partenaires en même temps grâce aux trois orifices de son corps et à ses deux mains. Encore vingt ans plus tard, alors que la musique populaire n'inquiète plus que les rares personnes que Satan préoccupe, on peut regarder aussi souvent que l'on veut, au ralenti ou en accéléré, dans le confort de son foyer, une cassette vidéo montrant littéralement n'importe quoi, par exemple, un jeune homme fortement maquillé essayant de stimuler le sexe d'un porc afin de se l'introduire dans l'anus. Les temps ont sans doute bien changé, mais nulle part aussi rapidement que dans le monde de la pornographie.

S'il est souvent délicat, tortueux et presque toujours discutable de déclarer officiellement telle ou telle œuvre obscène, la production pornographique cherche justement, elle, à être facilement reconnaissable. Pendant que des

auteurs plus ou moins prudes se permettent de flirter occasionnellement avec l'indécence et le scandale, les pornographes s'annoncent au grand jour, car la condition première de leur réussite est d'assurer, comme tout bon commerçant, la fiabilité du produit. La pornographie annonce
ouvertement ses couleurs et promet d'être fidèle à sa
mauvaise réputation. Et la guerre des publicitaires se fera à
coup de déclarations comme: «le plus osé», «le plus érotique de l'année», «pour adultes avertis seulement», «du
jamais vu auparavant», «torride», «tout». L'étiquette
sociale qui inquiète les autres créateurs et qui embarrasse
les auteurs prétendument sérieux assure ici le succès; et
alors que ces derniers chercheront à se défendre en jouant
sur le doute créé par la valeur ajoutée et la valeur de
rachat, la pornographie essaie au contraire de bien
expliquer qu'il n'y a chez elle aucune valeur autre, aucun
ajout superflu qui pourrait distraire et éloigner du sexe le
plus explicite et le plus exclusif qui soit.

Vue sous cet angle, la définition fait peu problème.
Prenons pour seul exemple une série de revues pornographiques recensées en 1986 par la Commission du
procureur général des États-Unis[12]. Ce texte très officiel
mentionne le titre original puis résume le contenu du
magazine, offrant du coup une excellente illustration de
l'écart habituel entre le langage grossier et intraduisible des
titres et la langue clinique et terriblement guindée des résumés du bureau du procureur[13]:

> *Tri-sexual Lust.* Une photographie en gros plan d'une
> femme exécutant le fellatio à un homme pendant que
> le pénis en érection d'un autre homme repose sur sa
> joue.
> *Teeny Tits, Big Boobs to Chew & Suck On.* Treize
> photographies d'une femme caucasienne[14] partielle-
> ment habillée et léchant ses seins.

Big Tit Dildo Bondage, Vol:1. Une photographie d'une femme caucasienne bâillonnée et nue, avec un dildo-vibrateur partiellement inséré dans son vagin.

Squirt' Em. Cinq photographies en gros plan d'un sein gorgé exprimant un jet de lait dans un verre.

Al Parker and Sky Dawson in Turned On II. Quatre photographies d'un homme caucasien nu occupé au fellatio avec un autre homme caucasien nu.

Bizarre Climax No.9. Une photographie en gros plan d'une femme caucasienne en train de déféquer sur le siège d'une toilette.

Lisa, 10 years, and her dog. Cinq photographies du chien léchant le vagin d'une femme pré-pubescente.

Every Dog Has His Day. Quatre photographies d'un homme nu léchant les testicules d'un chien.

Pregnant Lesbians No.1. Six photographies de deux femmes caucasiennes, partiellement vêtues et évidemment enceintes, qui s'embrassent et dont les langues et les abdomens se touchent.

Asian Slut. Trois photographies d'un homme caucasien nu enfonçant sa langue dans le vagin d'une femme asiatique.

Ce genre de revues n'exige pas de discussion prolongée. Quand on pénètre ces petits mondes, autrefois plus discrets et honteux, des grandes perversions ordinaires, la question de savoir comment définir la pornographie devient superflue et insignifiante.

Depuis environ vingt ans, la pornographie a voulu tout offrir. Toutes les positions du corps et toutes les combinaisons possibles de partenaires, toutes les perversions connues ou imaginables, toutes les espèces animales de grandeur compatible. Elle a aussi cherché à toucher tous les publics, hommes et femmes, et toutes les orientations sexuelles. Elle a essayé tous les médias et tous les modes d'expression. En plus des gravures, des sculptures et des bibelots anciens, en plus d'une littérature pornographique qui poursuit sa croissance, en plus des spectacles sur scène, on trouve maintenant de la pornographie en bandes dessinées, en photos, en films, en cassettes vidéo, en bandes sonores, par téléphone et par ordinateur. En 1989, Giorgio Balladini, grand patron de la société Kamasutra Fine Chocolates, a exposé à Cologne des tablettes de chocolat représentant trente-deux modes d'accouplement[15]. L'expansion industrielle a été rapide et impressionnante.

La croissance de l'industrie pornographique a de quoi faire rêver tous les administrateurs formés aux grandes écoles. Petite entreprise discrète et misérable il y a trente ans, elle est aujourd'hui devenue une industrie de plusieurs milliards de dollars, qui emploie des milliers de personnes travaillant dans des secteurs aussi divers que la technologie électronique de pointe, le marketing et l'analyse des marchés, ou les systèmes multinationaux de vente et de distribution. La progression a été fulgurante: au cours des années 70, le nombre de points de vente de matériel pornographique dans la seule ville de Los Angeles est passé de 18 à 400[16]. Et cette expansion est aussi marquée par quelques succès qui, avec le temps, ont acquis une dimension quasi mythique: Hugh Heffner qui, avec quelques centaines de dollars, réussit à bâtir l'empire Playboy; le film *Deep Throat*, devenu rapidement un classique du genre, qui a coûté vingt-cinq mille dollars et en a rapporté cinquante millions. Le succès n'est peut-être pas chaque fois assuré, mais l'industrie pornographique demeure une occasion d'investissement à très haut rendement où les risques sont souvent moindres qu'ailleurs. Et le rendement semble assez constant, malgré les variations considérables des registres: une série de photos consacrées à la coprophilie ne touchera qu'un public restreint, mais les coûts de production sont minimes; et la très coûteuse série française Emmanuelle (qui en serait à son septième épisode) aurait à ce jour rapporté plus de 600 millions de dollars, soit la moitié du chiffre d'affaires de tous les *James Bond*[17].

Aux États-Unis, la presque totalité des films pornographiques sont produits dans le sud de la Californie, pas seulement à cause du climat plus propice aux déshabillages, mais parce qu'on y trouve bien sûr la plus importante infrastructure et la plupart des techniciens de l'industrie cinématographique américaine. L'Adult Film Association of America, qui regroupe les quelque vingt principales compagnies de production de films pornographiques (et qui organise maintenant chaque année sa propre soirée d'Oscars), estime qu'au cours de l'année 1985 il s'est produit environ cent longs métrages pornographiques aux États-Unis, lesquels ont été distribués dans quelque 7000 cinémas spécialisés à travers le pays, et que ces mêmes cinémas ont vendu en moyenne 2000 billets d'entrée par semaine, pour un revenu annuel national d'environ un demi-milliard de dollars.

Malgré ces chiffres, il semble que l'industrie soit en crise. On serait en train de vivre la fin d'une époque. Au cours de la même année 1985, on a produit 1700 cassettes vidéo pornographiques commerciales, distribuées ensuite dans au moins la moitié des 30 000 points de vente du pays, ce qui a rapporté à chaque distributeur en moyenne 10 pour 100 de ses profits totaux et à l'industrie, des revenus annuels d'environ 700 millions de dollars. La pornographie est apparue sur cassette vidéo en 1977, un an avant que l'on commence à y transposer le reste des films du monde, et le mariage entre les deux paraît fondé sur une compréhension profonde qui semble devoir durer. Il y a, d'une part, la baisse générale de la fréquentation des salles de cinéma au profit de la vidéo, moins chère, plus disponible, plus flexible, et qui n'oblige pas à rentrer chez soi à la fin de la présentation à travers des rues peu sûres ou, pire, une tempête de neige. Ensuite, il y a le fait que la production d'un film pornographique coûte en moyenne entre cent et deux cent mille dollars, tandis que la production d'une cassette vidéo de même dimension non seulement sera techniquement beaucoup plus simple et plus souple, mais n'en coûtera que vingt mille. Mais surtout, cette compatibilité reflète une dimension évidente et tout à fait essentielle de la pornographie, sur laquelle nous reviendrons plus loin: il est beaucoup plus agréable de se masturber dans le confort discret de son salon ou de son lit. Certes, il se peut que le cinéma en salle survive encore longtemps, mais le cinéma pornographique, lui, a pris les apparences d'une espèce en voie rapide d'extinction.

Toute cette production de cassettes vidéo, en plus d'atteindre les gens qui possèdent un magnétoscope, sert aussi à alimenter la télévision. Limitée il y a trente ans aux émissions de quelques réseaux nationaux, la télévision n'est plus un monopole, et le choix du spectateur a été au moins centuplé par toutes sortes de nouveautés comme la distribution par câble ou par satellite, la télévision payante et les réseaux de circuits fermés; aux États-Unis, on estime à 6500 le nombre de compagnies de distribution de télévision par câble, lesquelles touchent quarante millions d'abonnés, soit la moitié du total possible. L'effet immédiat de cette multiplication a été le développement de ce qu'on appelle la programmation étroite (narrow casting), c'est-à-dire la création d'émissions de plus en plus spécialisées et destinées à des auditoires plus restreints mais peut-être plus captifs. De cette stratégie sont nées les chaînes ethniques, comme les chaînes famille, information, universitaire, musique, météo, bourse, sport, et ainsi de suite, en incluant parfois une chaîne «adultes» entièrement consacrée à la diffusion de matériel pornographique. Dans d'autres cas, il y a une spécialisation horaire: les télévisions «payantes», ou même les chaînes les plus ordinaires et les grands réseaux présentent quelques émissions pornographiques à des heures où les enfants devraient dormir. En général, toutes ces émissions ne font que diffuser des films ou des cassettes vidéo fabriqués ailleurs; l'industrie de la télévision y trouve son profit, mais elle assure elle-même une part négligeable de la production.

La pornographie sur film ou en vidéo offre des produits très contrastés, allant de quelques grandes productions techniquement impeccables aux petits bouts de films tournés sous éclairage insuffisant et avec une seule caméra. Puisque les productions les plus chères ont besoin d'un plus vaste public, elles demeurent le plus possible proches des contenus que l'on croit acceptables et attrayants pour tous: la mise en situation, le scénario, l'apparence des personnages, même les types d'actes sexuels, tout doit convenir au plus grand nombre. Tandis que dans les petits films bon marché (que les Américains appellent les *loops*), on trouve les illustrations d'activités aussi inacceptables ou inintéressantes pour l'ensemble du public que le fétichisme des souliers, la passion de l'urine ou l'amour du caoutchouc.

Au-delà de cette grossière division, il existe encore une catégorie tout à fait exceptionnelle mais dont on parle beaucoup: la pornographie pour pédophiles. Elle existe, certes, mais tout indique qu'elle constitue un phénomène très restreint. Cependant, il faut admettre que c'est là sans doute le secteur le moins connu et qui est exploité avec la plus grande discrétion, parce que la pornographie qui utilise les enfants est partout illégale et souvent très sévèrement punie non seulement par les lois officielles, mais aussi par les règles du milieu carcéral et même par la moralité assez rigide de ce qu'on appelle le monde du crime organisé. Donc, on peut croire sur parole la plupart des producteurs, qui réussissent déjà bien avec une pornographie conventionnelle quand ils prétendent ne jamais vouloir toucher à la pédophilie qui leur paraît beaucoup trop risquée. Il semble, selon toutes les enquêtes policières, que l'utilisation d'enfants dans la pornographie soit le fait de personnes qui n'ont par ailleurs pas d'autres liens avec le reste de l'industrie. L'exemple le plus célèbre est en effet un cas d'exception: Catherine Wilson, grand-mère de Los Angeles qui possédait une Rolls-Royce tout en acceptant la sécurité sociale, et qui dirigeait ce qu'on a décrit comme le plus grand réseau mondial de pornographie infantile en se servant de casiers postaux en Scandinavie pour fournir environ un demi-million de clients. Le cas est exceptionnel parce que l'industrie américaine de la pornographie n'est pas dirigée par des grand-mères, mais aussi parce que ce petit demi-million de consommateurs qui se passionnent pour les enfants ne méritent pas que l'industrie risque pour eux des intérêts qui sont ailleurs beaucoup plus considérables.

Et puis, il y a aussi la littérature. Malgré un certain déclin depuis une vingtaine d'années, la quantité de livres pornographiques demeure impressionnante: en 1970, on estimait la production américaine à 5000 nouveaux titres par an, mais elle aurait par la suite légèrement baissé. Beaucoup moins complexe et moins chère que le film, la littérature couvre encore mieux l'éventail des possibles: on y trouve d'importantes collections de livres de poche offrant 150 pages de sexe dans un vocabulaire tout à fait élémentaire et payés à l'auteur au tarif d'environ 500 dollars, comme on peut lire aussi des essais élégants dans un style extrêmement poli qui font figure d'exercices de la part de jeunes écrivains que l'on imagine facilement affamés.

Toutefois, dans l'histoire récente de la pornographie aux États-Unis, ce sont les revues qui ont le plus attiré l'attention et c'est sur elles qu'ont porté les derniers débats autour du caractère obscène des œuvres littéraires. Peut-être parce que les revues sont plus accessibles que le cinéma et plus faciles à lire que la littérature. Elles ont servi d'outil de vérification des états de la censure et on pourrait facilement tracer l'histoire de cette censure en suivant l'évolution du contenu des trois ou quatre principales revues américaines. Leur importance vient aussi du fait que seules les plus grandes revues, et particulièrement *Playboy*, ont atteint un seuil de respectabilité qui leur a permis d'introduire la pornographie dans le quotidien très ordinaire de la société américaine, tandis que le reste de la production pornographique, malgré les succès de genre de deux ou trois films au début des années 70, a toujours été et demeure d'intérêt spécialisé et largement ignoré d'un public qui en fait un usage privé et discret. Par leurs tirages mensuels de quatre à cinq millions d'exemplaires, *Playboy* et *Penthouse* ont acquis le pouvoir de représenter le standard de ce qui est devenu courant et admissible. Ces revues ont donc pu se permettre de jouer, parfois très consciemment, le rôle de porte-parole d'une lutte contre la censure, ce qui explique que les critiques de la pornographie les choisissent pour cible, même si à leurs yeux il se fait bien pire ailleurs. Et cet ailleurs est multitude: on évalue jusqu'à 50 000 le nombre des diverses revues pornographiques vendues aux États-Unis. Comme les magazines d'information, de loisirs ou de bricolage, ces revues se cantonnent de plus en plus dans l'illustration d'orientations et de préférences sexuelles aussi particulières qu'exclusives. Enfin, aux centaines de revues qui paraissent chaque mois, il faut ajouter les autres centaines de jounaux format tabloïd fabriqués en région et qui servent principalement de circulaires publicitaires régionales ou locales pour les commerces de prostitution, les services d'escorte, les salons de massage, etc.

Quoi qu'il en soit, et malgré l'ampleur des chiffres, ce secteur de l'industrie semble plafonner depuis quelques années. Entre 1979 et 1984, *Playboy* et *Penthouse* ont chacune perdu plus d'un million de lecteurs, et les actions en bourse de la compagnie Playboy ont chuté de trente à sept dollars[18]. Certains pensent qu'il s'agit d'un déplacement de la clientèle vers les cassettes vidéo ou vers d'autres revues, de plus en plus nombreuses et de plus en plus spécialisées, donc mieux ajustées aux goûts de chaque client. Car le marché favorise maintenant l'acheteur, qui n'a plus à se laisser dicter ses goûts par l'étroitesse du marché ou par le rôle de guide apostolique que les éditeurs des plus grandes revues ont toujours voulu jouer. Il existe même un commerce de la photo pornographique sur mesure: en réponse à des exigences précises, un photographe prépare une série limitée d'illustrations que ses clients ne pourraient trouver sur le marché.

D'autre part, ceux qui croyaient que la pornographie ne pouvait être qu'un plaisir de l'œil doivent aujourd'hui s'étonner de l'importance nouvelle du téléphone. Depuis 1982, dans la plupart des grandes villes américaines, n'importe qui peut entretenir une conversation érotique directe et passionnée avec une autre personne (le sexe est au choix) durant environ une demi-heure pour 20 ou 30 dollars. Pour beaucoup moins cher, on peut écouter un bref message déjà enregistré, service devenu tout à fait courant et qui entre dans la même catégorie (en pratique comme dans la loi) que les prévisions de la météo, les résultats sportifs, les cotes de la bourse ou autres services d'information. Dans l'annuaire téléphonique de San Francisco, ces services sont classés sous les rubriques «Adult Fantasy», «Gay Phone» et «High Society». La pratique est tout à fait légale[19], même si les compagnies de téléphone n'aiment pas en parler et se gardent bien d'approuver publiquement l'existence de tels services qui cadrent mal avec leur image conservatrice. Mais les chiffres d'affaires sont impressionnants: à New York, en un seul jour de mai 1983, un message enregistré particulier aurait été sollicité 800 000 fois; pour l'année se terminant le 28 février 1984, pas moins de 180 millions d'appels ont été adressés à ces divers services que l'on appelle communément «Dial-a-Porn». Même si chaque appel ne lui rapportait que deux cents, un opérateur new-yorkais possédant quelques lignes a pu empocher un profit de 60 000 dollars en un seul jour, et la compagnie de téléphone récoltait de l'ensemble de ces services pornographiques quelque 30 000 dollars quotidiennement. On prétend même que ces appels pornographiques assurent 64 pour 100 des profits des compagnies de téléphone à péage[20]. C'est peut-être moins l'ampleur des profits qui impressionne que la fréquence d'utilisation de ces services relativement abordables.

Le téléphone a récupéré un type de production pornographique que l'industrie avait un temps cru promise à un bel avenir: les cassettes audio destinées aux femmes que l'on pensait plus auditrices que voyeuses (nous retrouverons plus loin cette image de la femme plus sensible aux plaisirs de l'oreille), mais ces cassettes n'ont jamais vraiment connu de succès. Il semble qu'aujourd'hui leur production ne sert plus qu'à alimenter les services téléphoniques érotiques.

Par ailleurs, n'importe quel observateur noterait que, dans son ensemble, la qualité de ces diverses productions pornographiques est remarquablement inégale. Aucune autre industrie ne laisse jouer avec autant de liberté le marché, sans contrôle ni standards. Et c'est probablement dans le domaine des spectacles érotiques que le contraste est le plus frappant, peut-être par l'effet de puissance que possèdent toujours l'immédiat et le vivant. À un extrême, on rencontre ce que plusieurs tiennent pour proche de l'enfer: les *peep-shows* de la 42e Rue à New York, où, dans un cubicule étroit dont les murs et le plancher sont collants d'urine, de tabac, de sperme et de salive, et d'où se dégage une forte odeur de nettoyant à l'ammoniaque, on peut, en insérant une pièce de monnaie toutes les deux minutes, observer les dandinements lascifs de quelque mannequin, ou, s'il s'agit d'un endroit fréquenté par certains homosexuels avant la crainte du sida, regarder des cassettes vidéo et en même temps utiliser un trou percé dans le mur comme moyen d'avoir une relation buccale ou anale parfaitement anonyme avec son voisin de cabine. À l'autre extrême, et sans mentionner tous les arrangements à caractère privé qui se font dans les bordels ou les réceptions à domicile, on classerait certains des *live-shows* présentés à Copenhague et à Stockholm il y a environ quinze ans[21], où, dans l'atmosphère feutrée de la richesse et avec une propreté toute scandinave et du champagne français, on pouvait assister aux performances sexuelles de gens dont le corps et l'agilité, selon tous les critères de l'esthétique moderne, méritaient pleinement le qualificatif de spectaculaires. Entre ces deux extrêmes, il y a des dizaines de variations et les milliers de clubs de strip-tease. Formule classique, simple et efficace, le déshabillage en public demeure une des formes les plus durables de la pornographie, et le genre n'a connu finalement que peu de modifications au cours des trente dernières années: le nu est devenu intégral, les corps ont suivi l'évolution de la mode, les premiers strip-teases d'hommes sont apparus, et, surtout, il y a eu dans plusieurs pays multiplication des endroits offrant ce genre de spectacle. Autrefois réservé aux clubs spécialisés et au théâtre burlesque, où le spectateur passif se contentait en regardant, le strip-tease est devenu plus courant dans des restaurants où l'on peut manger, des brasseries où l'on peut boire, des discothèques où l'on danse et des hôtels où l'on se rend aussi pour dormir.

Enfin, il faut terminer ce survol en disant un mot de ce qui annonce peut-être l'avenir. L'intégration du téléphone, du micro-ordinateur, du télécopieur et de la télévision est en train de modifier très profondément le monde des communications modernes, et la pornographie semble déjà en train de se mettre à jour. D'une part, l'ordinateur permet l'accès à des banques de données, dont certaines ressemblent aux messageries téléphoniques érotiques (par exemple, depuis juillet 1987, il est devenu possible d'obtenir sur ordinateur domestique copie des photographies des *playmates* de la revue *Playboy*). Mais c'est surtout dans les échanges directs de messages obscènes entre adultes consentants que les ordinateurs connaissent le plus grand succès. En France, le Minitel transmet chaque mois presque un million de messages de ce genre, et, à New York, les services SEXTEX ou COMPUSEX connaissent un succès tout aussi remarquable. Nous n'en sommes encore qu'à l'enfance de cette technologie, et tout porte à croire que la multiplication des pouvoirs de l'interconnection numérique permettra de nouveaux développements du genre pornographique. Voilà encore un point sur lequel nous reviendrons, mais il faut signaler d'emblée une différence majeure: les échanges par ordinateur constituent une pornographie créatrice et taillée sur mesure pour l'utilisateur, qui n'a besoin pour son bonheur que d'une âme sœur et anonyme, sur le réseau électronique.

Vue de la ruelle (deuxième partie)

Voilà qui résume quelques-uns des plus grands traits de l'industrie américaine de la pornographie vers 1985. Il est fort probable que les États-Unis étaient alors le premier pays producteur et exportateur mondial de pornographie, comme de plusieurs autres produits culturels. Mais il est aussi évident que des productions locales existent dans bien d'autres pays. Pour ne prendre qu'un exemple colossal, Faligot et Kauffer rapportent qu'à Tokyo le quartier «chaud» de la pornographie, le Kabukicho, maintenait en 1985, avant son démantèlement par la police, un chiffre d'affaires de onze milliards de yens par jour (soit environ 46 millions de dollars américains)[22]. Par ailleurs, une étude comparative montrerait sans doute qu'au-delà des variations nationales de censure, les contenus ne sont pas partout identiques, et qu'il en est des thèmes de la pornographie comme des préférences gastronomiques[23]. Entre-temps, sans disposer d'études comparatives, on est en droit de penser que la pornographie est un phénomène que l'on rencontre (ou que l'on pourrait dénicher) dans probablement toutes les sociétés modernes, sans avoir besoin de fournir tous les détails de son commerce illicite en Chine populaire, ni exposer les difficultés des propriétaires de sex-shops de Jérusalem-Ouest, ou la raison d'être des bandes dessinées mexicaines.

En un sens, l'industrie de la pornographie n'est pas si différente de bien d'autres entreprises. Ce qui est plus intéressant, c'est de voir comment elle a pu être démesurément grossie ou diminuée selon les points de vue et les intentions des observateurs. Les revenus annuels de l'industrie, évalués (toujours à cette même époque, vers 1985) à quelque cinq ou six milliards de dollars aux États-Unis, peuvent paraître impressionnants, ou au contraire assez secondaires si on les compare aux profits d'autres activités tout aussi immorales comme la prostitution, le jeu ou le commerce des drogues illicites, ou si on note par boutade que l'importance économique de la pornographie est ridicule face à celle du commerce de l'alcool et insignifiante devant l'ampleur de la production militaire. Bref, tout dépend du point de vue et de l'échelle de mesure. Par exemple, dire que *Playboy* et *Penthouse* ont déjà vendu jusqu'à cinq millions d'exemplaires par mois, c'est évidemment souligner un remarquable succès qui fait l'envie de bien des éditeurs, mais c'est aussi faire comprendre à quel point le marchandage du sexe est une entreprise profitable. On peut toutefois ajouter que ce succès situait ces deux revues dans une catégorie où se trouvaient aussi *Good Housekeeping* (5 millions), *National Enquirer* (5,7 millions), *Redbook* (4,6 millions) et *Mademoiselle* (4,5 millions), et donc que leur réussite était largement inférieure à celle de *Ladies Home Journal* (7 millions), *Better Homes and Gardens* (8 millions), *Family Circle* (8,3 millions), *National Geographic* (10 millions) et surtout du *Reader's Digest* dont les ventes atteignaient l'impressionnant total de 17,7 millions[24]. Après tous ces chiffres, la pornographie sera déclarée soit considérable, soit peu importante, comme ce vieux verre qui est toujours à moitié plein et à moitié vide.

Par ailleurs, c'est une industrie qui se compare aux autres dans sa façon d'être profondément marquée par quelques grandes transformations technologiques des trente dernières années. Au point que l'on pourrait résumer son évolution récente en disant que la pornographie a profité de la photo couleur, puis du magnétoscope, et qu'elle profitera demain de la fibre optique. Une fois l'infrastructure technique en place, la pornographie semble tout de suite s'y ajuster et en profiter. Inversement, l'histoire de la technologie nous dira peut-être un jour à quel point le développement du magnétoscope et la recherche d'une pellicule qui élimine le recours au laboratoire ont été de fait encouragés par le marché de la pornographie. Autre ressemblance: toute industrie exerce une influence sur d'autres industries. À cet égard, il faut mentionner très brièvement les liens entre la pornographie et l'industrie touristique. Il y a quarante ans, des gens venaient de Floride jusqu'à Montréal, et ce durant l'hiver, pour assister à des spectacles dont l'obscénité jouissait d'une réputation continentale. Il y a eu aussi Cuba avant 1959 et Tijuana à la frontière du Mexique et des États-Unis. Enfin, plus récemment, parmi les arguments qui ont servi à justifier l'abolition de la censure au Danemark, en plus de l'augmentation sensible des entrées touristiques, on a évoqué l'aide à l'exportation de produits manufacturés à des clients étrangers qui avaient pourtant l'habitude de se les procurer ailleurs à meilleur prix et qui, soudain, préféraient venir les acheter à Copenhague.

En même temps, l'industrie de la pornographie n'a jamais cessé d'être un cas unique. D'abord, parce qu'elle demeure très profondément marquée par la honte. Les directeurs de l'industrie pornographique, en dépit de leurs succès commerciaux, de leur importance dans les économies régionales et de leur pouvoir politique parfois considérable, ne sont jamais décorés ni même reconnus par les associations de marchands ou les chambres de commerce, ne sont pas des candidats recherchés par les grands partis politiques et ne sont presque jamais invités comme conférenciers à la collation des grades des facultés d'administration. Et la plupart des gouvernements hésitent longtemps avant de leur offrir les habituelles subventions statutaires aux petites et moyennes entreprises. En somme, l'industrie est tolérée tant qu'elle se maintient dans les limites de ce qui est permis, mais on aimerait du même souffle faire comprendre qu'elle échappe à notre contrôle: la pornographie existe, mais sans que personne en soit responsable, un peu comme une verrue sur un corps sain que l'on accepte dans l'espoir de l'oublier. Ainsi donc, les producteurs de pornographie peuvent être riches sans nécessairement être des personnes dignes de respect, contrairement à tous les enseignements de la plus élémentaire morale de l'entrepreneurship. Et il ne faut pas s'étonner que la pornographie soit généralement soupçonnée d'être en bonne partie aux mains du crime organisé; elle était hier encore illégale et ses producteurs d'alors, qui n'ont pas tous changé de métier, sont nécessairement des gens habitués à travailler dans l'illégalité. De la même manière, la pornographie, maintenant permise et classée bien de consommation ordinaire, échappe encore aux normes et aux contrôles coutumiers: bien que l'article 41 de la loi québécoise sur la protection du consommateur oblige tout commerçant à fournir un service «conforme à une déclaration ou à un message publicitaire», l'Office de protection du consommateur n'a jamais à ce jour été saisi d'une plainte alléguant que, contrairement à ce qui avait été promis, un spectacle n'était en fait pas très «sexy», certainement pas «le plus osé» et encore moins «follement excitant».

Ces rapports prudents et distants avec le reste de la société créent un monde relativement fermé au sein duquel les choses souvent ne se font pas comme ailleurs et où les déclarations de revenus doivent être particulièrement peu fiables. Un monde où les relations industrielles adoptent des modèles aussi hétérogènes que l'esclavagisme et le vedettariat sportif ou artistique. Parmi ces gens qui se donnent en spectacle, certains disent y avoir été obligés par la misère, d'autres que c'était une question de choix et de cupidité. Les exemples américains les plus souvent rapportés sont, d'une part, le cas de Linda Lovelace qui a décrit en détail[25] comment elle fut pendant trop longtemps contrainte de se prostituer et forcée à devenir vedette du cinéma pornographique par un mari extrêmement brutal et violent qui l'exploitait de manière éhontée. Mais il y a, d'autre part, l'exemple de Marilyn Chambers qui étonna bien du monde en optant pour le cinéma pornographique alors qu'elle menait une prospère carrière de mannequin[26], qui voulut épouser l'ancien mari tortionnaire de Linda Lovelace, qui n'accorde d'entrevues à la presse qu'entièrement nue et qui se dit apôtre libéré de la pornographie. C'est un monde qui ne connaît guère les normes de la santé et de la sécurité du travail, où les conventions ne sont jamais collectives et où les conditions de travail varient radicalement. Toutefois, si le contraste paraît frappant entre une adolescente du tiers monde qui se déshabille en public pour quelques sous, ou encore quelques jeunes qui feraient n'importe quoi pour leur dose quotidienne, et certaines vedettes comme Annette Haven ou Seka qui gagnent des salaires de 17 000 dollars par jour[27], il existe sans doute, partout où il y a pornographie, un écart encore plus grand entre ces salaires et les profits des producteurs. Depuis l'abolition du travail des enfants dans les mines de charbon du nord de l'Angleterre, très peu d'industries tolèrent une telle exploitation des travailleurs et des profits aussi excessifs. Mais personne encore ne semble oser défendre les droits des travailleurs de la pornographie.

La formule est sans doute trop facile, mais on pourrait aller jusqu'à dire que les producteurs détiennent le pouvoir de déculotter tout le monde, leurs employés d'abord, les consommateurs ensuite. Il faut insister et dire à quel point il est étonnamment facile d'être pornographe. Nulle part ailleurs on ne trouve autant de photos de mauvaise qualité, de films insipides et de romans incohérents qui pourtant réussissent à survivre aux lois du marché. Le sexe suffit.

Tandis que l'amour demeure un sujet difficile comprenant une dimension intérieure complexe, le sexe, comme la violence, est épidermique et donc à même d'être immédiatement saisi sur pellicule sans autre effort intellectuel. Facile aussi dans la mesure où les consommateurs sont maintenus dans une ignorance qui leur enlève tout choix et dans une gêne qui leur interdit tout recours; ces gens n'osent pas se protéger et n'ont souvent pour guides que les édits des censeurs qui leur indiquent, parfois avec beaucoup de minutie, ce qui vaut la peine d'être interdit et la gradation exacte de ce qui mérite le mieux d'être mis à l'index. Dans le même sens, on a déjà suggéré que, sans scandale sexuel, certaines œuvres n'auraient jamais mérité d'être connues; John Sutherland disait que seule l'ignorance de l'Angleterre d'il y a trente ans en matière de sexualité pouvait expliquer comment l'establishment littéraire du pays avait pu célébrer un petit roman quasi fasciste comme *L'Amant de Lady Chatterley* en prétendant qu'il s'agissait d'un phare contre l'obscurantisme[28].

Par surcroît, la société n'insiste pas beaucoup pour assurer la qualité de son industrie pornographique. Le talent n'y est jamais reconnu, et on s'étonnerait même d'en trouver là. Ce qui laisse présumer que les artistes de la pornographie sont presque toujours soit des talents frustrés qui auraient préféré réussir ailleurs[29], soit des jeunes qui apprennent leur métier et qui cherchent à gagner leur vie. Parce que les producteurs acceptent souvent n'importe quoi et que le marché paraît insatiable, les auteurs peuvent produire sans arrêt, gagner un peu d'argent, et en même temps affiner leur art; le cas d'Anaïs Nin et de Francis Ford Coppola sont connus, mais qui sait combien d'autres, en début de carrière sinon toute leur vie, ont rédigé des œuvres pornographiques qui leur procuraient du plaisir et des sous[30]?

On répète que tous les grands peintres des XVIIIᵉ et XIXᵉ siècles ont réalisé durant leur vie au moins une œuvre pornographique, aujourd'hui précieusement conservée dans quelque section discrète ou réduit inaccessible des bibliothèques ou musées des meilleures universités. Quoi qu'elle vaille, cette rumeur éclaire par contraste une des caractéristiques principales de la pornographie moderne. Les gravures et les peintures des maîtres anciens, produites simplement pour le plaisir de l'artiste ou dans le but de lui assurer quelques revenus supplémentaires, servaient généralement à l'usage exclusif de la classe supérieure qui avait les moyens de se les approprier, alors que les pauvres n'avaient le plus souvent pour pornographie que les histoires cochonnes et les chansons grivoises. C'est dire combien la pornographie moderne est devenue populaire. Tout comme cela s'est produit pour les concerts autrefois réservés aux soupers du roi et qui sont devenus accessibles au propriétaire d'un simple baladeur, n'importe quel prolétaire peut désormais, à un prix très abordable, contempler les corps les plus spectaculaires, qui ne sont plus réservés aux théâtres urbains et privés, puisqu'ils ont depuis longtemps atteint les postes de télévision des campagnes les plus éloignées. Le spectacle du sexe est ainsi devenu démocratique. Mais, il fallait s'y attendre, la démocratie change tout: pendant que les images demeuraient identiques, leur valeur s'est renversée et la même pornographie aujourd'hui comprise comme vulgaire et prolétaire, grossière et méprisable, faisait il y a cent ans les délices de quelques grands bourgeois de bonne éducation appartenant à une élite de fins connaisseurs.

Par ailleurs (autre tendance moderne qu'il faudra plus loin chercher à mieux saisir), la pornographie est peut-être en train de quitter la scène publique pour se déplacer entièrement vers la vie privée. Ce qui était auparavant consommé à plusieurs et en salles communes l'est de plus en plus à la maison et dans l'intimité. La production elle-même semble vouloir suivre le courant, par un usage croissant du téléphone et de l'ordinateur, bien sûr, mais aussi parce que le secteur de l'industrie pornographique qui connaît actuellement la plus forte expansion ne mérite même plus le titre d'industriel: la dernière mode, d'abord observée en Allemagne, consiste à produire en privé des documents vidéo qui seront ensuite vendus et échangés entre amateurs ou mis sur le marché. Il s'agit en somme de bricoler sa pornographie soi-même, de montrer et de regarder le sexe ordinaire. La popularité de cette nouvelle tendance est telle que les industriels de la pornographie se disent inquiets.

Peut-être en corollaire de cette nouvelle privatisation, les succès commerciaux de la pornographie traditionnelle semblent devoir plafonner. Les exemples du Danemark, de la France, de la Suède, de l'Allemagne et des Pays-Bas[31] montrent qu'après une première période quelque peu euphorique qui a vu naître des dizaines de commerces particulièrement voyants, où la pornographie donnait parfois l'impression d'envahir une ville entière, mais qui en fait répondait surtout à une première flamblée de curiosité, le marché est vite devenu saturé et la clientèle habituelle est retombée rapidement aux environs de 10 à 15 pour 100 de la population totale, ce qui à très court terme a entraîné la faillite de plusieurs petits commerces. Au Danemark, les principaux producteurs n'ont survécu à la fin de la première vague qu'en profitant quelques années du sursis offert par l'exportation que favorisait la censure dans la plupart des pays voisins. Malgré cela, les clubs et les cinémas érotiques ferment leurs portes, les magazines se vendent moins, en même temps que les cassettes vidéo deviennent plus populaires. Il ne s'agit pas uniquement d'un glissement du public vers le privé. Les producteurs comprennent souvent mal et trop tard que leur type de pornographie faisait face dès le début au problème difficilement surmontable d'être confiné dans un champ trop étroit et trop facilement épuisé. Ils peuvent bien essayer de varier les contenus, améliorer la qualité technique et montrer des personnes encore plus belles, l'acte sexuel, dans toutes ses variations imaginables, devient trop vite mécanique, répétitif et ennuyeux. Le dilemme trouve évidemment une solution facile là où les producteurs rencontrent la censure: il suffit de frôler l'illégalité en essayant de se maintenir un pas en deçà ou un pas au-delà de l'interdit. Ailleurs, par contre, quand il n'y a plus de censure, on cherchera à inventer des contextes plus significatifs et à ajouter d'autres stimulants, ce qui transformera radicalement la pornographie en lui donnant un tout autre sens.

Enfin, il faut avouer aussi que nous ignorons encore beaucoup de choses du phénomène. En particulier, il est évident que le secret et l'inconnu, le lieu principal du tabou et de la gêne, s'est entièrement déplacé du sexe vers les voyeurs. Si le sexe n'a plus rien de caché, l'on sait somme toute bien peu de chose sur les consommateurs de pornographie. Les chiffres de l'industrie laissent croire qu'ils sont nombreux (ou qu'un petit nombre consomme beaucoup). Tout citoyen moderne entre en contact au moins occasionnel avec la pornographie depuis qu'elle est devenue inévitable, mais qui sont ces gens qui font réellement vivre l'industrie?

On imagine par habitude un monde d'hommes affairés, remontant le col de leur imperméable et baissant les bords de leur chapeau, achetant des objets dans des emballages discrets et essayant surtout de ne pas être reconnus dans un lieu où ils voudraient mener de façon parfaitement anonyme une activité qu'ils reconnaissent certainement comme immorale[32]. La pornographie est ainsi souvent offerte dans des endroits publics où chacun préfère consommer en privé, en évitant le plus possible les contacts, la conversation, les regards, bref, toute interaction. Comme s'il ne pouvait y avoir de culpabilité sans les autres. Pourtant, il est de moins en moins certain que cette caricature corresponde à l'état actuel de la consommation. Les propriétaires de centres de location de cassettes vidéo au Québec disent que la pornographie représente entre 5 et 15 pour 100 de leur chiffre d'affaires, qu'une proportion grandissante des locations sont faites par des couples, que certains hommes homosexuels sont parfois de très grands consommateurs, qu'environ 10 pour 100 du matériel est destiné à une clientèle lesbienne et consommé par elle, etc. Les données paraissent fragiles et les indices trop incertains pour que l'on puisse arriver à une conclusion, mais la situation est mouvante. Ce qui n'empêche aucunement les affirmations de toutes sortes sur le sujet, vu que la question de savoir à qui profite la pornographie est évidemment au centre de plusieurs débats. En particulier, il est facile de comprendre pourquoi la consommation féminine de pornographie a pu susciter tant d'intérêt, de commentaires ou de silences.

D'une part, l'industrie s'inquiète depuis longtemps des moyens d'atteindre l'autre moitié de sa clientèle potentielle; *Playboy* et *Penthouse* espéraient vraiment doubler leurs profits en publiant *Playgirl* et *Viva*. D'autre part, la question paraît cruciale aussi parce qu'une des principales discussions publiques fait de la pornographie un exemple des rapports sociaux et culturels entre hommes et femmes; il devient donc essentiel de bien mesurer s'il existe une pornographie consommée par les femmes et si elle témoigne d'une quelconque différence. Donc, il n'est pas surprenant d'entendre répéter que les femmes s'intéressent de plus en plus à la pornographie. La rumeur circule: la presse canadienne raconte que dans la ville de Winnipeg (où l'on aurait probablement les plus fortes chances de rencontrer le célèbre Canadien moyen), Gladys Basilie dirige une agence regroupant une trentaine d'effeuilleurs réservés à une clientèle exclusivement féminine et elle estime que les affaires vont «merveilleusement bien[33]». Dans plusieurs autres villes d'Amérique du Nord, les clubs de strip-tease d'hommes réservés à des publics de femmes sont devenus depuis dix ans des entreprises rentables. L'hebdomadaire *Le Point* du 1er février 1987 rapportait que, parmi d'autres succès de la pornographie télévisée en France, l'émission *La Coulée douce*, diffusée en après-midi et qui propose le récit détaillé de divers fantasmes sexuels à la suite d'un générique rythmé par un gémissement de plaisir, suscitait «un abondant courrier d'auditrices complices». Linda Williams rapporte qu'aux États-Unis les femmes consomment maintenant 40 pour 100 des cassettes vidéo pornographiques, et tout récemment Anne McClintock décrivait la croissance rapide de la production conçue par des femmes et souvent pour des femmes[34]. Bref, les indices se multiplient et mènent à penser que les hommes ne sont plus seuls et que l'arrivée de consommatrices a peut-être déjà modifié la nature de ce qui est offert en spectacle. Certains croient trouver là le symptôme d'une quelconque libération des stéréotypes sexuels traditionnels. D'autres diraient plus simplement que, en quittant les anciens lieux publics de sa distribution, endroits sordides et souvent même dangereux pour une femme, puis en s'infiltrant au cœur de l'univers domestique, la pornographie devient pour la première fois vraiment accessible aux femmes. Dans une dépêche de l'Agence France Presse (mars 1990) qui notait la relance de l'industrie danoise de la pornographie par les progrès du magnétoscope, un distributeur de Copenhague confiait que ses ventes avaient doublé depuis un an grâce aux clientes de province, ce qui laisserait croire que l'expansion du marché se poursuit pour atteindre ce qui a peut-être toujours été sa clientèle la plus impénétrable, le monde rural et les femmes. On comprend facilement en quoi cette question est importante pour la suite des débats: ou bien la pornographie est, par essence, un produit s'adressant exclusivement aux hommes, ou bien il ne s'agit là que d'un accident de l'histoire, les hommes ayant simplement été les premiers et pendant longtemps les seuls à détenir le pouvoir social d'en faire usage.

Toutes ces questions doivent être laissées en suspens jusqu'à l'examen des débats publics. Pour l'instant, il faut compléter cette introduction à une définition du sujet en résumant ce qu'en disent les autorités officielles qui, justement, disposent du pouvoir de définir les limites du tolérable et d'interdire tout ce qui les dépasse.

Vue du banc de la reine

Sir Charles Sedley n'était probablement pas conscient, en ce jour de 1663 où il se saoula dans une taverne pour ensuite monter au balcon, enlever tous ses vêtements et insulter la foule dans la rue tout en l'aspergeant d'urine, qu'il était en train d'écrire une page d'histoire. Il fut arrêté, accusé, puis condamné à une amende et à une semaine de prison. Dans la jurisprudence anglo-saxonne, cet incident constitue un premier cas d'affront à la décence publique puni par l'État[35]: pour la première fois, la police interpelle un citoyen uniquement parce qu'elle présume qu'il a commis un acte obscène. Bien d'autres avant Sir Charles avaient sans doute trop bu dans les tavernes, mais les forces de l'ordre n'avaient jamais jugé qu'il leur revenait d'intervenir. Parce que la modestie, même dans des lieux publics, demeurait une affaire de moralité individuelle et donc une préoccupation privée. Le rôle de l'État se limitait à protéger la propriété et la plupart des personnes, mais il ne lui revenait pas d'exercer la censure sauf quand son autorité ou celle de l'Église se trouvaient menacées. Or il semble qu'avant 1663 l'obscénité sexuelle n'ait pas été perçue comme une menace. Un des exemples les mieux connus de cette attitude provient du concile de Trente qui permit en 1573 la publication du *Décameron* de Boccacio (paru entre 1348 et 1353 et interdit un siècle plus tard par Paul IV), parce que la nouvelle version, qui conservait pourtant tous les ébats sexuels des personnages, ne disait plus que ceux-ci étaient des clercs, des nonnes ou d'autres membres de l'Église. Dans l'esprit des pères du concile, l'obscénité condamnable ne se trouvait pas dans la représentation du sexe mais dans sa conjonction avec les affaires de l'Église; puisque le mauvais exemple ne venait plus de religieux tout nus et fort lascifs, le récit devenait acceptable, car on ne pouvait plus y lire une attaque contre l'autorité ecclésiastique. Avant Sedley, c'est surtout ce genre de contestation qui inquiétait la censure.

Après Sedley, débute une valse-hésitation, qui dure encore, entre deux perspectives législatives difficilement conciliables: d'un côté, la thèse voulant que l'État n'a pas à intervenir dans ce qui doit rester une question de morale individuelle et donc de libre choix; de l'autre, celle qui justifie le contrôle politique de la pornographie en raison de ses effets néfastes sur la société. Entre ces vues opposées, l'histoire de la plupart des pays occidentaux trace un mouvement de pendule: ici ou là, selon l'époque et le contexte social immédiat, les tribunaux se montrent plus ou moins sévères ou tolérants. Un des buts du présent essai consiste justement à mettre de l'avant l'idée que ces mouvements ne sont pas entièrement gratuits. Mais pour l'instant, puisque nous en sommes encore à définir ce qu'est la pornographie, apprécions seulement à quel point l'étiquette officielle, c'est-à-dire celle que l'État permet à ses tribunaux de sanctionner, est souvent tout aussi confuse, imprécise et contradictoire que les idées des citoyens eux-mêmes, en plus d'être presque toujours remarquablement inefficace.

On pourrait croire que la censure officielle change facilement d'idée. La publication en 1749 du livre de John Cleland, *Memoirs of a Woman of Pleasure* (mieux connu sous le nom de «Fanny Hill»), n'a pas entraîné l'intervention du gouvernement britannique. Moins d'un siècle plus tard, pourtant, le même livre sera interdit et le demeurera pendant cent cinquante ans. En 1985, les tribunaux égyptiens ont déclaré pornographique et fait saisir le recueil de contes des *Mille et une nuits*, longtemps considéré comme un joyau de la littérature arabe[36]. Pape après pape, on ne sait plus s'il faut couvrir ou déculotter les nus du *Jugement dernier* de la chapelle Sixtine. Ailleurs, M. Gandhi considérait comme indécents et profondément choquants les temples médiévaux aux façades décorées de sculptures érotiques que l'on peut visiter sur tout le territoire de l'Inde. Ces exemples parmi bien d'autres valent d'être mentionnés parce qu'ils contredisent la croyance populaire selon laquelle le monde moderne est nécessairement plus ouvert à la sexualité et plus tolérant devant ses illustrations. En fait, l'évolution suit rarement un sens unique, et chaque société peut assez facilement avancer ou reculer les limites de ce qui lui semble acceptable[37]. L'impression de vivre aujourd'hui une phase moderne de libéralisation n'est certainement pas fausse, mais elle traduit avant tout une distanciation par rapport au XIXe siècle européen, qui représente à ce jour une sorte d'extrême dans le mouvement pendulaire de la censure.

C'est en effet au siècle dernier que la bonne société britannique fit naître l'influente *Society for the Suppression of Vice* et en vint à dissimuler sous des housses les pattes des pianos jugées trop suggestives. À la même époque, aux États-Unis, Anthony Comstock put dédier sa vie entière à lutter contre l'envoi par la poste de matériel obscène, contre la littérature dite «légère», les salles de billard, le jeu, les hebdomadaires, les loteries, la contraception et l'avortement[38]. Il faudra y revenir, car il est déjà évident qu'au XIXe siècle surtout on assiste à une modification fondamentale du rôle de la censure et de l'attitude politique devant la sexualité, modification sans laquelle la pornographie moderne demeurerait incompréhensible.

Mais en regardant ailleurs ou en tenant compte d'une période plus vaste que les deux derniers siècles de l'histoire occidentale, on voit tout de suite que la loi peut définir la pornographie de mille façons trop peu uniformes pour nous être utiles. Dresser la liste de ces déplacements des limites de l'acceptable et faire l'inventaire des définitions officielles serait assurément révélateur, mais aussi interminable. Il semble plus judicieux de noter seulement les quelques dénominateurs qui semblent communs.

Définir la pornographie constitue, en dernier ressort, une question politique, et le général Pinochet a pu pendant longtemps se permettre d'interdire ce que mauvais lui semblait. Toutefois, la plupart des États moins autoritaires semblent toujours hésiter entre deux attitudes. Ils peuvent soit interdire l'excessif tel que le définit le consensus statistique et majoritaire de la population et accepter alors le risque de réprimer les goûts et les envies de quelque minorité (l'attitude traditionnelle des gouvernements britanniques), soit refuser de faire du consensus une loi et permettre l'expression libre de toutes les diversités, même les plus minoritaires, au risque de déplaire à de larges segments de l'opinion majoritaire (l'attitude aujourd'hui dominante en Scandinavie et aux États-Unis). Il n'est pas impensable que l'on puisse un jour démontrer combien ce choix témoigne en fait d'une attitude politique globale et que la question de la censure officielle de la pornographie n'a rien d'exceptionnel: les États les plus permissifs seraient également ceux qui toléreraient le mieux les discours politiques, religieux, thérapeutiques ou artistiques les plus divers et les plus contradictoires. Et puisque la diversité d'opinion est souvent régionale, rurale ou urbaine, affaire d'éducation et de métier, reflet d'allégeances religieuses et politiques, l'usage national de la censure est indissociable du problème politique de la gestion centrale des normes du bien-être commun.

Néanmoins, la censure est toujours paradoxale, car elle est à la fois violente et inévitable. Malgré la meilleure volonté de tolérance, une société doit nécessairement se protéger de l'excès et du désordre. Toute communauté humaine, tout groupe social, même le plus révolutionnaire ou le plus anarchique, est finalement fondé sur la censure de ce qui constituerait sa propre négation et se trouve ainsi obligé à imposer une limite au-delà de laquelle un comportement doit être déclaré asocial ou inhumain. En même temps, cette censure fait toujours violence parce qu'elle implique la négation d'une partie de l'expérience humaine en déclarant impensable, un peu comme on déclare «folie», ce qui aurait autrement été possible. Malgré les plus beaux discours sur la liberté d'expression et les plus grands espoirs de libération, le paradoxe est inévitable et pose un dilemme à toute société. Il est donc absurde de prétendre lutter contre la censure, alors qu'on ne peut jamais contester que les modes et les lieux particulièrement opprimants de son intervention.

Par contre, il faut suivre l'évolution de la censure parce que, dans chaque situation particulière, elle définit avec précision ce qu'est la pornographie. Ces définitions sont construites de manière trop ponctuelle pour être généralisables, mais tout ethnographe doit apprendre à connaître la censure de la société qu'il étudie, simplement parce qu'elle est indissociable d'une déclaration de principes sur le bon ordre du monde, l'état idéal des rapports sociaux et le sens de la vie. La censure est le choix conscient et inévitable d'un partage entre le bien et le mal auquel la société ne peut se dérober.

Dans l'immédiat, cette noble obligation de définir ce qui est pornographique est assumée par le travail éminemment concret des juristes et censeurs qui ont pour mission de tracer, souvent avec une minutie épidermique, les limites de ce qui est socialement acceptable. Leur travail consiste dans certains cas à dire si le poil pubien peut être montré, si illustrer l'anus est excessif ou quand exactement une verge doit être déclarée en érection, et si le pouvoir de séduction de Marie-Madeleine fait partie de ces choses qui ne peuvent être présentées aux moins de 18 ans. Tâche ingrate, qui oblige à construire rapidement et à justifier publiquement des définitions très précises de l'obscénité qui ne semblent promises à d'autre destin que d'être constamment remises en question. Bien fait, ce travail doit témoigner fidèlement de l'état actuel de la société, et parfois cela veut dire représenter l'opinion publique majoritaire. Or comme l'Occident se dit fortement orienté vers l'avenir et déclare croire au progrès des idées comme aux transformations technologiques et sociales, la tâche du censeur le condamne nécessairement à se couvrir, à long et parfois à très court terme, du plus complet ridicule. L'histoire a rarement été tendre pour les censeurs: Rabelais,

Joyce, Lawrence, Modigliani sont aujourd'hui enseignés dans les écoles, et les œuvres du marquis de Sade font l'objet de savants travaux universitaires. Comble de misère, les efforts des censeurs peuvent même produire un effet contraire à leurs intentions, soit en attirant l'attention sur une œuvre qui aurait autrement été négligée, soit en laissant penser que tout ce qu'ils n'interdisent pas devient permis[39]. Mais le ridicule n'est toujours que passager et l'État aura toujours besoin de nouveaux censeurs qui appliqueront de nouvelles lois sans doute plus «modernes», plus «démocratiques» et plus «réalistes», et néanmoins prêts à accepter l'odieux de définir avec une précision légaliste les limites de l'inacceptable.

L'histoire et les pratiques de la censure reflètent sans doute fidèlement ce que l'on appelait parfois les «états d'âme» d'une population: ses valeurs avouées et sa propre définition d'elle-même, ses objectifs et ses idéologies. Parce que la censure interdit ce qui est perçu comme contraire à l'ordre normal des choses et donc au bon sens, la pornographie présente une question sociale sérieuse. Car pour mériter l'attention de la censure, on doit nécessairement proposer la dissidence, la contestation ou parfois même la révolution. La censure s'applique aux choses qui sont encore sous-jacentes et dont on veut étouffer l'émergence, ou bien à ce qu'on entend depuis trop longtemps et qu'il faut maintenant faire taire.

L'usage de l'obscénité à des fins contestataires n'est certainement pas une invention récente. C'est ce que chantait Jacques Brel en associant «bourgeois» et «cochons», et pour tous ceux qui ne cessent de répéter «Va te faire foutre!» ou bien «*Fuck you!*», il semble que la révolte soit devenue une façon de parler. Parmi toutes les insolences révolutionnaires des années 60, une des plus percutantes sans doute fut cette caricature qui montrait les personnages les plus familiers de Walt Disney en train de baiser dans toutes sortes de positions plus ou moins coutumières. Dans le même sens, les dépêches des agences de presse de ce qui hier encore était le bloc de l'Est, chaque fois qu'elles mentionnaient le florissant marché noir de la pornographie en Hongrie, en Bulgarie, en Roumanie, en URSS, en Chine, en Pologne ou ailleurs, répétaient inlassablement que la vente, l'achat et la projection clandestine de films ou cassettes vidéo illégaux concernaient des thèmes à la fois sexuels *et* politiques. Comme si la pornographie et la dissidence politique étaient pareillement subversives et qu'il s'agissait en pratique d'un seul et même combat[40].

Cela dit, au-delà de ces définitions ponctuelles qui informent sur l'état d'une société, la censure n'est pas nécessairement un bon témoin de l'état d'une civilisation. Les véritables interdits, tout ce qui est vraiment inconcevable pour une culture, n'ont pas besoin d'être relevés ou sanctionnés par la censure, de la même manière qu'il paraîtrait superflu d'imposer par une loi l'utilisation de la fourchette ou d'interdire de consommer des araignées. Il faut aussi rappeler que la pornographie n'existait pas tant qu'elle demeurait aux mains des puissants. Elle apparaît comme problème social seulement quand les transformations technologiques lui permettent de se répandre parmi le peuple, lequel, comme les enfants, doit être protégé par la loi. Auparavant, il aurait été bien inutile de légiférer pour des gens qui de toute manière savaient se maintenir au-dessus de la loi.

Cela explique en partie pourquoi la plupart des gouvernements ne semblent plus particulièrement inquiétés par la pornographie, qu'ils traitent comme un phénomène marginal et sans grande conséquence, n'y voyant que l'occasion d'accumuler un peu de capital politique sans risques. Dans certains cas, on voudra s'assurer de quelques votes incertains en promettant de sévir; en d'autres occasions, dire que l'on contrôlera l'expansion de la pornographie, c'est en même temps laisser entendre que le budget sera équilibré, que la discipline sera enfin réintroduite dans les écoles et que forcément les trains arriveront à l'heure. Bref, la pornographie offre un excellent prétexte à la création de commissions d'enquête et à la préparation de rapports bureaucratiques prudents et avertis.

En somme, quiconque s'intéresse au phénomène social de la pornographie doit s'imposer de parcourir les milliers de pages de rapports d'enquêtes commandées par les gouvernements de la Grande-Bretagne, du Canada et (par deux fois) des États-Unis. En effet, une assez grande partie de ce que nous savons de la pornographie a été d'abord décrit et colligé par l'une ou l'autre de ces enquêtes officielles. Et s'il fallait nourrir les plus grossiers stéréotypes nationaux, on trouverait difficilement meilleurs exemples. En Angleterre, la Commission Williams a fait un travail remarquable surtout par son intelligence, son agilité intellectuelle et une finesse qui frôle souvent une arrogance aussi typique que difficilement supportable, tandis que la première enquête américaine, en 1970, disposait de moyens financiers dont le reste du monde ne peut que rêver et a produit une somme considérable d'informations, mais souvent présentées pêle-mêle, sans souci apparent d'intégration globale et parfois en laissant croire que le rédacteur ne maîtrisait pas vraiment les implications de son texte. Par contre, la seconde enquête américaine, en 1986, a toutes les allures d'une concession minimale accordée à la droite politique qui avait fortement appuyé Ronald Reagan: elle cherche d'abord à contredire l'enquête précédente qui lui paraissait beaucoup trop «libérale» dans ses conclusions. Mais elle a dû composer de toute évidence avec un problème de sous-financement chronique qui a transformé sa recherche, ses protocoles d'enquête et même la rédaction du rapport final en une performance quelque peu grotesque, sinon gênante, pour une nation qui prétend ne pas être en déclin. Contrastant avec les travaux des Britanniques et des Américains (cela dit avec un doigt de chauvinisme), l'enquête canadienne, communément appelée la Commission Fraser, laisse la très bonne impression d'avoir traité le sujet avec bon sens, beaucoup de calme et sans prétention, mais aussi avec rigueur et minutie.

Quoi qu'il en soit, au-delà des différences nationales, tous les rapports ont connu le même sort: ils ont été rapidement oubliés par le gouvernement auquel ils avaient été remis. Les recommandations du Comité Williams mis sur pied par les travaillistes furent ensuite ignorées par les conservateurs. Le rapport américain de 1970, commencé sous Lyndon Johnson, fut écarté du revers de la main par Richard Nixon et un Congrès qui n'en avaient très probablement jamais lu les neuf volumes. Quant à l'enquête de 1986, dirigée par le procureur Ed Meese (dont la moralité et la carrière politique devenaient au même moment assez douteuses dans l'opinion publique) et qui n'avait coûté qu'un demi-million de dollars et duré seulement un an, ce qui selon les standards habituels de la bureaucratie américaine était carrément ridicule, elle fut complètement oubliée (sauf par quelques humoristes) dans les heures suivant la présentation publique du rapport en plein cœur du grand vide politique du début du mois d'août. Au Canada, le rapport de la Commission Fraser n'a pas eu de suite non plus, et ses recommandations montrent fort peu de ressemblance avec le projet de loi qui fut plus tard présenté par le ministre de la Justice, lequel projet fut ensuite assez rapidement retiré pour considération supplémentaire, puis finalement abandonné dans l'espoir que les débats publics s'éteindraient en entraînant sous terre l'urgence et l'à-propos électoral du sujet.

Cette incapacité d'agir et ce manque de volonté politique témoignent peut-être en tout premier lieu du fait qu'aucun État ne veut admettre qu'il n'a déjà plus les moyens de contrôler la pornographie. Fini le bon vieux temps où l'on pouvait brûler des livres et détruire les plaques d'impression. Finies les saisies de quelques dizaines de copies de film et les poursuites judiciaires pour spectacle indécent. Pour réussir demain à contrôler les messages transmis par fibre optique, il faudra disposer de moyens financiers colossaux et tolérer une surveillance qui constituera une invasion brutale de la vie privée des citoyens. Quand le téléphone devient pornographique, interdire l'obscénité exige la surveillance de toutes les conversations privées. Dès lors, le commerce de la pornographie devient comme le secret ou la rumeur: une forme de communication qui échappe au contrôle de l'État. C'est en bonne partie pourquoi les grandes commissions d'enquête restent sans écho: la question qui leur a été soumise est déjà techniquement dépassée et irréaliste. Et c'est aussi ce qui explique que les lois sur le contrôle de la pornographie se font rares et que les efforts policiers demeurent minimes: à Los Angeles, capitale de l'industrie, huit policiers sur 6700 s'occupent spécifiquement de la lutte contre la pornographie, deux sur 12 000 à Chicago et deux sur 1500 à Miami, ces derniers ne disposant même pas d'une automobile[41]. Tous devraient reconnaître que, face aux techniques modernes de communication, la police demeure impuissante.

Mais il y a sans doute aussi d'autres raisons à ce manque de volonté politique. Quelques rares gouvernements semblent maintenant convaincus, suivant l'exemple du Danemark, que l'interdiction officielle est une solution primitive et inefficace, et qu'il est beaucoup plus approprié d'offrir à la population une éducation de qualité qui rendra superflue la protection paternaliste de la loi. Prendre en somme tous les moyens permettant à la population de juger par elle-même de l'attention que méritent les discours les plus farfelus. En adoptant cette statégie, il serait par exemple moins important d'interdire la libre expression de tous ceux qui prétendent que le troisième Reich n'a jamais voulu le génocide des Juifs, que d'assurer que de tels propos seront unanimement compris et tournés en ridicule. Il s'agit en somme d'atteindre une qualité générale de vie garantissant que personne ne se verra imposer la pornographie par naïveté, ignorance ou bêtise. Ce qui est en quelque sorte le contraire de la volonté d'interdire.

Finalement, il y aurait encore d'autres raisons expliquant la tolérance des gouvernements, mais elles appartiennent à un tout autre registre et à une autre façon de définir la pornographie. Du moins, c'est ce que prétendent la plupart de ceux qui débattent du sujet sur la place publique et qui définissent moins la pornographie en soi que son impact social ou la teneur idéologique de ses contenus. Vue sous cet angle, la pornographie perd de son autonomie en devenant un aspect particulier d'une question beaucoup plus vaste: «symptôme de décadence», «violence faite aux femmes», etc. L'un des plus célèbres parmi tous les commentateurs qui ont posé dans ces termes le problème de la définition, et qui du coup avait beaucoup surpris son entourage en changeant radicalement le registre du débat, le juge William Douglas, de la Cour suprême des États-Unis, a dit un jour dans une formule maintenant passée à l'histoire que si la poursuite soutenait que le matériel présenté devant la cour revêtait un caractère ordurier, il lui faudrait en même temps reconnaître que c'est également la caractéristique première d'une grande partie de ce qu'il nous faut entendre durant les campagnes électorales, de tout ce qui est lu dans la presse quotidienne et de ce qui est habituellement présenté à la télévision et à la radio américaines. Évidemment, sa déclaration fit scandale, et on voit qu'il y avait là nettement matière à débat.

Donc, la formule du juge Douglas nous ramène à notre point de départ: la pornographie désigne d'abord un argument. Il est donc temps d'en arriver aux débats, c'est-à-dire là où le sujet se trouve véritablement défini par ses effets, ses enjeux et ses implications sociales. Car, en termes formels, n'importe quoi peut devenir pornographique. Il s'agit en quelque sorte d'une forme vide. Il suffit de dire le sexe de manière trop gratuite pour être reconnu comme excessif. Mieux encore, la vraie pornographie, c'est toujours ce qu'on dit avoir découvert dans le repaire du dictateur déchu ou dans l'appartement du tueur fou.

CHAPITRE 2

LES DÉBATS

Il y a seulement deux types d'état d'esprit
constant dans lesquels la vie vaut d'être vécue:
la noble joie d'une religion, ou la noble
détresse d'en avoir perdu une.

FERNANDO PESSOA
Erostratus, Essai sur le destin de l'œuvre littéraire

Probablement que tous ceux pour qui les débats
publics sont futiles trouveront ici un bel exemple. Car il
faut en effet s'étonner que la pornographie survive et soit
encore tolérée, tant on est unanime pour la critiquer: on
n'en parle que pour l'accuser. La dénonciation est venue,
fréquente, vigoureuse et diverse, elle a profité des meilleures tribunes et a certainement été très largement entendue. Pourtant, cette critique semble heurter un mur.
Malgré tout le mal qu'on en dit, finalement rien n'est fait
et l'apparent consensus dénonciateur se traduit au mieux
par des lois trop timides et des règlements trop imprécis. Et

la principale caractéristique de ce mur, de cette résistance, c'est le silence. On cherche en vain un discours public de défense de la pornographie. Bien sûr, on la protège et on l'excuse au nom de la liberté, on dit ne pas l'aimer mais craindre davantage la censure, ou encore on espère la voir disparaître tout en la traitant de mal nécessaire, mais personne n'ose déclarer que la pornographie est bonne et recommandable.

En faisant de la pornographie un mal et de la liberté d'expression un bien, les débats se situent généralement sur deux plans différents entre lesquels a germé un malentendu qui est vite devenu insoluble, et dont l'effet immédiat a été de noyer toute dénonciation de la pornographie dans des étangs d'intolérance et de chauvinisme, quand ce n'est pas tout simplement dans le ridicule: comme au cours de la semaine suivant la contestation publique du numéro de décembre 1984 de la revue *Penthouse*, lorsque de braves douaniers canadiens rendus nerveux par le scandale ont retenu parmi les ouvrages qui annonçaient un bon potentiel pornographique *L'Amant* de Marguerite Duras, *Le Corps des femmes*, une austère étude universitaire, et même *Dette et Désir*, du théologien allemand A. Vergote[1].

De plus, les dénonciations seront encore moins efficaces si les accusés réussissent à convaincre leurs juges qu'il ne s'agit pas vraiment de pornographie mais plutôt d'érotisme. Car personne n'ose s'élever contre l'érotisme, de la même manière que nul ne s'abaisse à défendre la pornographie. L'érotisme est justement ce qui permet de distinguer un lauréat du prix Goncourt d'une revue comme *Penthouse*, mais c'est aussi un concept particulièrement flou qui crée une frontière confuse et donc idéale pour diluer la contestation. L'observation des débats montre très nettement que la pornographie est ailleurs et, comme le disait André Breton, que c'est toujours l'érotisme des autres. Mais pas de n'importe quels autres. La pornographie appartient au vulgaire, au grossier et à la plèbe qui n'a ni le bon goût ni les moyens de se procurer un érotisme dont la qualité demeure toujours la meilleure excuse. L'érotisme devient un privilège de classe quand l'argent transforme les photos accrochées aux murs d'un atelier en luxueux albums sur la poterie précolombienne.

La pornographie, nette et sans hypocrisie, paraît indéfendable. Même les entreprises productrices ou les consommateurs, quand ils dépassent leur défense simple au nom de la liberté d'expression et se découvrent une envie de se justifier, le feront généralement au nom d'un effort de libéralisation des mœurs, de la nécessité d'échapper aux contraintes étouffantes de l'ancien régime, ou même de la promotion d'une quelconque révolution sexuelle. En somme, de vastes projets qui dépassent largement l'affirmation que le spectacle du sexe est agréable et qu'il se suffit à lui-même.

Bref, la pornographie offre un nouvel exemple du débat classique entre les protecteurs de la moralité publique, disposés à restreindre une facette de la liberté individuelle au nom du bien commun, et leurs adversaires, défenseurs de cette liberté, même au risque des pires excès de la part des minorités. Cette opposition n'est évidemment pas propre à la pornographie, car elle relève de la recherche interminable d'un compromis autour de ce qui est socialement reconnu comme le point précis où la liberté de l'un viole la liberté de l'autre. Le point où un bien entre en conflit avec un autre bien. On se demandera donc, d'une part, si la pornographie devrait ou non être considérée comme une forme de littérature haineuse que certaines sociétes interdisent au nom de la moralité publique; mais, d'autre part, en défendant la liberté du citoyen, on se demandera s'il ne faudrait pas aussi interdire les revues montrant des ministres, le pape, la royauté ou la guerre, que chacun a le droit de tenir pour immorales, obscènes et révoltantes. Puisqu'il évite le sujet pour discuter de principes, ce débat ne connaîtra jamais de fin et les véritables démocraties ne pourront jamais y mettre fin.

Mais les amateurs de pornographie ne participent à peu près jamais aux débats, soit parce que des gens qui n'ont pas les moyens de s'offrir des albums érotiques n'ont pas non plus les moyens de parler en public, soit parce que les amateurs de pornographie évitent d'en parler puisque c'est justement la honte du secret honteux qui constitue, par définition, une grande partie de leur plaisir. Et si, comme le veut le proverbe, faute avouée est à demi pardonnée, il n'y a aucune raison de se priver de la moitié du plaisir de la culpabilité. D'où le mur du silence.

Personne ne défend la pornographie, et pourtant elle semble résister à toutes les attaques. Certains croient que sa survie tient au simple fait que le pouvoir de l'interdire est détenu par des gens qui y trouvent profit, ou du moins qui n'en perçoivent pas assez clairement les effets pernicieux. D'autres au contraire sont convaincus que le phénomène pornographique est un fait social qui ne dépend ni de la volonté politique ni même de l'issue des débats idéologiques.

Ce qui est certain, c'est que ces débats ont mené vers quelques sentiers imprévus. D'abord, il y a toute la recherce scientifique sur l'impact social de la pornographie, qui a permis de montrer que la science était parfois bête, toujours fragile. Puis, il y a la contestation conservatrice menée au nom du respect d'un ordre social et d'un système de valeurs traditionnelles, qui sont, malheureusement, absolument essentielles à l'émergence de la pornographie. Enfin, il y a la dénonciation féministe, peut-être le débat le plus remarqué au cours des dernières années, qui a soulevé quelques questions tout aussi fondamentales qu'apparemment impossibles à résoudre. Toutes ces discussions méritent l'attention, malgré leur peu d'effet sur l'opinion de la majorité et le fait qu'elles sont inépuisables, puisque les controverses portent habituellement sur des thèmes qui restent à la périphérie des vraies questions qui, elles, échappent à la discussion. Le lecteur impatient pourrait nous reprocher d'accorder trop de place à ces débats qui se sont aujourd'hui pour la plupart éteints sans vraiment laisser de trace. Mais c'est justement là une des caractéristiques remarquables du phénomène qui sera discutée plus loin: la capacité d'une société à produire de la pornographie et des débats publics sans conséquences sociales.

Les effets

Il faut espérer que l'histoire ne gardera pas de la science sociale le seul souvenir de sa contribution aux débats sur la pornographie. Elle trouverait trop facilement matière à scandale dans l'inutilité de certaines recherches d'une simplicité souvent effarante et de conception particulièrement naïve. Vouloir fonder une politique sociale sur ce genre de science suffirait à nous faire regretter les alchimistes.

Dresser l'inventaire de ces travaux de recherche exige la patience du proverbial bénédictin. La bibliographie du rapport de la Commission Meese cite 252 livres ou articles dans la seule section «sciences sociales», c'est-à-dire si on exclut tous les débats publics, les questions juridiques, l'histoire, etc. Au Canada, pour les besoins du Comité Fraser, l'inventaire de cette littérature considérable a été préparé dans le cadre d'une recherche autonome de H. B. McKay et D. J. Dolff, pour le compte du ministère de la

Justice, et rendu public sous le titre *Les Effets de la pornographie: une analyse de la recherche et de ses résultats*. Il existe d'autres bibliographies[2] et d'autres survols, qui tous consistent en des énumérations considérables et qui viennent chaque fois confirmer qu'un simple résumé de toutes les enquêtes sur les effets psychologiques et sociaux de la pornographie exigerait quelques centaines de pages. La tâche serait aussi quelque peu délicate: c'est un monde de recherches à courte vue et de partis pris à peine camouflés, d'accusations faciles et d'aveuglements bornés. Mieux vaut garder une certaine distance et essayer prudemment d'en extraire quelques conclusions, ou du moins les principales lignes de force. De toute manière, cette littérature, dans sa surabondance de détails, est facilement accessible.

Le lecteur est d'abord frappé par le côté totalement utilitariste de cette documentation. On cherche à démontrer ou bien que la pornographie a des effets nocifs sur l'individu et sur la société, ou bien qu'elle n'en a aucun, ou encore qu'elle peut parfois être utile et bénéfique. On étudie fébrilement ses conséquences, car ce n'est pas en elle-même que la pornographie sera jugée bonne ou mauvaise. Comme si on ne se permettait plus de déclarer une chose intrinsèquement mauvaise et qu'il fallait toujours s'en remettre à ses conséquences qui, elles, font figure d'arguments indiscutables. Pourtant, selon la logique, comme le faisait remarquer A.W.B. Simpson[3], une telle démarche est sans fin et ne permet en somme que de repousser le point où la chaîne des conséquences doit nécessairement être arrêtée par la déclaration que *ce maillon* particulier est intrinsèquement mauvais. Par exemple, affirmer que la pornographie est condamnable parce qu'elle compte le viol au nombre de ses conséquences, c'est tenir évidemment pour acquis que le viol est répréhensible, mais c'est aussi laisser entendre que si l'on

pouvait rendre le viol impossible, il n'y aurait plus rien de
mal à la pornographie.

Seconde constatation immédiate: le sens des démonstrations suit un mouvement de balancier toujours en
réaction avec la mode. Au cours des années 50 et 60, lorsque la censure de toutes représentations de la sexualité
demeurait encore très présente, la majorité des commentateurs étaient convaincus que la pornographie n'entraînait
pas les catastrophes psychologiques et sociales qu'une
certaine morale conservatrice prédisait mais qu'elle relevait
au contraire d'une libéralisation des mœurs aussi attendue
que souhaitable. Célèbres représentants de cette époque,
les époux Kronhausen y voyaient un outil contre l'ignorance et le moyen d'atteindre un épanouissement sexuel
sans lequel les refoulements risquaient de conduire au viol,
au sadisme et à toutes les violences[4]. Dix ans plus tard,
quand la pornographie était devenue omniprésente, on vit
apparaître de plus en plus d'études qui entendaient démontrer qu'elle n'était pas si inoffensive et que sa prolifération
soulevait quelques questions sociales importantes et urgen-
tes. Au milieu des années 80, lorsqu'une partie du mouvement féministe et la droite politique (qui s'exprimait très
nettement au sein de la Commission Meese) dénonçaient
unanimement la pornographie, on assista à la reprise
d'arguments entendus vingt ou trente ans plus tôt. En
somme, les discours suivent le cours des fluctuations politiques sans arriver à résoudre la question. Principalement
parce que cette question a toujours été mal posée. Ce qui,
dirait un observateur malveillant, aide à nourrir les
recherches universitaires.

En gros, l'objectif principal est simple. On a surtout
voulu déterminer s'il existe un lien démontrable entre la
pornographie et la criminalité à caractère sexuel. La question était relativement nouvelle pour les sciences sociales,

et de nombreux travaux parmi les tout premiers sur le sujet sont le résultat de commandes de la part de la commission d'enquête américaine formée par le président Johnson (qui finança plus de 80 études diverses sur tous les aspects alors pensables du lien entre pornographie et criminalité). Ces recherches ont surtout voulu vérifier l'existence de corrélations statistiques entre les deux phénomènes, soit par des enquêtes sur le taux de criminalité et la disponibilité de la pornographie commerciale, soit en menant quelques expériences en laboratoire afin de tester les effets plus ou moins immédiats de sa consommation. La plupart des résultats énoncés en 1970 par cette première commission d'enquête américaine furent plus tard contestés, et d'autres recherches furent entreprises pour aboutir à d'autres résultats, mais ces enquêtes cherchaient toutes un lien entre pornographie et crime: une série de calculs statistiques montrera que, par effet d'entraînement, la progression de la pornographie est accompagnée d'une croissance parallèle du taux de crimes sexuels ou, au contraire, d'une baisse de ce même taux. Dans les deux cas, les hypothèses sont assez simples: soit que les consommateurs de pornographie trouvent là des exemples qui seront ensuite imités, soit au contraire que l'évasion fantasmatique dans la pornographie calme les ardeurs de criminels potentiels, qui sans elle auraient été encore plus dangereux. Reformulées, ces hypothèses sont devenues des slogans: «La pornographie est la théorie et le viol, la pratique» ou bien «Libérez la pornographie libératrice».

Dans la nuit des temps qui a précédé l'antiquité grecque, naquirent nos distinctions culturelles entre le corps et l'esprit, le matériel et l'idéel, la chose et le mot. Ces distinctions établies, il restait à discuter des rapports entre les termes. C'est ce que nous avons fait pendant très longtemps et ce qui anime encore la majeure partie des débats sur les effets sociaux de la pornographie, poursuite moderne d'une discussion lancée par Aristote et Platon et qui n'a pu que dégénérer par la suite, à cause du caractère faussement énigmatique du dilemme: est-ce l'idée qui détermine le comportement? L'image pousse-t-elle à agir? Ou serait-ce plutôt l'acte qui fait naître l'interprétation après coup? Quel est le rôle de l'imaginaire face à l'expérience vécue? L'art, comme le prétendent les disciples de Platon, est-il un poison qui s'accumule lentement dans l'organisme? Ou est-ce au contraire, comme le dirait Aristote, un remède auquel l'être peut faire appel selon le besoin? Il semble impensable de réfléchir et de débattre en cette culture sans reprendre les formules ethnocentriques des cours de philosophie de collège. D'autres cultures rappelleraient que la réalité et sa représentation ne peuvent s'influencer mutuellement que si elles sont d'abord vraiment distinctes, ce qui n'est pas encore démontré.

Les recherches sur l'impact social de la pornographie ont eu tendance à répondre à ces questions en adoptant soit une position behavioriste très fruste, soit une théorie de la catharsis qui trahit une lecture probablement un peu rapide de Freud[5]. Les chercheurs font confiance aux corrélations statistiques (n'importe lesquelles) parce qu'ils croient que l'être humain imite les modèles qui lui sont proposés ou, au contraire, que l'évasion fantasmatique a l'effet positif et nécessaire de rendre plus tolérable la vie ordinaire. D'un côté, on a prétendu que la pornographie offrait une «soupape de sûreté» contre le crime; c'est ce qui expliquerait, par exemple, que le Danemark a connu une diminution de la criminalité à caractère sexuel au moment même où la censure était à peu près abolie[6]; ou que la population de San Francisco d'origine chinoise, qui consomme relativement beaucoup de pornographie, connaît un taux de crimes sexuels particulièrement faible[7]. D'autres ont vu le même effet de soupape au Japon, où la pornographie, très abondante et très courante, utilise beaucoup le thème du viol alors que le taux de viols réels dans la population est comparativement peu élevé[8]. Inversement, on rencontrait autrefois la conviction profonde de l'ancien directeur du FBI, J. E. Hoover, qui affirmait volontiers que la pornographie cause le crime, ou l'exemple des efforts de J. H. Court pour démontrer qu'en Australie, en Angleterre, en Afrique du Sud et à Singapour, la pornographie a eu pour effet direct et démontrable une augmentation sensible du nombre de viols[9]. Ici non plus les critiques n'ont pas été tendres (en particulier le comité Williams) envers des méthodes souvent douteuses qui se permettent d'isoler le viol alors qu'on assiste en fait à une fluctuation générale de la criminalité. Au pis, la critique se fait un plaisir de clore la discussion en émettant un doute sur l'intégrité intellectuelle du chercheur et en rappelant, par exemple dans le cas de Court, qu'il se décrit lui-même moins comme un chercheur scientifique que comme un psychologue chrétien promoteur d'une vaste campagne contre l'obscénité sous toutes ses formes.

Il fallait sans doute s'y attendre, la plupart de ces recherches n'eurent pas d'effet notoire sur tous ceux qui n'étaient pas déjà convaincus, parce que les données sont souvent très fragiles, les statistiques peu fiables et les résultats trop incertains. Dans certains cas, des enquêteurs sont accusés d'avoir bêtement tronqué les résultats. Selon Augustine Brannigan, la loi du gouvernement Thatcher pour contrôler la pornographie sur cassettes vidéo s'appuyait sur une recherche qui s'était permis (à la pourtant très respectable école polytechnique d'Oxford) de fabriquer ses propres résultats, en effaçant certaines données et en manipulant le traitement statistique des autres, afin de les ajuster à des conclusions qui étaient depuis longtemps rédigées[10]. Nous l'avons dit, dans ces débats, la science et les faits ne sont pas nécessairement respectés.

En plus des reproches adressés aux méthodes d'analyse, le fait que l'approche et les objectifs de ces recherches paraissaient fondés sur des théories particulièrement simplistes du rapport entre l'apprentissage et le comportement a aussi contribué à leur rejet. D'un côté, on semble vraiment croire que les gens se comportent de manière à reproduire ce qu'ils ont vu au cinéma. De l'autre, on croirait qu'il suffit de rêver de violence pour rester doux et inoffensif. Et dans l'espoir de démontrer l'une ou l'autre de ces propositions contraires, on recherchera une corrélation statistique suffisamment forte qui sera ensuite présentée comme une explication valable. L'illusion est malheureusement assez courante en sciences sociales: passe pour interprétation concluante ce qui n'est en fait qu'une corrélation statistique fondée sur des prémisses jamais discutées. Or une démonstration statistique n'a en soi aucun sens si ses prémisses n'ont pas d'abord été établies comme étant logiquement acceptables. C'est ce qui fait paraître raisonnable l'affirmation que la pornographie est liée à la violence familiale et, au contraire, ridicule la corrélation statistique, peut-être tout autant démontrable, entre la pornographie et le taux des précipitations atmosphériques. Et dans le cas présent, ce qui rend toute corrélation terme à terme particulièrement fragile et peu convaincante, c'est que, dans une situation sociale complexe, il est injustifiable de vouloir écarter tous les autres facteurs dont la pertinence n'a pas été discutée et dont l'importance n'a jamais été vérifiée, sans oublier l'essentiel, à savoir que tout ceci concerne des êtres humains et qu'il serait préférable, comme le soulignait le rapport du comité Williams[11], d'interroger l'ensemble de la personnalité humaine plutôt que de chercher à isoler quelques questions de sexualité et

de violence. Même la plus incontestable corrélation statistique laissera toujours un doute quant à sa véritable valeur
explicative. C'est pourquoi le rapport de la Commission
Meese, qui aurait pourtant bien aimé prouver définitivement que la pornographie est nocive, demeure prudent
et se limite à conclure que le lien entre pornographie et
viol paraît plausible, mais qu'il peut aussi être totalement
inexistant[12]. C'est probablement pour cette même raison
que, dans toutes ces controverses sur les effets de la pornographie, chaque interprétation paraît surtout convaincante
au moment où elle s'acharne à détruire l'interprétation
adverse.

Parce que le monde réel est trop vaste et que la
démonstration y est toujours trop peu contrôlée, les
chercheurs ont poursuivi leurs enquêtes en laboratoire avec
l'espoir d'y trouver un abri contre les perturbations extérieures et donc de pouvoir contrôler tous les facteurs qui,
dans la société, peuvent influer sur les résultats d'une expérience. Les règles de cet art sont simples et rigoureuses:
diviser en deux et au hasard le groupe des sujets, en soumettre une moitié au stimulus puis mesurer les différences
entre les deux sous-groupes de manière à établir avec une
certitude raisonnable que le stimulus administré est vraiment la principale cause de l'effet mesuré.

Heureusement, ces recherches en laboratoire, plus
simples et mieux contrôlées, ont procédé selon une conception de la vie sociale un peu plus adéquate. Plutôt que
de lier la consommation de pornographie directement et
unilatéralement au comportement, on a plutôt étudié son
impact sur l'apprentissage et l'adoption de diverses valeurs
et attitudes. On a aussi introduit la complexité de certaines
distinctions sociales, sexe, âge, état civil, opinion politique,
etc. Pour la psychologie expérimentale, c'est dans cette
longue série d'expériences qu'on trouve les efforts les plus

sérieux pour évaluer les effets de la pornographie[13]. Il ne s'agit plus d'établir un lien direct entre consommation et comportement, mais de montrer plutôt comment la pornographie peut servir de conditionnement (dont l'impact, quoique incertain, demeure parfois inquiétant). Parmi leurs conclusions les plus notoires, ces expériences en laboratoire ont montré que la pornographie violente a pour effet de modifier l'attitude des hommes au point de les rendre plus tolérants devant le viol, plus agressifs et même plus méprisants envers les femmes; il y aurait en somme une sorte de saturation comparable peut-être à celle de tout spectateur qui atteint le point où il en a trop vu pour s'émouvoir. Et cet effet serait commun à toute forme de pornographie: après l'évasion imaginaire, la vraie vie paraîtrait souvent terne et par trop imparfaite.

Toutefois, il faut dire que même si les résultats de ces recherches peuvent être incontestables, rien ne s'en trouvera encore démontré. La portée véritable de toutes ces preuves demeure incertaine et les expériences elles-mêmes sont facilement discutables. D'abord, la majorité des tests ont été administrés en laboratoire sur des étudiants et des étudiantes d'université. Il est donc facile aux critiques de rappeler qu'il existe probablement des écarts considérables entre ce laboratoire et le reste de la société, comme il n'y a pas, semble-t-il, de recoupement parfait entre les personnes étudiant à l'université et l'univers des consommateurs de pornographie. On ne sait donc pas combien il en coûterait pour reproduire ailleurs de telles expériences et si les résultats en sont vraiment généralisables. De plus, ces expériences tendent à mesurer l'effet de la pornographie immédiatement après la consommation, alors que son impact majeur se fait peut-être sentir à long terme. D'autres critiques ont accusé les chercheurs de ne pas préciser suffisamment la nature exacte de la «pornographie» utilisée comme stimulus, ce qui rend parfois la comparaison difficile sinon farfelue. Enfin, l'écart entre l'attitude et le comportement reste considérable et personne n'oserait avancer que le passage de l'une à l'autre se fait sans équivoque et sans tous ces filtres qui expliquent pourquoi les êtres humains ne font pas toujours ce qu'ils pensent. Voulant en quelque sorte répondre d'avance à ces critiques, le rapport de la Commission Meese, dans un passage que d'aucuns trouveront étonnant, décrit les seules véritables conditions d'une expérimentation «idéale»: diviser en deux un groupe d'hommes et soumettre une moitié au visionnement de pornographie violente, puis voir si le groupe ainsi stimulé commet plus de viols que l'autre; le rapport précise tout de suite que l'expérience poserait quelques problèmes d'éthique scientifique[14].

En outre, la science n'est pas entièrement satisfaite de la manière dont sont mesurées les réactions à la pornographie. On s'est servi de pléthysmographes attachés au pénis, de photo-pléthysmographes introduits dans le vagin, on a mesuré la dimension du pénis comme indice d'érection, les variations sanguines dans le vagin, les niveaux d'hormones et surtout les changements du niveau de testostérone, ou l'acide phosphatase dans l'urine, la décélération cardiaque, tout cela en conjonction avec la consommation de drogues ou de médicaments, en particulier la pilule contraceptive, et en conjonction aussi avec les phases du cycle menstruel et l'importance du sentiment de culpabilité sexuelle. On a ainsi découvert toutes sortes de combinaisons statistiques et divers détails concernant la pornographie: par exemple, que les femmes qui sont davantage conscientes des modifications de leur corps au moment d'une excitation sexuelle, qui classent l'érotisme comme très excitant et qui font l'amour plus souvent, deviennent physiologiquement plus excitées par la pornographie; que les hommes transsexuels demeurent plus excités par les photos de femmes, même si l'objet conscient de leur désir est devenu mâle[15], et ainsi de suite, jusqu'au moment où le lecteur se convainc qu'un nombre inquiétant d'étudiants et étudiantes en psychologie dans certaines universités américaines passent une bonne partie de leur vie universitaire avec une série de fils attachés à leurs organes sexuels. La plupart de ces recherches paraissent tout à fait légitimes et offrent des résultats qui ne sont pas sans intérêt, mais elles semblent si loin des questions que soulève le débat sur la pornographie qu'on peut éviter d'en revoir tous les détails.

Ces recherches en laboratoire, dont la valeur repose sur la rigueur méthodologique, présentent même à cet égard d'autres difficultés importantes. D'abord, on a découvert un problème d'instrumentation: les appareils de mesure peuvent d'eux-mêmes provoquer l'excitation sexuelle, sans égard pour le stimulus érotique utilisé! Dans un autre cas, on s'est rendu compte que les couples qui devaient visionner des films pornographiques pendant plusieurs jours trouvaient plus excitant le fait de remplir ponctuellement un questionnaire détaillant leur degré de stimulation sexuelle[16]. Pis encore, puisque les paramètres de ces expériences demeurent généralement très étroits, on ne peut pas vraiment savoir si les réactions observées sont causées spécifiquement par la pornographie; en effet, alors qu'il est très probable que celle-ci provoque chez certaines personnes une excitation qui facilite les attitudes les plus radicales et même les plus agressives, on sait par ailleurs que ces mêmes réactions peuvent tout aussi bien être provoquées par d'autres excitants, comme une musique militaire jouée très fort, l'exercice physique intense, certaines drogues ou même un film montrant des stimuli aussi repoussants qu'une opération chirurgicale sur l'œil[17]. Inversement, on croit savoir que la cruauté agit parfois comme stimulus sexuel, chez le dictateur le soir où il décrète la loi des mesures de guerre comme c'était probablement le cas dans la Rome antique, durant les heures qui suivaient les jeux du cirque. En somme, la pornographie provoque un état d'excitation et entraîne ainsi des réactions similaires. Il faut dire qu'on s'en doutait un peu. Tout comme on imagine que les troupes de Gengis Khan n'ont pas eu besoin d'être préalablement exposées à la pornographie de masse.

Prétendre le contraire serait remettre en question la plupart des théories habituelles sur la maturation et le développement sexuel de l'être humain. Parvenus à l'âge qui rend légale la consommation d'images pornographiques, les adultes normaux ont depuis longtemps décidé de leur orientation, de leurs goûts et même de leurs fantasmes sexuels, et la pornographie n'y changera pas grand-chose. C'est pourquoi la description de pratiques déviantes ne réussit à atteindre qu'un public toujours restreint: elle intéresse d'abord les déviants. Exactement pour la même raison, il faudra, pour convaincre quiconque que le message central de la pornographie ordinaire est inquiétant ou insupportable, le démontrer à un tout autre niveau, là où ses contenus témoignent d'un problème social beaucoup plus vaste.

Malgré ces critiques sévères, il faut s'attarder encore un instant à l'intérêt de ces recherches empiriques pour deux questions qui reviendront plus loin. D'une part, celle des réactions et des attitudes différentes des hommes et des femmes face à la pornographie. Les premières enquêtes de Kinsey disaient que la différence principale consiste dans le fait que les hommes réagissent à peu près tous de manière uniforme aux stimuli érotiques, tandis qu'on trouve parmi les femmes des variations tellement plus fortes qu'elles rendent presque improbable la notion d'une expérience commune; en d'autres mots, alors que tous les hommes sont à peu près également réceptifs à la pornographie, certaines femmes y sont beaucoup plus sensibles que les plus excitables des hommes, tandis que d'autres y sont tout à fait insensibles. Les recherches sont aujourd'hui beaucoup plus sophistiquées, mais la conclusion de Kinsey n'a jamais été contredite. Toutefois, on semble aujourd'hui s'acheminer vers la conviction contraire selon laquelle le sexe de l'individu serait en dernière analyse moins déterminant que son âge, son expérience de vie (en particulier ses attitudes et comportements sexuels), ses opinions religieuses et politiques, lesquelles variables, comme tout bon sociologue le sait, sont à leur tour liées à l'éducation, au milieu familial, à l'intégration au marché du travail et ainsi de suite, jusqu'à ce que l'on oublie complètement ce dont on parlait. Le meilleur exemple de tout cela: il semble que mari et femme réagissent à la pornographie de manière cohérente et plus uniforme que «les hommes» entre eux et «les femmes» entre elles[18]; ce que certains trouveront peut-être rassurant, mais qui ne devrait pas surprendre puisque le couple demeure évidemment le lieu privilégié de l'expression sociale de la sexualité. Néanmoins, ce résultat, comme tous les autres, provient de recherches expérimentales qui ne permettent pas de tenir ici pour acquis ce dont on doutait ailleurs: dans la vraie vie, loin des tests des psychologues, les réactions peuvent être fort différentes.

D'autre part, on trouve aussi une brève série de recherches qui, plutôt que d'essayer de mesurer l'impact de la pornographie sur des étudiants, ont abordé la même question en quelque sorte par l'autre extrémité, auprès d'individus déjà condamnés pour crimes sexuels, afin de voir si ces criminels étaient (ou avaient été) des consommateurs de pornographie plus ou moins actifs que la population en général.

D'abord, il ne devrait pas être nécessaire de redire qu'un véritable psychopathe n'attend pas la pornographie pour agir. Exemple parmi d'autres: l'un des plus sauvages meurtriers du vingtième siècle s'était convaincu en regardant le film *Les Dix Commandements* que les femmes qui dansaient autour du veau d'or étaient directement responsables de la désobéissance du peuple aux enseignements de Charlton Heston, et il entreprit immédiatement de poursuivre et d'assassiner une vingtaine de femmes. Ce genre de maladie mentale paraît hors d'atteinte même pour la pornographie.

Grossièrement résumées, les premières recherches ont conclu que les «déviants» sexuels (dans ce cas, des violeurs et des pédophiles, mais aussi des hommes homosexuels et des travestis) avaient été en général moins exposés à la pornographie que les groupes dits «normaux». Il peut y avoir diverses raisons à cela: parce que l'immense majorité de la pornographie traite de rapports hétérosexuels qui n'intéressent pas certains «déviants», parce que les violeurs et les pédophiles proviennent souvent de milieux familiaux qui entretenaient l'ignorance totale de la sexualité ou qui auraient sévèrement puni toute introduction de pornographie dans la maison, et parce que les «déviants» ne semblent pas particulièrement curieux des secrets de la sexualité[19]. Plusieurs éléments de ces études ont par la suite été contestés (en particulier parce qu'elles traitaient essentiellement de l'adolescence et que, plus tard, ces anciens adolescents frustrés accompagnent parfois leurs crimes d'une consommation démentielle de pornographie), mais tous les observateurs, même ceux de la Commission Meese, arrivent par la lecture des plus récents travaux sur le sujet à la conclusion que les consommateurs de pornographie ne violent ni plus ni moins que ceux qui n'en consomment jamais. Sur ce point, le débat semble clos, et tous reconnaissent aujourd'hui que la pornographie n'est pas en elle-même une cause suffisante ni nécessaire du comportement sexuel violent.

Mais en se terminant ainsi, le débat risque d'escamoter un détail pourtant crucial révélé par les résultats de ces recherches: les violeurs et les pédophiles violents n'aiment pas beaucoup la pornographie. On doit regretter que ce soit là le genre de réponse rarement obtenue par la psychologie sociale, trop occupée à mesurer l'importance de la consommation de pornographie pour demander ce qui, par ailleurs, pourrait intéresser ses informateurs. Or, les criminels rencontrés s'accordent à dire que la représentation de la sexualité leur paraît souvent plus dérangeante ou gênante qu'agréable. La pornographie les stimule comme d'autres, mais d'une manière qu'ils jugent déplaisante. De plus, ces gens disent se lasser particulièrement vite devant le spectacle du sexe, et les artifices de la pornographie leur paraissent trop peu crédibles. La violence sexuelle qu'illustre la pornographie leur semble postiche, et ils lui préfèrent le réalisme des comptes rendus de procès pour viols lus dans les journaux spécialisés ou entendus dans les salles d'audience. Ils aiment les dénonciations très détaillées de la violence sexuelle véridique et crédible. Par contre, la pornographie est un théâtre ennuyeux parce que trop menteur.

Après vingt ans d'efforts soutenus pour démontrer empiriquement l'existence d'un rapport causal entre la pornographie et le comportement social, il est devenu courant, c'est-à-dire facile, d'affirmer que rien n'a encore été prouvé et qu'il n'est pas permis de conclure parce que les meilleures études aboutissent au mieux à des résultats fragiles et parfois contradictoires. À l'occasion des débats publics, c'est le genre de conclusion que l'on retrouve dans certaines revues qui se veulent assez bien pensantes pour être au-dessus des disputes, mais qui enflamment un peu tout le monde et provoquent un abondant courrier des lecteurs. Mais c'est aussi la conclusion à laquelle se résignent les plus récentes enquêtes publiques. Malgré des prémisses fort différentes et des objectifs politiques radicalement opposés, les commissions d'enquêtes Williams (Grande-Bretagne), Fraser (Canada) et Meese (États-Unis) concluent leur survol respectif de cette littérature expérimentale en disant qu'il faut avoir l'honnêteté intellectuelle d'admettre que rien n'a encore été démontré (ce qui n'empêchera nullement ces trois rapports de passer tout de suite après à des recommandations aussi divergentes que leurs prémisses théoriques et leurs convictions politiques originales). Le très modéré Comité Fraser en vient à dire:

> Cette conclusion semble certes aller à l'encontre de l'avis de bien des témoins qui se sont présentés devant le Comité, mais elle fait suite à une analyse attentive de la recherche. Il nous semble cependant très important de souligner qu'elle signifie, non pas que la recherche aurait prouvé de façon précise l'absence de lien entre la pornographie et des comportements antisociaux ou l'existence de conséquences positives de la pornographie, mais simplement que cette recherche est tellement insatisfaisante et inorganisée qu'elle ne débouche sur aucun ensemble d'informations cohérentes. Nous savons très bien que certaines études ont pu prouver l'existence d'effets négatifs ou positifs de la pornographie mais, dans l'ensemble, les résultats demeurent contradictoires et peu concluants[20].

Le plus étonnant, dans cette conclusion, c'est que le bon sens suggère l'inverse. On devrait dire plutôt que tout a été prouvé et que ces recherches contradictoires ont toutes raison en même temps. La pornographie peut conduire au viol comme elle peut servir de soupape de sûreté à la violence. Elle peut enseigner à mieux faire l'amour comme elle peut révéler des pratiques qui conviennent mal à ses partenaires habituels. Elle peut laisser croire que toutes les femmes ne pensent qu'au sexe comme elle peut rendre plus tolérable, pour un homme, le fait de ne jamais réussir à les approcher. Bien sûr, certains participants au débat trouvent là un avantage: puisque tout a été prouvé, rien n'est concluant, toutes les recherches sont à peu près comparables et on peut donc choisir celle qui convient le mieux à son opinion et espérer clore à son avantage la discussion ou peut-être même mobiliser les masses.

Toutefois, la plus décourageante et certainement la plus pertinente critique des sciences sociales vient de la prise de conscience que tout ce qui est dit par la recherche avancée a déjà et plusieurs fois été énoncé par les sondages de l'opinion publique la plus ordinaire. En plus d'affirmer très clairement qu'il ne s'agit pas d'un problème social important[21], l'opinion publique croit que la pornographie informe et éduque, conduit certaines personnes à commettre des crimes violents, sert de soupape à des gens qui ont des problèmes sexuels, anime et stimule la vie sexuelle des couples, conduit certaines personnes à mépriser les femmes, amuse et distrait, libère les esprits, en plus de mener inexorablement au déclin de la moralité générale. C'est bien ce que prouvent toutes les recherches: la pornographie est amusante, cochonne, répugnante, utile, menaçante, fascinante et inquiétante. Et comme il s'agit dans chaque cas de la même image, il faut conclure que la pornographie est comparable à toute autre forme de représentation, et que les différences que l'on remarque au sein de son auditoire sont les premières causes de ses effets.

Les véritables effets connus de la pornographie n'en sont pas moins faciles à résumer. D'abord, on pense que sa consommation stimule le thalamus et l'hypothalamus et peut-être même le néo-cortex[22], ce qui entraîne une modification du système endocrinien. Bref, l'individu est ému. Par contre, on sait encore mal comment cette émotion entraîne l'un à se masturber, l'autre à se fâcher, un troisième à violer et un dernier à s'endormir.

Deuxièmement, la représentation pornographique est une image idéelle dont le rapport à la réalité peut être évalué de diverses manières. Certains s'ennuient parce que la pornographie est trop irréelle pour être stimulante, d'autres désespèrent de la réalité devant une telle splendeur imaginée. Il semble qu'entre les deux la majorité des consommateurs trouvent ensuite le vrai monde un peu moins beau, mais aussi un peu plus attirant[23].

Enfin, la pornographie est sans conteste un enseignement. Ni plus ni moins que tout autre spectacle, elle présente des faits, des évaluations, des jugements, des valeurs, et autant il est excessif de croire qu'elle pousse au crime, autant il serait ridicule de croire qu'elle n'a aucune influence. Car il faudrait alors soutenir selon la même logique que rien n'est jamais appris par les livres, le théâtre ou le cinéma, il faudrait déclarer l'art absolument trivial et conclure à l'insignifiance morale de toute éducation; comme disait Irving Kristol, «personne, même pas un professeur d'université, ne croit vraiment cela[24]». Douter du pouvoir de l'image rendrait incompréhensible l'émotion de l'amateur d'art ou le geste du fou qui mutile un tableau. Si la pornographie n'a aucune influence, tout apprentissage est inutile et rien ne sert de protester. Tandis que si l'on pense que cette influence est directe, immédiate et prévisible, il suffirait d'annoncer de la manière la plus banale que la pornographie est mauvaise pour que tous s'en abstiennent désormais.

En somme, tout cela revient à dire que la vie est un apprentissage continu au cours duquel l'individu essaie tant bien que mal de maintenir un dialogue plus ou moins harmonieux avec son environnement. Cet environnement lui offre les modèles qu'il devra ensuite imiter et, dans la plupart des cas, heureusement, ces modèles sont multiples et même contradictoires, de sorte que l'individu jouit de la liberté partielle de faire certains choix, sinon même, à l'occasion, d'inventer lui-même son modèle pour le soumettre ensuite à son environnement. En ce sens, l'effet de la pornographie n'est pas différent de celui d'autres discours, politiques, religieux ou militaires. La pornographie offre des modèles de sexualité parmi d'autres. Ce qui inquiète davantage, c'est de voir la pornographie enseigner ce que la société par ailleurs condamne. Et cette inquiétude relance immédiatement une critique qui aurait pu se décourager des échecs de la recherche empirique.

Les débats, qui n'auraient jamais dû être limités au seul terrain de l'utilitarisme faussement amoral, se trouvent du même coup réhabilités sur un tout autre plan. On ne peut que regretter le temps perdu: combien de confusions et de malentendus auraient été évités si ceux et celles qui débattent avaient compris plus tôt et déclaré que la pornographie peut être condamnée pour des raisons plus purement idéologiques, qui ne se résument jamais en une relation terme à terme avec certaines formes particulières de violence. Dès lors il ne s'agit plus de penser trop simplement que les modèles présentés par la pornographie sont adoptés et imités au point de modifier le comportement. La critique prétend plutôt que la répétition pornographique entraîne en quelque sorte une accoutumance qui confère au modèle une telle validité qu'il crée l'impression d'être normal, acceptable, issu de la nature profonde des choses, et donc immuable. La question se trouve ainsi déplacée. Alors que les savants redisent sur tous les tons qu'il y a rupture entre le texte et le réel, entre l'entendu et l'adopté, entre l'imaginaire et le vécu, la vraie question chercherait à comprendre pourquoi ce sont justement ces images-là qui excitent et se vendent bien. Au cœur des deux débats suivants, il y a la certitude que l'impact majeur de la pornographie est justement de rendre moins probable tout autre modèle de la sexualité.

La perspective conservatrice

> On remarque... dans toutes ces peintures un luxe d'attitudes presque impossible à la nature et qui prouvent ou une grande souplesse dans les muscles des habitants de ces contrées, ou un grand dérèglement d'imagination.
>
> Juliette, devant les fresques d'Herculanum
> Citée par R. BARTHES, *Sade, Fourier, Loyola*

> «Where everything can be said with a shout, less and less can be said in a low voice.»
>
> GEORGE STEINER
> *The New Eroticism, Theories, Vogues and Canons*

Dans les années 50, on distribuait dans les écoles du Québec une brochure d'origine américaine qui expliquait aux enfants, sous forme de bandes dessinées, la terrible menace du péril rouge. On y voyait des communistes, particulièrement laids et désagréables, prendre le contrôle de l'Amérique entière. On y voyait surtout la brutalité du viol des libertés individuelles et le piétinement de bien des crucifix. Malgré toutes ces horreurs, le sommet narratif de ce récit épique, le moment de plus haute tension, venait quand des enfants dévoilaient à la police la cachette où leurs propres parents s'étaient réfugiés. Voilà bien le comble de l'horreur communiste: les enfants cessent d'être solidaires de leurs parents, la police de l'État envahit même les secrets domestiques, bref, la famille se désagrège. Dans l'esprit traditionaliste, c'est dire clairement que la société entière se brise et que la civilisation s'éteint.

Dans le même esprit, la pornographie constitue aussi une menace contre la famille (il ne faut donc pas être surpris si certains prédicateurs américains la soupçonnent d'être d'origine communiste et d'appartenir à un vaste complot dont l'objectif avoué serait d'affaiblir les fibres morales de l'Occident chrétien). C'est ce qu'annonce dès ses premières pages le rapport de la très rigoriste Commission Meese: la pornographie est nocive parce qu'elle mine la notion de famille comme seul contexte de la sexualité moralement acceptable par la société. Donc, ce n'est plus seulement une question d'images trop crues, trop violentes ou trop déviantes. En effet, après avoir considéré puis condamné tous ces excès, la Commission Meese poursuit sa recherche des limites de l'obscénité et en arrive à la conclusion que la représentation publique d'un rapport sexuel «intra-vaginal entre deux adultes mariés, qui y trouvent mutuellement plaisir et dans le seul but de pro-créer» serait totalement inacceptable et évidemment nui-sible à la société[25]. En somme, même le *bon* sexe, légitime et moral, ne doit jamais être exhibé en public. L'idéologie est rigoureuse et cohérente, et les principes qui en décou-lent en bonne logique peuvent constituer un guide moral tout à fait précis.

Mais du coup, l'idéologie conservatrice soulève des questions qu'elle laisse ensuite sans réponses, ce qui entraîne quelques contradictions qui rendent sa lutte con-tre la pornographie moins convaincante sinon moins efficace.

Éliminons d'abord une ou deux caractéristiques de cette perspective conservatrice qui parfois surprennent ou choquent certains observateurs, sans pour autant constituer

de véritables contradictions. Il y a d'abord la collusion avec
le mouvement féministe, un des plus fermes ennemis du
conservatisme, qui en conteste les idées autant que les institutions et tout ce qui compose cet ordre établi dont les
traditionalistes se prétendent les ardents défenseurs.
L'alliance est évidemment ponctuelle et ne mérite pas que
l'on s'en étonne: l'unique recoupement ici est une même
dénonciation de la pornographie, résultant toutefois d'analyses assez différentes. Les divergences analytiques paraissent plus importantes que la similitude des solutions
proposées (nous aborderons plus loin la dimension conservatrice d'une certaine critique féministe). Certains ont
quelquefois cherché à ce sujet à établir un parallèle avec
d'anciennes alliances historiques entre la droite politique
et les mouvements des femmes (en particulier au cours de
la lutte qui a mené les États-Unis à la prohibition de
l'alcool), mais cette comparaison paraît un peu facile et pas
très éclairante[26].

Il ne faut pas non plus s'étonner de ce que les tenants
d'une position idéologique ne s'embarrassent pas de respecter les faits. C'est en bonne partie ce qui distingue la
science de la croyance religieuse. Il n'y a rien d'étonnant,
par exemple, à ce que l'énorme rapport de la première commission d'enquête américaine déposé en 1970, qui rassem-
blait à peu près toutes les informations empiriques connues
à l'époque, ait été immédiatement rejeté par le président
Nixon qui déclara que ce rapport était une «faillite
morale», puis tout de suite après par le Sénat des États-
Unis qui adopta, par 60 voix contre 5, une résolution reje-
tant les résultats de l'enquête et toutes ses recommandations. Il n'y a jamais eu, de la part de Nixon ni des
membres du Sénat, de véritable contestation des faits
rapportés ou des méthodes d'enquête utilisées par la commission (les contestations sérieuses sont venues beaucoup

plus tard). On peut même croire que le rapport n'a jamais été lu. L'essentiel demeure qu'il n'y a pas de discussion possible et que les faits n'inquiètent nullement la croyance, surtout si les croyants détiennent le pouvoir de se défendre. Comme l'affirmait on ne peut plus clairement l'un des trois rédacteurs du rapport minoritaire de cette même commission de 1970, «pour ceux qui croient en Dieu, à Sa suprématie comme Créateur et comme Donneur de la vie, à la dignité et au destin qu'Il a conférés à la personne humaine, au code moral qui gouverne l'activité sexuelle — pour ceux qui croient en toutes ces "choses", aucun argument contre la pornographie ne devrait être nécessaire[27].» La position est irréfutable, sauf par une improbable démonstration de la non-existence de Dieu. Pour tous ceux qui partagent l'avis de Rushdoony[28], pour qui la pornographie et la violence sont, avec le nudisme et la théorie de l'évolution, des signes de «primitivisme» attardé et qui maintient que le sado-masochisme est un thème inséparable de toute pornographie, il est inutile de mesurer le réel et de rappeler, comme le faisait le rapport de 1970, que seulement 5 pour 100 de toute la production pornographique traite de sado-masochisme, de fétichisme ou d'autres déviances. Une bonne idéologie demeure, par définition, à l'abri de la contestation empirique. Ceux qui se disent scandalisés par l'apparente surdité des traditionalistes devraient se rappeler que les faits seuls ne réussiront jamais à contredire une croyance. Il vaudrait mieux lui opposer une autre croyance qui offrira d'autres réponses aux mêmes questions. Ou encore laisser l'idéologie que l'on conteste développer et accentuer ses propres contradictions.

La première contradiction de la perspective conservatrice apparaît lorsqu'on passe du domaine public au domaine privé. Si, du point de vue traditionaliste, la famille constitue la cellule première de la société, si elle est le lieu de l'éducation élémentaire et de l'autorité ultime, si on y trouve la solidarité la plus profonde et l'essentiel de ce qui fait la force de toute civilisation, il est primordial de la maintenir et de la bien protéger. Le respect de l'autonomie familiale devient un droit fondamental, sur lequel pèse bien sûr la menace du crime et du désordre social, mais aussi celle d'une intrusion de l'État. Si, comme le dit le vieil adage, la maison de l'homme est aussi son château, celui-ci doit être imprenable. On comprend qu'il devienne alors particulièrement offensant et inadmissible de se faire dire comment éduquer ses enfants, quelle morale prôner à la maison et même quand fermer son appareil de télévision. L'intrusion de l'État viole donc un droit fondamental tout comme la pornographie menace les valeurs familiales. Autant les conservateurs croient lutter à juste titre pour la préservation de la moralité publique, autant il leur est essentiel de laisser à chaque famille le pouvoir de contrôler sa propre moralité.

Ce paradoxe apparaît ici et là, dans les débats et dans les publications sur le sujet. On le devine dans le rapport de la Commission Meese lorsqu'il y est question de ne pas rechercher la «solution négative de la loi», ou quand surgit assez soudainement l'idée que, malgré toute l'horreur inspirée par la pornographie, il serait préférable que les citoyens décident eux-mêmes de ce qui est approprié et de ce qu'ils doivent faire, de la même manière que «nous n'avons pas besoin de loi pour nous imposer de manger avec des couverts et aussi parce que la loi n'a jamais gêné les fraudeurs de l'impôt[29]». Bref, ce qui est ici demandé à l'État, c'est d'interdire l'étalage public du sexe et de pour-suivre inlassablement les marchands de pornographie, mais de se limiter ensuite à proclamer que la majorité de la population la trouve moralement condamnable, plutôt que d'édicter un interdit toujours fort complexe et qui risquerait de devenir étouffant. Comme si le conservatisme hésitait soudain au seuil du bien individuel[30].

Le même paradoxe permet aussi de mieux comprendre deux résultats d'enquêtes qui semblent restés inexpliqués. La recherche de Zurcher et de ses collaborateurs[31] concluait que le succès des organisations américaines de lutte contre la pornographie était plus symbolique que réel: les militants chercheraient avant tout à témoigner de leur adhésion à certaines valeurs fondamentales et à s'assurer qu'il existe encore dans le monde des citoyens vertueux et honnêtes, prêts à témoigner de leur attachement à un même mode de vie. Plutôt que de vouloir implanter les moyens de résoudre concrètement le problème de la pornographie, leur objectif serait de faire valoir l'importance symbolique et politique d'une dénonciation officielle (les méchantes langues diront que le symbole vaut son pesant d'or auprès d'un électorat qui semble apprécier les caricatures). La mise en place des moyens d'éliminer la pornographie reviendrait à admettre, en effet, que la moralité a besoin d'être imposée par la loi et qu'elle n'est pas d'abord dans le coeur des hommes.

Autre résultat laissé en plan: tous les sondages montrent que la majorité, qui, on le sait par d'autres preuves, demeure fortement conservatrice, réprouve plusieurs formes de pornographie, mais croit tout aussi fermement qu'il ne devrait y avoir aucun contrôle sur ce que l'individu peut consommer en privé[32]. On dit souvent qu'il s'agit là de réponses différentes à deux questions distinctes, mais elles témoignent simplement d'une contradiction profonde: la pornographie est un mal condamnable, dont la condamnation serait aussi un mal. Le problème n'est pas insoluble, et on peut avancer que la liberté dépend du contexte social de son expression, mais cela oblige en quelque sorte à se retirer du débat politique, quand la seule solution admissible se trouve refoulée à l'intérieur strictement privé et indiscutable du foyer familial.

Pis encore, les traditionalistes savent apprécier la pornographie. Ils ont tout pour aimer la pornographie. Voilà peut-être la contradiction suprême que renferme leur critique du phénomène, mais elle était prévisible.

Après avoir assisté aux audiences publiques de la Commission Meese, l'anthropologue Carole Vance racontait à quel point les commissaires avaient consacré un temps considérable au visionnement de films pornographiques et comment, à chaque séance, les spectateurs se déplaçaient dans la salle afin de s'assurer une meilleure vue de l'écran[33]. Le rapport de la même commission contient des détails que d'aucuns jugeraient excessifs: la description minutieuse de matériel pornographique, les noms et adresses de tous les principaux distributeurs des États-Unis, le récit détaillé du scénario de quelques classiques du cinéma pornographique comme *Debby does Dallas, The Devil in Miss Jones,* etc. Certains y trouveront des informations précieuses ou une source de stimulation sexuelle sanctionnée par la bureaucratie, d'autres y verront le signe d'une très évidente fascination. Sur le même ton, certains critiques ont eu beaucoup de plaisir à noter les ennuis juridiques du père Bruce Ritter, franciscain et membre de la Commission Meese, qualifié de «héros» par le président Reagan, au moment où il fut officiellement accusé d'agressions sexuelles sur quelques-uns des adolescents qui logeaient dans l'institution d'accueil qu'il avait lui-même fondée[34].

Le problème naît du caractère très exigeant de l'idéologie conservatrice, qui ne tolère et n'accepte le sexe comme normal et approprié que dans le contexte d'un engagement profond marqué par l'amour et le partage des responsabilités, ce qui exige aussi la capacité de renoncer au plaisir purement égoïste. Le code moral est précis: il dicte avec qui faire l'amour, quand, où et même comment. Les nombreux critiques du conservatisme[35] s'entendent pour dire que c'est en partie ce qui sert à fabriquer une société hautement névrosée dans ses attitudes face à la sexualité autant que dans sa pratique sexuelle et ce qui explique pourquoi le sexe devient pour plusieurs une routine ennuyeuse et un obstacle à la communication. Mais ce qui nous concerne ici, c'est qu'il s'agit en même temps d'une stratégie presque idéale pour assurer la valeur, l'intérêt et le pouvoir de la pornographie. La censure risque toujours d'attirer l'attention sur tous les autres possibles. Plus l'interdit est considérable, plus il recouvre une partie importante de l'expérience humaine, et plus il devient omniprésent et puissant. C'est pourquoi, lors d'une expérience en laboratoire, une image sera jugée plus excitante par le groupe qui aura d'abord été prévenu qu'il s'agit d'une image très obscène et réservée aux adultes avertis[36]. C'est aussi pourquoi, dans les pays totalitaires où la censure est forte, la subtilité des discours politiques sera toujours plus grande que dans les pays libéraux où, comme à Hyde Park Corner, on est habitué à entendre des citoyens crier n'importe quoi. Si la pornographie invite au péché, encore faut-il que les moralistes définissent ce dernier. Et, dès qu'on le définit, le péché devient invitant[37].

Néanmoins, au-delà de sa fascination pour le mal et de ses contradictions internes, le point de vue traditionaliste sur la pornographie cherche à résoudre quelques questions élémentaires qu'une société ne peut laisser sans réponses. Et, au-delà du fait que certains de ses défenseurs font preuve d'un talent extraordinaire pour attirer sur eux le ridicule (plus cruellement encore que ne pourrait le faire le plus méchant caricaturiste), l'idéologie conservatrice

traduit dans sa haine de la pornographie une position
politique et philosophique tout à fait sérieuse, en tout cas
fort populaire. Dire que la pornographie menace la famille,
c'est aussi faire comprendre qu'elle menace le mode
dominant de contrôle de la sexualité, les rôles masculins et
féminins typiques, l'organisation sociale de la reproduction
et même l'unité de base de la production économique. La
pornographie est vue comme l'affirmation que l'orgie est
bonne, que tous les plaisirs sont recommandables et que
l'anarchie est douce. Donc les traditionalistes sentent bien
qu'elle représente une menace pour tout un mode de vie.
C'est pourquoi ils parlent si souvent de «fibre sociale» ou
de «ciment moral»: on sent que les parties doivent en
quelque sorte être maintenues ensemble, que le ciment est
indispensable sinon l'édifice entier pourrait s'écrouler. La
pornographie sera à la fois symptôme de décadence et
agent de putréfaction.

> La chasteté est... *obligatoire* au point de vue naturel, parce
> qu'elle asservit, conformément à la raison, la chair à
> l'esprit, qu'elle est nécessaire à l'honneur et à la prospérité
> de la famille, et qu'elle est une des causes qui maintiennent
> dans la société l'union et la paix. [...] La luxure produit des
> *effets* désastreux sur l'intelligence et la volonté, et cause des
> maux innombrables aux individus, aux familles, aux
> nations elles-mêmes[38].

> Les critiques littéraires et artistiques vont encore plus loin
> en disant que le dénominateur le plus facile à comprendre
> et le plus universel est actuellement la disparition du senti-
> ment d'utilité, de l'ordre et de standards, le tout accom-
> pagné d'une dépendance par rapport au sexe et à la
> violence. On peut alors logiquement en déduire que, à
> partir du moment où la violence et le sexe gratuits s'infil-
> trent dans nos imaginations et nos créations, une concep-
> tion appauvrie de l'être humain se voit encouragée et
> popularisée[39].

Malgré ces mises en garde, le sentiment d'urgence et même de panique devant la menace ne semble pas très répandu. Peut-être surtout parce que rares sont les volontaires qui adoptent le modèle pornographique: les traditionalistes s'inquiètent à tort, il n'y aura très probablement pas de copulation généralisée dans la rue dès demain. Car l'idéal proposé par la pornographie ne concerne que le sexe et, plus incroyable encore, soutient que le reste de la vie pourrait demeurer inchangé: faire semblant que la société survivrait si elle n'avait que les bordels de Roissy, ou que les châteaux survivraient intacts si les principales positions philosophiques du marquis de Sade étaient démocratiquement adoptées. Le simple bon sens enseigne que le modèle est une fumisterie totale. Ce que la pornographie, d'ailleurs, sait très bien: elle n'atteint son but qu'en offrant l'occasion de rêver, ce qui présuppose nécessairement un certain conservatisme chez son public. Les révolutionnaires qui réussissent sont rarement des rêveurs, et une véritable révolution sexuelle rendrait certainement la pornographie moins séduisante.

Alors, si la menace n'est pas imminente, les critiques s'obstinent à demander pourquoi l'idéologie conservatrice insiste tant pour traiter le sexe différemment. Pourquoi commercialiser tout le reste de l'expérience humaine, de l'accouchement jusqu'aux funérailles, de Dracula jusqu'à Jésus-Christ, et refuser de profiter de la valeur marchande du sexe? Pourquoi encourager des valeurs potentiellement aussi nocives que le violent esprit de compétition du football américain, le mensonge et l'immoralité chez les défenseurs de la sécurité nationale, l'avarice impitoyable des meilleures institutions financières, les faux espoirs de la loterie, l'idée de réduire un être humain à sa seule force de travail ou de mesurer sa valeur par son revenu, tout en condamnant sans appel toute représentation du sexe?

Comment s'inquiéter de l'impact social de la pornographie et ne pas voir le danger que représentent des ouvrages qui enseignent à se servir d'une baïonnette ou à torturer les hérétiques[40]? Les critiques déclarent ne plus comprendre, car la contradiction est trop flagrante entre l'exploitation de n'importe quoi afin d'en tirer profit et la protestation contre la pornographie. Le respect de la valeur humaine est si soudain qu'il étonne. Mais les mêmes critiques concluent trop facilement qu'il s'agit des relents d'un vieux complexe religieux dont l'effet le plus dévastateur est de maintenir l'ignorance et d'entretenir le sous-développement sexuel. La réponse paraît pourtant simple: le sexe doit être réservé à l'univers discret de la vie privée et familiale. Tous les tenants du conservatisme, que les sociologues[41] immanquablement décrivent comme étant surtout des ruraux, des femmes, des personnes relativement âgées, moins éduquées que la moyenne et bonnes chrétiennes, semblent convaincus que la vie en société est une lutte sans merci et que l'individu ne peut trouver de véritable paix que dans la tranquillité du giron familial, laquelle paix ne doit jamais être menacée par la brutalité du football ou l'avarice du marché boursier. Il est donc fondamental de préserver la frontière qui marque les limites de la vie privée. De la même manière que l'érotisation de la vie ordinaire (un grand thème pornographique) serait inadmissible, on ne pourrait tolérer aucune intrusion de l'extérieur qui viendrait menacer le refuge paisible du foyer.

En somme, le sexe appartient à un tout autre univers, incomparable[42]. Parce qu'il représente l'un des tout derniers refuges contre la société, contre le public ou contre l'État, il faut à tout prix éviter une commercialisation qui le transformerait en marchandise ordinaire. Son exploitation sur la place publique devient donc un symbole particulièrement puissant de la menace qui pèse sur l'ordre moral, sinon de sa faillite. C'est pourquoi la pornographie restera toujours intolérable. Ses conséquences promettent d'être désastreuses et, sur ce point, traditionalistes et révolutionnaires s'entendent: le sexe a le pouvoir de détruire la société. Les premiers s'en alarment, les seconds s'en réjouissent.

Nous verrons plus loin que l'histoire n'est pas si simple et qu'on y rencontre d'autres motifs. Mais pour la conscience conservatrice, la pornographie est déclarée inadmissible parce qu'elle propose de modifier l'ensemble de la vie en société. Elle annonce un changement qui n'a jamais vraiment constitué une juste cause et promet un nouveau monde incertain et plutôt inquiétant. Il devient donc essentiel de s'y opposer parce qu'elle représente le mal issu de l'ordre établi, parce qu'elle émane de la moralité conservatrice à laquelle elle demeure parfaitement ajustée, et parce qu'une contradiction interne est toujours plus menaçante qu'une invasion communiste.

Par contre, la position féministe sera beaucoup plus délicate: affirmer plutôt que la pornographie est conservatrice, émergence et témoignage de l'oppression des femmes. Alors que le conservatisme maintenait qu'une femme ne se déshabille pas en public parce que sa place est au foyer auprès de ses enfants, il n'est certainement pas question pour le féminisme d'arrêter le changement, mais simplement de refuser celui que la pornographie propose. Malgré une même opposition à la pornographie, le point de vue est radicalement différent. Mais il n'est pas sans engendrer, lui non plus, ses propres contradictions.

Les perspectives féministes

Ce n'est pas tellement que vous preniez vos désirs pour la réalité, c'est plutôt que vos désirs *deviennent* notre réalité.
                                    NANCY HUSTON
                            Le genre humain 10, Le masculin

Il n'est sans doute jamais facile pour une femme de travailler dans un atelier, ou seulement d'y porter sa tondeuse pour réparation, quand les murs sont recouverts de photos de jeunes et jolies femmes nues, souriantes, accueillantes et apparemment totalement offertes. Si ces images veulent résumer le sexe féminin — plus de la moitié de l'humanité — et si elles définissent l'essentiel de ce qui peut être intéressant ou de ce qui paraît le plus prometteur chez une femme, on comprend que la cliente entende clairement dans ce message soit une proposition d'enlever tout de suite ses vêtements, soit l'aveu qu'elle n'est pas assez jolie et que c'est uniquement parce qu'il faut bien gagner sa vie qu'on lui parlera de sa tondeuse (même si, au fond, on aimerait mieux qu'elle soit cochonne et pouvoir faire avec elle tout autre chose), soit enfin que, de toute façon, si on le voulait vraiment, on pourrait toujours y arriver par la douceur ou par la force, exactement de la même manière que l'on a réussi à déshabiller toutes ces filles que l'on voit aux murs.

La contre et la pour

La pornographie paraît inexplicable hors du contexte des rapports entre les sexes. Mais avant d'en arriver là, il faut d'abord prendre note des débats suscités par la critique féministe, au moins pour essayer de saisir quels sont ces rapports entre les sexes qui s'y trouvent mis en jeu.

Vers la fin des années 70, le mouvement féministe semblait unanime dans sa dénonciation de la pornographie, devenue en quelque sorte l'équivalent moderne de la prostitution au XIXe siècle comme exemple particulièrement manifeste et inacceptable de l'exploitation des femmes par et pour des intérêts exclusivement masculins. Brièvement, l'opinion déjà largement répandue[43] dans la plupart des débats publics suggérait de condamner la pornographie comme une menace à l'intégrité des femmes. Parce que, d'une part, elle propage une image de la femme facilement déshabillée, ouverte et offerte, toujours heureuse de servir les instincts sexuels mâles, toujours réduite à n'avoir d'autre existence sociale ou morale que celle qu'annoncent ses organes sexuels. Un divertissement pour hommes qui s'amusent et s'excitent en regardant des filles dévêtues et qui se permettent ainsi de pénétrer très librement et selon le seul bon plaisir de leur regard des parties que l'on nomme justement «intimes». D'autre part, parce que la pornographie enseigne aussi un certain mode de rapports entre les sexes basés sur une définition précise du rôle idéal de la femme offerte et soumise, obséquieuse et inférieurisée, souvent vaincue et violée, parfois même battue et maltraitée. Et une femme qui, pour comble, en redemande. Dans la mesure où elle sert l'éducation des jeunes mâles et leur fournit des modèles qui pourront ensuite être imités, la pornographie est inquiétante. Considérée comme de la propagande publique véhiculant une certaine image de la femme, elle devient une insulte. De là les campagnes de lutte contre la pornographie, vision dégradante du sexe et violence faite aux femmes, et les dénonciations de la pornographie comme l'équivalent sexiste des autres formes de littérature haineuse, raciste ou injustement discriminatoire, que plusieurs États interdisent parce qu'intolérables et contraires à l'ordre social.

Dans le cas de la pornographie, la menace est parfois vue comme l'apprentissage du viol ou d'une violence généralisée et tout à fait réelle envers les femmes; c'est précisément ce qui a inspiré plusieurs des recherches empiriques sur l'effet de la pornographie sur le comportement. Pour d'autres observatrices, la question ne se limite pas à cette forme de violence immédiate: la menace vient de la propagation d'un modèle de la sexualité trop exclusivement mâle[44], qui ignorerait tout de la sexualité féminine et mènerait à une incompréhension profonde entre les sexes; Margaret Atwood[45] disait ainsi s'inquiéter du couple que formeraient un jeune homme éduqué par la pornographie et une jeune fille lectrice de romans Harlequin.

De ce point de vue, la pornographie serait soit le reflet en même temps que le témoignage de l'oppression subie par les femmes ailleurs dans la société, soit un des outils idéologiques du maintien de cette oppression. Ou les deux. Dans le premier cas, le phénomène est perçu comme partie intégrante de la culture ambiante. Il ne s'agit pas d'une excroissance marginale ni d'une aberration maladive: la production pornographique paraît normale, compréhensible et tout aussi prévisible que l'ensemble des autres créations sociales également sexistes au service des hommes. Dans le second cas, qui ne contredit pas nécessairement le premier, on ajoute que la pornographie est aussi un outil de domination: la fabrication d'une image distordue de la sexualité féminine et de toute la féminité, d'où seront déduits ensuite l'affirmation claire et pas du tout symbolique que les femmes *peuvent* être soumises et le rappel que le viol demeure une possibilité permanente.

C'est à s'en convaincre que servirait l'affirmation sans cesse répétée que les femmes sont des objets pas très obscurs de désir dont il faut profiter, et de toutes les manières imaginables. Et que les vraies femmes y consentent, même si elles ne l'admettent pas toujours. Selon cette critique féministe, il ne s'agit plus de dénoncer l'obscénité du sexe dont parlent les traditionalistes, ni d'insister sur la réserve et la modestie nécessaires au maintien du bon ordre moral. Il faut plutôt parler de politique et de rapports de pouvoir entre les sexes. Susan Brownmiller[46] disait qu'il est pour le moins décourageant, au moment où tant d'énergies et d'efforts sont consacrés à humaniser davantage les rapports entre les sexes, de voir la pornographie propager l'ignorance de la sexualité, le mépris des femmes et, en somme, favoriser le maintien de l'incompréhension. D'autres observatrices ont même fait remarquer que ce n'était pas là une coïncidence et que la pornographie constituait une réponse ponctuelle et défensive du pouvoir masculin aux avancées et aux difficiles conquêtes du féminisme.

Ces positions ont été étayées par des exemples concrets autant que par la discussion de notions plus abstraites. Mais c'est essentiellement autour de ce thème central que s'était forgé le consensus de la fin des années 70 qui a inspiré la fondation de groupes de lutte contre la pornographie dans plusieurs villes nord-américaines[47]. Dans la plupart des cas, cette lutte était comparable — et donc associée — aux autres revendications visant à assurer aux femmes l'égalité juridique et politique, les pleins droits économiques et sociaux, la liberté de disposer de leur corps comme de leur esprit. Toutes ces facettes de la lutte pour corriger et transformer la condition féminine devenaient indissociables. L'argument était dès lors irréfutable: en définissant la pornographie comme une «violence faite aux femmes», tout était dit et il devenait impensable de ne pas souhaiter sa disparition, qui devait résulter, comme celle des autres injustices, du courage et de la ténacité des militantes.

Pourtant, le consensus n'a pas tenu. Le 8 mars 1987, en traçant le bilan du mouvement féministe de la dernière décennie[48], la Fédération des femmes du Québec se réjouissait des progrès presque partout: objectifs atteints, revendications mieux entendues, reconnaissance acquise, éducation populaire en progrès, comportements qui changent et droits qui sont maintenant mieux reconnus, sinon considérés comme acquis. Sauf en ce qui concerne la pornographie. Les groupes de lutte contre la pornographie avaient pour la plupart disparu, leurs pressions n'avaient pas connu beaucoup de succès, la controverse publique semblait nettement moins vive, et sa réanimation, grâce à quelque rapport de commissions d'enquête ou par le biais de lois confuses et toujours en retard, paraissait improbable.

Ce n'était pas là un simple effet de fatigue, puisque d'autres combats féministes duraient depuis au moins cent ans et que le mouvement paraissait, par ailleurs, inépuisable. Il n'y avait pas non plus lieu de croire que les adversaires eussent été ici plus coriaces que dans d'autres secteurs où les femmes réclamaient des pouvoirs économiques et politiques, domestiques et symboliques. On pourrait même dire que c'est peut-être ici que la résistance aux desseins des féministes avait été la plus discrète: il y avait eu bien sûr quelques protestations au nom d'une liberté d'expression qui ne devrait jamais être altérée, mais personne ne défendait la pornographie, alors qu'ailleurs on ne se gênait pas pour répéter très haut que les femmes n'avaient pas de place dans l'Église, au gouvernement, au stade ou dans l'armée. Encore moins que de résistance, il n'y avait même pas eu de dialogue. Car personne n'avait vraiment répliqué à ces accusations, à part quelques discrets opposants à toute forme de censure, une infime poignée de grossiers pornocrates sans crédibilité et quelques ardents défenseurs du masculinisme[49]. Au-delà de ces voix, toujours le même mur de silence. En fait, la seule contestation efficace et l'unique réplique pertinente sont venues de l'intérieur du mouvement féministe et de femmes qui se voulaient très engagées. Parce que, encore une fois, l'interprétation du phénomène, aussi logique et cohérente qu'elle fût, suffisait à engendrer ses propres contradictions.

Signalons d'abord une critique particulièrement directe et parfois brutale de la part de femmes qui se considèrent comme des «travailleuses du sexe» et à qui on n'accorde que très rarement le droit de participer à ce genre de débat public[50]. Des femmes qui travaillent dans l'industrie de la pornographie sont venues dire leur agacement face au stéréotype courant dans les milieux bien pensants selon lequel personne ne peut faire ce métier sans être une pauvre fille un peu sotte et nécessairement victime d'un milieu social difficile, si ce n'est d'un père incestueux, ayant souffert de conditions économiques brutales, d'une immigration forcée ou de narcomanie sévère. L'image de la contrainte est, pour ces travailleuses du sexe, le témoignage des inquiétudes malsaines de gens qui ne savent rien de ce métier et qui sont encore très mal à l'aise face au sexe. Elles protestent en disant que cette image est carrément fausse, dépassée et même insultante, comme le disait très clairement l'organisation de défense des droits des prostituées (au nom très explicite de COYOTE, pour Call Off Your Old Tired Ethics). Des femmes sont venues dire qu'elles aimaient travailler dans l'industrie du sexe, que les salaires y sont bons et le travail plus agréable et moins abrutissant que dans une manufacture de draps ou le bureau d'un doyen, que la gratification immédiate de se savoir belle et désirée est précieuse, bref, que leur vie est beaucoup plus tolérable et satisfaisante que ce qu'on en raconte à l'école. La protestation a parfois frisé la révolte, quand certaines femmes ont accusé les féministes luttant contre la pornographie d'être plus violentes et de leur faire plus de mal que tous les pornocrates[51]; et la révolte a tourné au vinaigre quand ces mêmes femmes ont présenté la lutte contre la pornographie comme un fief exclusif de «dames d'âge moyen qui se promènent en Volvo et qui se décernent mutuellement des prix, tout en osant prétendre que la Playmate du mois n'est rien de mieux qu'une banale image de LA femme[52]»!

Les protestataires invoquent toujours l'ignorance. L'industrie du sexe est une sous-culture remarquablement imperméable qui a souvent dû se protéger du reste de la société et qui a ainsi développé ses propres lois, ses propres coutumes et ses propres solidarités entre travailleuses. Un monde à peu près inconnu des étrangers et particulièrement des femmes, qui, parce qu'elles ne sont pas souvent consommatrices, risquent fort de n'y avoir jamais mis les pieds. Finalement, d'autres femmes suggèrent que la lutte la plus utile devrait viser les conditions immédiates du travail: former des syndicats et négocier des conventions collectives pour l'amélioration des conditions de travail en contrôlant des questions aussi concrètes que le chauffage, la climatisation, le bruit, les heures de travail, la prévention des MTS, les caisses de retraite, etc. En somme, apporter son aide d'abord en cessant de croire qu'il s'agit là d'un travail à caractère exceptionnel.

Bien sûr, nous verrons dans un instant que d'autres féministes ont aussi exploré, et avec plus de rigueur peut-être, l'essentiel de ce qu'expriment ces travailleuses du sexe. Mais il paraît toujours sage de suivre un débat en commençant par les personnes qui, dans un sens très immédiat, connaissent mieux que quiconque ce dont elles parlent. Il est utile de le faire aussi parce que les féministes qui ont voulu défendre la pornographie ou du moins interrompre les campagnes d'opposition ont déjà été accusées d'être des intellectuelles qui avaient la partie facile puisqu'elles n'avaient jamais dû, elles, vendre leur sexe au public[53]. Il faut enfin comprendre en quoi le récit d'une femme comme Linda Marchiano (autrefois Linda Lovelace, vedette du film pornographique classique *Deep Throat*), brutalisée et s'adonnant à ces activités contre sa volonté, comme le sont très probablement des dizaines d'autres femmes de l'industrie, peut être véridique individuellement en même temps que constituer une insulte aux autres femmes qui font ce métier. Affirmer que la pornographie est une forme de littérature haineuse explique mal pourquoi des milliers de femmes semblent disposées à la propager, apparemment sans grande inquiétude. Elles se voient en somme brutalement accusées d'être les ignobles collaboratrices d'un mal auquel les Juifs, les Noirs, les Amérindiens et tous les autres méprisés de l'histoire ` auraient au moins toujours eu la décence et le courage, eux, de ne pas s'associer.

Seconde faille du consensus: des militantes ont remis en question l'importance stratégique de la lutte contre la pornographie. Brièvement, elles ont demandé s'il ne valait pas mieux et s'il n'était pas plus urgent de combattre l'oppression et la violence réelles, plutôt que les moulins à vent de l'imaginaire; car si la pornographie est le reflet d'un ordre social injuste, il s'ensuit qu'elle ne disparaîtra qu'après l'élimination de cet ordre, donc seulement lorsque le féminisme aura réussi à transformer les rapports sociaux concrets entre les sexes[54]. Thelma McCormack résume ce questionnement de façon lapidaire en rappelant que, dans la réalité, les mamelons et les organes génitaux des femmes ne sont pas mutilés par les éditeurs de *Penthouse* ou de *Hustler*, mais par la très respectable profession médicale qui multiplie les mastectomies et les hystérectomies inutiles[55]. Ici, le doute est d'abord stratégique: sans contredire l'argument principal, on veut éviter que le féminisme dévie vers des préoccupations qui paraissent secondaires. Par contre, dans un article qui voulait faire le point sur les discussions à l'intérieur même du mouvement féministe, Lesley Stern disait craindre que la pornographie ne devienne une cible trop facile pour un mouvement en perte de vitesse et sur le point d'éclater[56]. Dans le même ordre d'inquiétude, des auteures aussi influentes que Kate Millett[57] ont émis l'avis que si le mouvement féministe espérait demeurer une force de changement, il ne devrait jamais cesser de lutter contre toutes les formes de censure. Parce que le droit de parole demeure l'arme la plus précieuse des femmes et qu'il leur faut le protéger à n'importe quel prix. Et parce que la censure a cette vieille habitude d'attaquer d'abord tout ce qui dévie de la norme, tous les dissidents ou réformateurs, puis toutes celles qui luttent contre la pornographie.

Contrairement à ces hésitations de nature surtout stratégique et donc forcément un peu superficielles, d'autres militantes ont voulu défier très directement les fondements mêmes du consensus. Ainsi, de la même manière que tout autre mouvement social contestataire, le féminisme a dû faire face à la question de déterminer qui pouvait parler au nom de quelles femmes, question particulièrement vaste quand il s'agit de parler au nom de la moitié de l'humanité:

> Lorsqu'on m'a demandé, Pornographie: Qu'est-ce que nous voulons? ... j'ai eu du mal à répondre parce que ... cela exigeait de traiter une autre question, celle de savoir qui «Nous» sommes de toute façon. Demander ce que «Nous» voulons suppose qu'il existe un consensus sur la manière d'aborder la sexualité, la représentation du sexe et le travail sexuel. Il n'existe certainement rien de tel face à ce discours vaste et varié que nous appelons, très globalement, la pornographie. Il n'y a pas ce genre d'unanimité... L'unanimité qui a pu apparaître autrefois et qui fonctionnait comme un féminisme d'«apparence publique» est en train de s'effriter de manière très saine. Nous sommes en train d'apprendre que si nous voulons un «Nous» qui fonctionne vraiment pour les féministes et leurs sympathisants, il faudra le rendre plus inclusif[58]...

Par la suite, la question se trouva quelque peu embrouillée par cette nouvelle partie de ce «Nous» féminin que représentaient les consommatrices de pornographie, lesquelles, pour Nathalie Petrowski, semblaient particulièrement difficiles à comprendre:

> Coin Sanguinet et Sainte-Catherine, une file d'une cinquantaine de personnes attend en grelottant à 20 degrés sous zéro. (...) C'est mardi soir, un soir comme un autre dans l'est de la ville. La file où l'on remarque une curieuse majorité de femmes n'étonne pas les passants. Elle est devenue un spectacle courant sept soirs par semaine, coin Sanguinet et Sainte-Catherine. Depuis le 14 avril dernier, la file n'a pas diminué, au contraire. De soir en soir, la file va en augmentant[59]...

Après avoir jugé «curieuse» cette file de femmes, l'auteure entrera néanmoins dans ce club où l'on présente des spectacles de danseurs nus. Ayant regardé un danseur et déboursé cinq dollars pour une exhibition plus privée à sa table, spectacle qu'elle décrit comme une «froide descente aux enfers» et une «torture», elle arrive à la conclusion que: «les gogo boys sont les symboles éloquents de la société phallocrate. (...) Érigeant leur sexualité en véritable monument, ils attendent respect et vénération... Les gogo boys continuent... à travers le marchandage de leur corps, à s'accrocher aux derniers vestiges de la fierté virile.» Pour Nathalie Petrowski, il s'agit en somme d'un autre témoignage de l'oppression mâle. Et tout cela est rigoureusement vrai: c'est là son impression. Car ce pénis qui frôle son visage lui rappelle tout ce qu'elle sait par ailleurs des rapports entre les sexes dans notre société et peut-être des souvenirs désagréables. Cependant, du même coup, son interprétation très personnelle devient profondément méprisante et arrogante pour toutes ces autres spectatrices qui font la file dans des conditions climatiques difficiles. Par quelle extraordinaire démence ou perversion masochiste toutes ces femmes qui font encore aujourd'hui le succès de cette forme de pornographie auraient-elles développé l'envie malsaine d'être ainsi méprisées en public?

Les critiques ont dû reconnaître un secret jusqu'alors assez bien gardé: l'existence d'un nombre significatif de consommatrices invétérées[60]. Les chiffres, on l'a dit, ne sont pas nécessairement fiables, mais ils devraient suffire à écarter une fois pour toutes l'idée facile que la pornographie est une affaire d'hommes qui regardent des femmes. Les exemples radicaux viennent de Karen Jaehne qui dit avoir été la patronne d'un comité de sélection entièrement composé de femmes, qui choisissait les films pornographiques pour une chaîne de télévision de Washington dont le public, selon tous les tests d'écoute habituels, était à 60 pour 100 féminin[61]. Ou encore de Linda Williams, qui estime que les femmes assurent maintenant 40 pour 100 de toute la consommation des cassettes vidéo pornographiques aux États-Unis et qu'une femme sur deux est aujourd'hui devenue une habituée[62].

La fin du consensus, qui de plus en plus semblait avoir été acquis au prix d'une trop grande simplification, sera peut-être associée dans l'histoire du mouvement féministe à la tenue de la conférence «Scholar and the feminist IX» au Barnard College en 1982[63]. Dès lors, certains ont pu parler d'une «crise du féminisme», comme d'autres avaient parlé de n'importe quel mouvement politique où l'on avait cru que tout irait mieux après la révolution mais où l'on s'est éveillé en constatant que les lendemains n'étaient pas toujours ce qui avait été promis[64].

Comme toutes les questions vraiment difficiles, celle-ci est remarquablement simple: si la pornographie actuelle est condamnable parce que trop sexiste, niaise et ennuyeuse, à quoi doit ressembler ce qui devrait être permis? Quelles images de la sexualité humaine, ou plus précisément quelles images de la sexualité féminine seraient politiquement plus acceptables? Quelles images seraient plus conformes à l'effort fourni pour transformer la réalité humiliante d'aujourd'hui et la rapprocher du projet d'avenir ou de l'utopie future? Comme le disaient les philosophes de l'école de Francfort, nous savons que ces images ne seraient plus ce que l'on voit couramment de nos jours, mais nous demeurons incapables de définir avec certitude les images qui aideraient la révolution.

Le problème demeure, du fait que personne, ni les féministes ni les autres, ne possède encore de réponse convaincante à cette simple question. Muriel Dimen[65] rappelle comment tout ce qui est radical peut cesser de l'être pour aussitôt devenir traditionaliste et oppressif en étant reconnu comme politiquement «correct». Gayle Rubin[66] conclut que le raisonnement féministe habituel contre la pornographie cache mal un besoin d'exorciser le sexe et souvent ne laisse d'autre solution que de considérer tout acte sexuel comme répugnant et menaçant, ce qui, dit-elle, et malgré toutes ses protestations contre le modèle traditionnel de la féminité sexuellement passive et réceptrice, transforme ce genre de féminisme en un partenaire idéal de l'idéologie traditionaliste. Mariana Valverde[67] espère que le féminisme, en s'opposant à la représentation pornographique des femmes comme une série indifférenciée de «salopes», ne va pas par réaction se réfugier dans le stéréotype inverse et proclamer la vertu et l'innocence des femmes qui rechercheraient tout naturellement la douceur romantique de la Sainte Famille. Pat Califia est apparue comme une interlocutrice privilégiée dans ce débat en demandant pourquoi le mouvement féministe, plus que l'Église ou que l'État patriarcal, devrait avoir le droit de lui interdire son plaisir sado-masochiste, surtout si, entre lesbiennes, cette jouissance par la douleur n'implique littéralement aucune domination mâle. Pourquoi refuser d'explorer toutes les dimensions de la sexualité féminine et insister si exclusivement sur une sexualité nécessairement amoureuse, douce et pleine de tendresse, qui était justement au cœur de l'oppression bourgeoise du XIXe siècle? Ann Snitow[68] reprend cette allusion au siècle dernier en suggérant que l'opposition féministe habituelle à la pornographie simplifie la question, car encore une fois on y trouve des oppresseurs et des victimes commodes. Encore une fois l'*épouvantable luxure* ne peut être que mâle, tandis que l'*irréparable outrage* est immanquablement féminin. Pour Snitow, le consensus n'était possible qu'au prix d'une simplification ridicule autour du mythe de la brutalité mâle universelle, ce qui n'a d'autre mérite que d'agir comme une purification rituelle permettant d'unir un instant l'assemblée sororale des victimes.

En somme, le consensus n'a pas duré, il s'est rompu et les discussions se poursuivent. Il est toujours trop facile de dire après coup qu'une telle évolution était entièrement prévisible, surtout qu'il s'agissait du genre de rupture coutumière qui menace tout mouvement social dès qu'il doit dépasser l'identification et la dénonciation du mal pour se mettre à définir ce qui serait bien. Dénoncer la pornographie parce qu'elle présente une image fausse et dégradante de la sexualité féminine, c'était du même souffle laisser entendre qu'il existe quelque part une image meilleure et plus vraie.

Dans les termes mêmes des féministes américaines, le débat s'est transformé en une confrontation entre *Bad Girls* et *Good Girls*, comme pour recréer l'ancienne dichotomie entre Mauvaises femmes et Bonnes femmes, entre la mère et la putain[69]. Les *Bad Girls* dénoncent les féministes en lutte contre la pornographie comme des réactionnaires puritaines, pour qui les vertus essentielles de la féminité demeurent toujours la pureté et la moralité, et qui se permettent de condamner toute déviation sexuelle, en particulier toute forme de sado-masochisme, comme fondamentalement contraire à la féminité. Ce qui ne laisse finalement d'acceptable que l'égalitarisme et le romantisme, c'est-à-dire un retour vers le modèle ancien que les *Bad Girls* jugent beaucoup plus dégradant que la pornographie. Les *Good Girls* répondent en accusant leurs adversaires d'être devenues en quelque sorte des Juliette de Sade, c'est-à-dire des femmes qui ne craignent pas d'adopter le modèle d'une sexualité mâle rétrograde et agressive, qui les mène à défendre une position profondément anti-féministe. Elles les accusent par surcroît d'être victimes d'un endoctrinement social et culturel (on parle même de lavage de cerveau) qui leur présente comme admissible la notion mâle d'une jonction entre sexe et domination.

Les accusations réciproques étaient graves et les clivages sont rapidement devenus profonds. Ann Russo montre clairement qu'il s'agit là d'un conflit entre deux points de vue sur la condition féminine. Les *Bad Girls* s'inquiètent d'abord de la *répression* (sinon même de la *suppression*) culturelle et sociale de la sexualité féminine et voudraient surtout ébranler la notion traditionnelle accablante d'une féminité passive, réceptive, douce, pure et bonne. Tandis que les *Good Girls* s'inquiètent surtout de la *colonisation* de la sexualité féminine dans une société qui définit justement cette féminité comme étant d'abord ce qui excite les hommes, ce qui les attire et les provoque. C'est en ce sens, dit Russo, qu'on arrive à s'accuser mutuellement d'être une «bonne mère» ou une «méchante putain».

Puisque les deux inquiétudes sont fondées et démontrables, et surtout parce qu'elles impliquent rien de moins que la définition globale et universelle d'une politique sexuelle pour la moitié de l'humanité (avec des conséquences évidentes pour l'autre moitié), il aurait été étonnant que le débat puisse aboutir rapidement. Laquelle de ces deux positions correspond le mieux à la sexualité féminine ? La seule réponse possible à la question ainsi posée exigerait de que l'on comprenne avec suffisamment de précision en quoi la sexualité féminine est différente de la sexualité masculine. Or, comprendre comment les sexes diffèrent est une obsession qui a hanté toute l'histoire de l'Occident. Peu de thèmes ont si bien nourri les discours, à tel point qu'il faudra un jour mesurer combien cette question du rapport entre les sexes a pu devenir une véritable entreprise et offrir des emplois stables à de nombreux conférenciers, auteurs, cinéastes ou comédiens. L'amour n'est peut-être pas tout à fait mort, malgré le pessimisme du poète, mais en tout cas le masculin et le féminin se portent à merveille. À travers toutes ces recherches qui occupent autant de neurologues que de théologiens et au-delà de toutes les assertions apparemment inépuisables des commentateurs, on retrouve toujours et chaque fois la question classique de l'inné et de l'acquis. Il n'y avait donc aucune raison que les débats sur la pornographie y échappent bien longtemps.

Contrairement à d'autres petits mondes largement dominés par les hommes et qui font figure de clubs privés, comme certains mondes de l'alcool ou du sport professionnel, le pouvoir politique ou la hiérarchie ecclésiastique, la pornographie n'est pas interdite aux femmes. L'admission aux clubs et la location de films ne sont maintenant interdites qu'aux mineurs. Et l'industrie cherche depuis longtemps à doubler ses profits en inventant la formule qui lui permettra de toucher les femmes et de transformer le plus grand nombre possible d'entre elles en consommatrices fidèles. Au début, on a cherché à traduire mot à mot: remplacer les femmes nues par des hommes nus[70]. Ce fut d'abord l'échec, ce qui permit à quelques commentatrices de déclarer que les femmes ne s'intéressaient tout simplement pas à ce genre de spectacle. Ensuite, les producteurs, en particulier Kathy Keaton, directrice de la revue *Viva*, ont modifié leur produit espérant que leurs modèles deviendraient plus attrayants pour les femmes s'ils étaient placés dans un contexte où ils paraîtraient actifs et engagés dans une histoire, plutôt que simplement nus. Les échecs continuaient et se traduisaient en faillites et en fermetures d'entreprises. À la fin des années 70, les produits pornographiques visant spécifiquement la clientèle féminine semblaient voués à la mévente complète; certains trouvaient là confirmation de la très vieille idée selon laquelle les femmes demeurent dans notre société les seules véritables garantes de la moralité publique.

Au même moment, toutefois, Barbara Faust[71] déclarait que ce qui est couramment appelé pornographique est nécessairement un produit de consommation réservé aux hommes, mais seulement parce que nous habitons un monde dans lequel les lois sont établies par les hommes et où l'interdit, c'est-à-dire ce qui est socialement reconnu comme obscène et trop cochon, ne peut être évidemment que ce qui intéresse et stimule les hommes. Tout ce qui attire et excite les femmes, au contraire, risque peu d'être déclaré pornographique ou même d'être reconnu comme tel par le pouvoir, trop ignorant de la condition féminine. Pour Faust, la stimulation sexuelle commercialisée à l'intention des femmes, l'équivalent féminin ou, si l'on préfère, la pornographie pour femmes, appartient aux domaines du toucher (les multiples crèmes pour enduire le corps et les vibrateurs) et de l'ouïe (les concerts de Sting, de Prince ou même des Rolling Stones, quand ils réussissent à faire jouir les adolescentes).

Contrairement aux hommes qui apprécient la représentation explicite de l'acte sexuel, les femmes trouveraient du plaisir dans une image de la sexualité en contexte de conditionnement psychologique. Faust suggère donc d'oublier la définition courante et sexiste de la pornographie. Si l'on demande à quoi rêvent vraiment les femmes, il faudra, dit-elle, admettre que la pornographie pour femmes existe déjà et massivement. Elle est à chercher dans les revues du genre *True Love, True Confessions* ou même *Paris Match*, ou dans les romans Harlequin qui semblent destinés aussi exclusivement aux femmes que la pornographie a pu l'être aux hommes. Inutile en somme de vouloir traduire pour un auditoire féminin le genre de nudité qui fascine les hommes. Comme disait Barbara Cartland, auteure de ce genre de romans (et qui est la femme peut-être la plus lue de toute l'histoire de la littérature), l'homme vraiment séduisant est tout habillé, et même de préférence en uniforme[72]! On trouve aussi cette pornographie pour femmes dans tous les récits du genre que Faust nomme «l'hystérisme historique» (dont un des meilleurs exemples demeure la série française racontant les aventures épiques de la belle Angélique, «marquise des anges»), dans lesquels les consommatrices se passionnent pour le spectacle d'autres femmes sexuellement très actives mais jamais responsables: de belles héroïnes qui baisent beaucoup et souvent très bien, mais toujours pour la patrie, pour sauver d'une mort certaine leur gentil mari, pour la bonne cause ou par fidélité au roi, mais jamais par plaisir ou pour elles-mêmes. D'ailleurs, les hommes semblent mépriser ces histoires sentimentales autant que les femmes peuvent haïr la pornographie.

Barbara Faust n'hésite pas à adopter la thèse de la différence innée. Le contraste entre les sexes lui paraît immuable. Qu'elle soit due à l'équilibre hormonal dans l'utérus, à la fonction reproductrice ou à l'érotisme fondamental de la maternité, peu importe, la différence ne se laisse jamais oublier. Donc, dit-elle, il y aura toujours pornographie et romans Harlequin, et l'incompréhension qui en découle constitue le prix à payer si l'on espère vivre une relation hétérosexuelle. Pour sa part, Helen Hazen trouve gênante la mobilisation féministe en faveur de la censure et absurde l'idée de pouvoir un jour construire une pornographie typiquement féminine[73].

D'autres analyses, au contraire, attribuent plutôt cette différence à ce que l'on appelle assez vaguement les multiples conditions sociales qui ont façonné, à travers une très longue histoire, les modèles de ce que sont devenus les hommes et les femmes. En somme, le contraste actuel serait essentiellement un acquis. Et pour Mariana Valverde, parmi bien d'autres, rien n'est plus pornographique ni plus dégradant que de rendre «sexy» la domination psychologique des femmes, comme le font les romans à l'eau de rose, les magazines populaires et les téléromans souvent écrits par des femmes et pour des femmes. Tout cela résulte du fait que l'Occident a trop longtemps nié la sexualité des femmes, qui au siècle dernier devaient «fermer les yeux et penser à la reine» ou garder en tête qu'un «homme se libère de ses tensions par le sexe, tandis qu'une femme ne peut jouir tant qu'elle n'a pas réussi à se libérer du stress». Bref, il ne s'agirait nullement d'une différence naturelle ni d'un état immuable, et de ce fait la libération devient pensable et possible. Pour certaines femmes, l'idéal serait d'atteindre à une sexualité aussi simple, directe et immédiatement gratifiante que celle que notre culture assigne aux hommes: la recherche de Mr. Goodbar ou le zipless fuck d'Erica Jong. Dans le même sens, si l'on veut comprendre pourquoi les femmes demeurent généralement peu stimulées par la pornographie explicite et hors contexte, il ne faut pas oublier que, parce qu'on les a éduquées à demeurer réceptives et passives, elles ne savent jamais d'emblée ce qu'elles peuvent attendre d'un homme; parce qu'elles ne sont ainsi jamais maîtresses de la situation, les femmes ont donc toujours besoin d'une certaine mise en contexte psychologique et sociale. Toujours selon le même raisonnement, on a tort de croire que les femmes ne produisent pas de pornographie, et dire, comme le fait Alexandrian[74], qu'il n'y a jamais eu de chefs-d'œuvre de la littérature érotique féminine et que le «génie féminin» excelle davantage dans le genre sentimental, est immédiatement perçu comme une insulte sexiste. Il faudrait également ajouter que, si les femmes ont traditionnellement consommé peu de pornographie, c'est peut-être d'abord parce que le produit, en plus d'être pour elles largement inconcevable, était jusqu'à tout récemment distribué dans des quartiers mal famés et dans des établissements sordides, où une honnête femme n'aurait pu se risquer. Le problème a été résumé avec humour par Susan Cole: placez la revue *Viva* sur l'étalage aux côtés de *Playboy* ou de *Penthouse*, et vous n'atteindrez pas votre auditoire féminin cible; placez-la avec *Châtelaine* ou *Good Housekeeping*, et vous causerez des crises d'apoplexie aux lectrices de ces revues typiquement féminines[75].

Le raisonnement n'a certes pas convaincu tout le monde. Selon certains, cette façon de voir fausse tout le problème, et ce serait faire le jeu de cette même éducation répressive et vouloir maintenir le culte du phallus que d'imposer maintenant aux femmes une idéologie sexuelle essentiellement mâle en affirmant qu'elles aiment le sexe *de la même manière* que les hommes. Il faut éviter l'inversion banale et naïve du modèle masculin. Et se méfier surtout d'un type de raisonnement qui, tôt ou tard, réussirait à faire croire que l'horreur du viol est en bonne partie le résultat de l'éducation répressive des femmes. Au contraire, il faudrait plutôt d'abord transformer l'éducation des hommes et éliminer cette pornographie malsaine qui propage un modèle simpliste, infantile et déshumanisant de la sexualité. Plutôt que de vouloir libérer les femmes en leur imposant une apparente liberté sexuelle trop mâle, il faut d'abord et surtout initier les hommes aux plaisirs de l'érotisme féminin.

C'est dans cette logique qu'est apparue l'urgence de créer des œuvres sexuellement stimulantes pour les femmes et qui viendraient témoigner sur la place publique de l'existence d'un véritable érotisme féminin. Effacer en quelque sorte cette preuve du pouvoir masculin qui fait qu'il n'y a que leur pornographie à eux qui puisse être officielle. Il y eut certainement plusieurs efforts en ce sens, depuis la publication d'un ou de quelques numéros de revues féministes entièrement consacrés à la présentation d'un nouvel érotisme féminin, jusqu'à la création de la compagnie de film Femme Distribution par Candida Royale (auparavant vedette du cinéma pornographique), dans le but explicite d'offrir un produit conçu spécifiquement à l'intention des femmes[76]. Linda Williams et Anne McClintock sont enthousiastes: enfin la pornographie peut être prise en main par des femmes, pour des femmes; le but est atteint[77].

La question demeure évidemment ouverte, mais en un sens la plupart de ces essais semblent peu concluants. Soit qu'il y ait incapacité de produire, soit que l'œuvre ne montre aucun signe identifiable de «féminité» particulière (par exemple, le succès considérable du livre d'Alina Reyes, *Le Boucher*, et du livre mis en film d'Elisabeth McNeil, *Neuf semaines et demie*). Surtout, il est très vite devenu évident qu'il serait impossible d'offrir un produit qui réussirait à plaire à toutes. Pat Califia a opté pour un sado-masochisme lesbien qui choquerait bien des femmes, alors que la font vomir, dit-elle, la mièvrerie de l'érotisme tendre et doucereux de la féminité en dentelles qui se cache, selon elle, à l'ombre de tant de critiques féministes de la pornographie actuelle.

On pourrait croire que le débat vient en quelque sorte confirmer les premières enquêtes de Kinsey, qui avançaient timidement que les femmes réagissent aux stimuli érotiques de façon moins uniforme que les hommes, l'éventail de leurs réactions étant beaucoup plus large (constat que d'autres études sont par la suite venues corroborer[78]). Mais décrire n'est pas expliquer. Cette diversité est-elle le reflet d'une plasticité innée ou le résultat acquis des nombreuses façons d'être femme? Par ailleurs, peut-on conclure de ces recherches que le modèle culturel de la masculinité est plus étroit et plus restrictif? Une femme pourrait choisir entre divers modèles, à tout le moins entre l'un ou l'autre des deux stéréotypes opposés de la vierge heureuse ou de la putain contente, pour ensuite adopter le rapport au sexe approprié à chaque type, tandis que l'homme serait simplement imbu d'une sexualité mâle uniforme et univoque, le contraste entre le saint homme et le gigolo tenant pour l'essentiel à leur inégale capacité de se contrôler.

Tout cela nous éloigne de notre propos. Mais il fallait dire à quel point les principaux débats sur la pornographie au sein du mouvement féministe ont très vite rencontré quelques questions inévitables, concernant aussi bien les définitions idéales de la sexualité humaine que la féminité elle-même. Et pour ne trouver là, évidemment, aucune solution facile. Surtout tant que l'on s'obstine à maintenir dans une même catégorie, qui doit par la suite toujours demeurer distincte, un peu plus de la moitié du genre humain.

C'est en gros sur cet écueil que s'est clos le débat. Non pas faute de combattantes, mais parce que le dialogue devenait impossible. Les conceptions fondamentales de la féminité, de la masculinité et des rapports entre les sexes

imposaient des lectures tellement différentes du phénomène que toute controverse sur la pornographie obligeait à
renégocier chacune des prémisses de n'importe quel argument. Les écarts étaient devenus trop grands et, comme
dans la plupart des débats publics modernes, dès qu'il
devient évident que la roue devra chaque fois être réin-
ventée, on trouve plus sage de rester sur ses positions et de
constater simplement la diversité des points de vue. En
avril 1985, la revue MS, longtemps un porte-parole presque
officiel du mouvement féministe américain, reconnaissait
la fin de l'accord et concluait que la pornographie de l'une
pouvait très bien constituer l'érotisme de l'autre. Dès lors,
les luttes contre la pornographie devaient se poursuivre
sans jamais plus pouvoir légitimement prétendre s'exercer
au nom de toutes les femmes. Enfin, les discussions se sont
progressivement transformées en simples constats de
désaccord[79] qui trahissaient certains paradoxes: des femmes
fréquentent assidûment les clubs de danseurs nus, certaines
femmes aiment se donner en spectacle, d'autres perçoivent
dans toute représentation de la sexualité la résonance d'une
humiliation et d'une blessure[80], d'autres encore sont plus
que jamais convaincues que le langage populaire a parfaitement raison d'affirmer que d'être pénétrée par n'importe
quel pénis, c'est nécessairement se faire baiser, se faire
mettre ou se faire fourrer.

La discussion a sans doute servi à cristalliser ces ques-
tionnements, mais ce n'est pas de la pornographie qu'il faut
attendre des éclaircissements. Au contraire, car elle n'est
jamais facile ni univoque. Parce que les liens entre une
œuvre d'imagination et la société qui la produit demeurent
souvent tortueux et obscurs, mais aussi parce que l'œuvre
peut généralement être lue de bien des façons, parfois contradictoires. Qu'une œuvre soit socialement reconnue
comme art ou comme pornographie ne modifie rien au fait

que son succès dépend en partie des multiples interprétations qu'elle permet. En ce qui nous concerne, le cas d'*Histoire d'O* paraît exemplaire. Prendre le roman à la lettre fait évidemment très mal, et c'est pourquoi on a si souvent dit que le pseudonyme Pauline Réage cachait nécessairement un homme extraordinairement sadique et méprisant. Susan Brownmiller affirmait que «l'esprit féminin» ne pouvait concevoir une telle horreur[81]. Au contraire, pense Susan Griffin[82], l'auteur ne peut être qu'une femme car l'histoire en question exige une connaissance intime et profonde de l'éducation des femmes dans notre société, c'est-à-dire de leur réduction lente et cruelle à l'autisme. Quant à Susan Sontag, comme on le verra plus loin, elle y voit surtout l'exemple d'une recherche passionnée de l'excès, exploré ici dans le champ de la sexualité, mais qui se retrouve aussi partout ailleurs dans notre culture. Il y a aussi la lecture de Kaja Silverman[83], critique inspirée des écrits de Luce Irigaray, Julia Kristeva et Michèle Montrelay, donc des travaux de Jacques Lacan, et pour qui *Histoire d'O* offre l'exemple de ce qu'elle décrit comme la «sur-détermination de la subjectivité féminine par un discours sur la matérialité corporelle donné comme structurant, mais avant tout préconstruit et externe à l'expérience féminine». Il s'agit pourtant chaque fois du même roman, des mêmes sévices, des mêmes fouets et des mêmes fesses. On sent que les dialogues seront difficiles et le consensus rare.

Pour enfin vraiment retrouver notre propos, il reste à voir comment cette querelle entre *Good Girls* et *Bad Girls* était fondée sur deux conceptions de la pornographie fort différentes, mais pas nécessairement contradictoires: d'un côté, la notion de pornographie comme violence faite aux femmes; de l'autre, la pornographie libératrice, rupture de l'oppression ancienne et éloge des joies du sexe, mais en même temps tout aussi inacceptable et surtout source de colère.

Questions de violence

Manier la notion de violence exige toujours beaucoup de doigté. Son mauvais usage par une certaine critique a créé des malentendus qui ont eu pour effet le contraire de la mobilisation espérée. Le tout premier groupe de protestation, choqué par une affiche publicitaire qui faisait déborder le vase de la tolérance ennuyée en montrant une femme battue pour le simple plaisir de vendre un microsillon des Rolling Stones, s'appelait «Femmes contre la violence dans la pornographie». Quelque temps plus tard, quand il modifia son nom pour devenir le regroupement des «Femmes contre la pornographie», plusieurs membres quittèrent le mouvement. Parce que ce n'était plus du tout la même cause. Au début, il s'agissait de dénoncer un type de pornographie où le plaisir sexuel passe par la violence sadique à l'endroit des femmes: la stimulation par la torture, les sévices, le viol et la mise à mort, en somme ce qu'on trouvait déjà dans l'œuvre du marquis de Sade, mais qui profitait maintenant des capacités de distribution des médias modernes. La seconde appellation annonçait un glissement vers la généralisation en affirmant que toute forme de pornographie constitue une violence à l'égard des femmes, ce qui n'était sans doute pas évident pour tout le monde et ce qu'il a donc fallu essayer de prouver.

Pour certains critiques de cette position, il suffit de montrer qu'elle est empiriquement erronée: les sévices et la violence existent incontestablement, mais ne représentent qu'un thème relativement mineur du marché pornographique. La pornographie violente n'épuise pas l'ensemble de la production et on ne peut ignorer, parmi bien d'autres

genres encore, toute la production consacrée au maso-
chisme masculin ni celle, relativement considérable, de la
pornographie homosexuelle masculine. Même les plus
convaincus dans leur condamnation ont dû admettre que le
thème de la violence demeurait très marginal. Le rapport
de la Commission Meese admet que l'usage de la force ou
même de la menace ne fait pas normalement partie de la
production pornographique courante. De même, alors que
d'autres études avançaient que la violence sexuelle est
beaucoup plus présente dans les films qui ne sont pas
classés comme pornographiques, l'enquête du gouvernement du Canada sur les revues pornographiques les plus
vendues concluait que la violence (définie ici comme le
viol et le meurtre, l'usage d'armes ou de liens, et la pénétration anale) ne représente que 10 pour 100 du contenu
de ces revues[84]. La Commission Fraser arrive à la même
conclusion:

> Les études réalisées sur les revues et les cassettes vidéo ne
> confirment pas l'image résolument effrayante que nous ont
> présentée certains témoins. Nous admettons bien sûr que,
> pour certains, tout film ou toute revue présentant de la
> violence sexuelle est de trop, mais rien ne nous a prouvé
> que l'on fasse un grand usage de la pornographie violente
> ou enfantine. On peut bien sûr affirmer que la porno-
> graphie contemporaine avilit les femmes en les présentant
> comme des objets sexuels, ce qui est aussi néfaste que
> l'image de la violence sexuelle, mais rien ne confirme pour
> l'instant l'idée que la majeure partie de la pornographie
> correspond (sic) aux caractéristiques du genre[85].

De toute évidence, le débat était bloqué par un problème de définition. La notion de violence faite aux femmes n'était pas comprise de la même manière par tout le
monde, d'où une confusion de plus en plus évidente. Le
problème fut admirablement illustré par les réactions au

numéro de décembre 1984 de la revue *Penthouse*. Aux pages 119 à 127 de ce numéro, on pouvait voir une série de photos de Akira Ishigaki montrant des jeunes femmes ligotées, bâillonnées, attachées aux arbres ou pendues la tête en bas. Au Canada, ces photos firent scandale et le procureur général du Québec alla même jusqu'à intenter une poursuite judiciaire contre la firme détentrice du contrat de distribution locale du magazine. Mais dans le même numéro, trois pages plus loin, on trouvait aussi une série de photos de Linda Kenton, élue *Pet of the Year* (la plus haute distinction remise annuellement à un modèle), posant dans des contextes de très grand luxe, avec des voitures chères et de riches manteaux de fourrure disposés avec grand soin afin de ne couvrir que ses épaules. Sans protestation publique et sans que Monsieur le procureur général ne s'en inquiète. On ne voyait pas là de violence, puisque cette jeune femme n'était ni ligotée, ni battue, ni maltraitée et semblait tout à fait à l'aise, heureuse et consentante.

À ce compte-là, il est incontestable que la très grande majorité des images pornographiques ne sont pas violentes. Et pour étayer l'idée que toute pornographie est une violence faite aux femmes, il a donc fallu élargir considérablement la notion.

Certains efforts assez primitifs n'ont pas été très convaincants. Par exemple, on a voulu mesurer les positions du corps et montrer que, dans la pornographie, les femmes apparaissent le plus souvent couchées, accroupies ou à genoux, ce qu'il faudrait comprendre comme un signe de soumission, alors que le photographe parlerait plutôt des inévitables contraintes anatomiques auxquelles se mesure quiconque veut apercevoir et montrer les organes sexuels féminins. D'autres ont voulu lire la violence dans les mises en contexte ou dans les décors, dans le geste ou l'habillement, dans l'expression des visages ou le maquillage. Le point de vue le plus simple fut exprimé par Susan Griffin[86] qui affirmait que toute pornographie est sadique et dégradante, parce que se déshabiller en public reste dans notre culture une humiliation. À travers toutes ces démonstrations plus ou moins convaincantes, la notion première demeurait inchangée, et il s'agissait dans chaque cas d'une même violence plus ou moins réalisée: la nudité publique constitue le prélude d'une chaîne qui montrera ensuite des poses dégradantes, l'exécution d'actes plus ou moins imposés, la soumission à divers sévices, et ainsi en cascade jusqu'aux mutilations et à la mise à mort réelle ou imaginée. La violence envers les femmes est partout la même.

Pour plusieurs, ce raisonnement était évidemment trop simple et vulnérable. Comme l'expliquent assez longuement Duggan, Hunter et Vance[87], la violence, le sexisme et la sexualité explicite sont d'abord trois réalités différentes. Bien des violences ne font aucunement appel ni au sexe ni au sexisme, lequel, à son tour, n'est pas limité au sexe et n'est pas nécessairement violent, et le sexe doit pouvoir être montré sans violence et sans sexisme. Ce qui inquiète à juste titre, c'est la conjonction des trois éléments, quand le spectacle de la sexualité devient violent et sexiste. Mais les trois auteures trouvent injustifiable en soi, et par surcroît très inquiétant pour le mouvement féministe, qu'on arrive à penser que dans les faits cette conjonction est constante au point de devenir inévitable. Cela voudrait dire que d'autres formes n'existent pas déjà et, pis encore, que les femmes seraient incapables de les imaginer.

Il y avait donc eu un rapide glissement sémantique faisant de toute pornographie l'équivalent d'une violence faite aux femmes. Cela paraît tellement sommaire et étonnant qu'il vaut la peine qu'on s'y attarde.

Dans une entrevue[88] suivant la sortie de son film *Not a Love Story*, la cinéaste Bonnie Klein, répondant à l'accusation d'avoir largement exagéré la violence pour en faire l'axe central de sa dénonciation de la pornographie, expliquait que le choc éprouvé au contact de ce type particulier de pornographie avait été si fort qu'elle fut par la suite incapable de s'en détacher. Ces images lui avaient semblé si agressives, si horribles que tout le reste devenait insignifiant. En somme, la jonction du sexe, de la violence et du sexisme serait d'une telle puissance qu'il est vraisemblable qu'on oublie tout le reste.

Raison encore plus élémentaire, il est fort probable que la pornographie, comme marchandise longtemps réservée aux hommes, était souvent très mal connue par la plupart des femmes qui la dénonçaient. Dans son commentaire sur les travaux de la Commission Williams[89], A. W. B. Simpson avançait que certains plaidoyers féministes faisaient si peu de distinctions entre les types de pornographie sur le marché qu'il était difficile de croire que leurs auteures en aient déjà vu. Loin d'être invraisemblable (c'est le contraire qui est rare et étonnant), cette ignorance explique les généralisations à partir d'un ou de quelques exemples particulièrement insupportables. Par contre, il faut se méfier des effets sociaux de l'ignorance sur les femmes qui travaillent dans l'industrie de la pornographie, sur les consommatrices et les consommateurs, mais aussi, comme le montre admirablement Simon Watney[90], sur tous ceux et celles qui, homosexuels ou déviants, ont toujours beaucoup à craindre de la censure.

Dernier constat qui aurait dû pourtant avoir un écho: la dénonciation de la pornographie comme violence faite aux femmes n'a été que très peu reprise en dehors de l'Amérique du Nord. Les mouvements féministes européens, pourtant très actifs et présents en Italie, dans les pays scandinaves, en France et ailleurs, n'ont jamais voulu accorder la même importance à la lutte contre la pornographie et encore moins à l'association pornographie-violence[91]. Deux raisons viennent à l'esprit. D'abord, il n'y a peut-être que la violence que les Nord-Américains comprennent vraiment bien: alors que le sexisme demeure un concept flou et que la sexualité reste encore une notion largement incertaine, la violence est immédiatement reconnue et constitue souvent même une expérience familière et quotidienne. La pornographie deviendrait donc violence, tout comme le sport américain, la politique américaine, la télévision, la Bourse de New York ou les rues de Washington. Il ne s'agit pas de savoir si la pornographie américaine est plus violente, mais de penser qu'elle s'est révélée plus facilement saisissable et comprise à l'intérieur des paramètres les plus familiers. Tout devenait ainsi plus simple et on savait vraiment de quoi il était question.

L'autre raison apparaît dès que l'on quitte cette littérature nord-américaine pour rencontrer ailleurs une notion de violence pornographique radicalement différente, apparemment plus subtile et parfois inversée. En se déplaçant vers l'Europe surtout, on sent que le débat bascule: alors que le mouvement féministe américain se divisait sur ce que doit être la femme, ailleurs la pornographie servait d'abord à explorer les mystères de l'érotisme masculin.

Les inversions de l'imaginaire

Même le plus méchant des maîtres n'a pas à rêver au plaisir de fouetter ses esclaves, puisqu'il peut y consacrer ses journées entières. Le contraire attire davantage: rêver de fouetter le maître. Pour trouver plaisir à l'imaginer, il faut que la violence porte sur un autre à qui on reconnaît au moins un minimum de pouvoir. Il suffit, par exemple, d'être convaincu que les femmes sont la source absolue de tous les maux de la terre, ou du moins savoir qu'elles peuvent refuser une avance.

Quiconque connaît un tant soit peu l'univers de la pornographie a tout de suite vu que son thème favori n'était pas les femmes enchaînées, humiliées et battues. Cette violence existe très certainement, mais le titre des films de la production pornographique la plus courante annoncent, bien au contraire, une suite ininterrompue de «collégiennes en chaleur», «infirmières en folie» et de «Suédoises en vacances». On promet des femmes qui, loin d'être ligotées, montrent toutes les intentions de se déchaîner le plus possible. Des femmes dont la présence est encore plus énorme que dans n'importe quelle œuvre de Fellini ou de Rubens[92] et qui avant tout sont l'incarnation charnelle d'une évidente et très profonde fascination. Mais en plus, des femmes aux envies débordantes, qui aiment le sexe et qui en redemandent. Des femmes chaque fois satisfaites et rarement épuisées. Des femmes insatiables, actives au point de faire les premiers pas et devenir agressives, et qui multiplient les orgasmes aussi rapides et évidents que ceux du mâle (les héroïnes de Sade «déchargent» en jouissant). Et pour ajouter au plaisir, l'homme idéal de la pornographie sera d'abord l'amant superbe et poursuivi, celui qui réussit chaque fois à les satisfaire toutes. Celui qu'elles désirent toutes et qui n'est jamais refusé, celui qui manipule et qui a le pouvoir de satisfaire toutes leurs volontés. Jusqu'à les tuer toutes, si c'est là son bon plaisir.

Un simple coup d'œil au-delà de toutes ces femmes déshabillées permet d'atteindre la partie de l'univers masculin qui s'y dévoile, et comme la pornographie expose sans aucune pudeur le monde des fantasmes, l'occasion était belle de réfléchir sur la condition masculine.

On a d'abord dit combien l'image de la femme offerte par la pornographie lui donnait à l'occasion des allures mâles. C'est une femme imaginée le plus souvent par des hommes et pour des hommes, et c'est surtout une image qui décrit la sexualité féminine en termes compréhensibles pour les hommes parce que familiers. Ce miracle de masculinisation constituerait un effort tout à fait partial de mystification:

> Double subterfuge de la pornographie: naturaliser la masculinisation de la femme; renverser le ressentiment (impuissance et rancœur) qu'engendre son autonomie érotique en exigence de libération. Dicter la femme, et, de cette dictée, lui donner le pouvoir d'une norme et la valeur d'une émancipation[93].

En somme, il faudrait croire que l'homme est doté d'un imaginaire plutôt misérable et surtout limité dans son impuissance à saisir ce que Malraux recommandait d'explorer comme le seul véritable mystère, l'érotisme de l'autre sexe. Sans grande imagination, les hommes s'enferment dans le connu et le prévisible pour imaginer l'autre monde à leur image.

La piste paraissant riche, d'autres ont poussé plus loin l'analyse de la condition masculine. Anne-Marie Dardigna constate, à la fin d'une longue lecture qui ne couvre pas le champ entier de la pornographie mais les œuvres (particulièrement violentes) de Klossowski, Bataille, Réage et Robbe-Grillet, que le point d'aboutissement de tout cela n'est pas tant la domination de la femme — ou une quelconque remise à sa place — que son exclusion d'un monde partagé entre hommes:

> Sur la scène érotique, l'échange ne se produit pas entre un homme et une femme, mais entre deux hommes, et l'être féminin n'intervient qu'en instrument de cet «échange»[94].

On a déjà dit que la pornographie était égalitaire, puisque les deux sexes y sont phalliques. Pour Dardigna, le coup d'œil pornographique ne méprise pas la femme, il l'extermine:

> Sous ce regard, le corps féminin disparaît dans l'inversion et le travestisme: ce qui est vu à sa place c'est une femme phallique, porteuse d'un clitoris-phallus, une femme-mâle qui bande, éjacule et que l'on sodomise... Ce qu'un homme souhaite trouver en face de lui, c'est un autre homme[95].

On sent une colère contre les femmes et une envie très profonde de vengeance qui peuvent être comprises soit comme un besoin de défoulement contre l'obsession de la féminité et contre l'obéissance polie et respectueuse qu'imposait le modèle de l'amour courtois, soit comme une réaction angoissée des hommes face à la menace d'un martriarcat imaginaire ou réel, soit encore, selon Dardigna, comme un des effets d'une tentative pour établir un rapport entre père et fils, un effort pour faire plaisir à l'aîné, lequel se réalise au détriment de la femme qui devient figure d'obstacle. Dans tous les cas, toutes ces questions n'ont rien de féminin.

En suivant un certain courant d'inspiration psychanalytique, on arrive à lire dans la pornographie l'expression d'une crainte masculine de la castration qui amènerait l'homme à chercher à se rassurer par le spectacle de l'absence de pénis chez la femme. Par conséquent, Elizabeth Wilson[96] ne voit dans la pornographie aucune célébration grandiose du pouvoir des hommes, mais plutôt leur besoin morbide de se rassurer et d'atténuer leurs

angoisses d'impuissance. Dans une thèse récemment dépo-
sée à l'université Carleton, Berkeley Kaite va encore plus
loin en ajoutant que l'image pornographique convie le
spectateur à une transgression de la différence sexuelle: le
modèle féminin, dit-elle, se trouve chargé de signes qui
connotent le pénis (souliers à talons hauts, dévoilement
d'un seul sein, accessoires phalliques, etc.) et qui viendraient ainsi inviter le voyeur à oublier le sien, pour se
laisser pénétrer par la femme sur l'écran et enfin vivre
l'expérience suprême de la féminité[97]. En somme, la
pornographie ne serait pas la vision bête et simpliste de
femmes imaginées par des hommes qui n'y connaîtraient
rien, mais un effort, bien sûr encore très masculin mais
beaucoup plus profond, pour faire l'expérience de l'autre,
l'approcher et le connaître.

Face à toute interprétation psychanalytique, le réflexe
très conditionné de l'ethnologue le mène à chercher à
comprendre ce qu'en penseraient les Maori, les Penan ou
les Inuit. Il devient alors vite évident que les détails de la
plupart de ces analyses paraissent trop souvent excessifs aux
Infidèles et que les interprétations proposées n'épuisent
certainement pas l'ensemble du phénomène de la pornographie[98]. Néanmoins, le raisonnement demeure cohérent
et la piste est peut-être sûre. Et pour traduire la psychanalyse et l'attirer sur un terrain plus familier, on dirait en
somme que la pornographie fonctionne à la manière d'un
bon mythe: en offrant une exploration imaginaire de tous
les possibles, avec pour effet de mettre le monde dans un
certain ordre et d'affirmer quelques vérités profondes, tout
en permettant les jeux qui nous attirent et qui nous
incitent à remêler toutes les cartes, et tout cela dans une
merveilleuse illusion de liberté. Il paraît donc plausible que
la pornographie, après avoir montré superficiellement ce à
quoi ressemble une femme, entraîne inexorablement vers

un approfondissement de cette connaissance qui peut aboutir à l'envie d'une inversion. Par contre, ce qui serait étonnant, c'est que cet enchaînement s'accomplisse pleinement dans chaque acte pornographique et, en plus, que tout cela ne concerne que les hommes. Certains protesteraient que la vie n'est pas toujours aussi complexe et que l'état psychique de chaque consommateur de pornographie risque assez peu de correspondre à l'interprétation dictée par la psychanalyse. D'autres noteraient que ces interprétations, jusqu'à maintenant proposées surtout par des femmes, n'ont souvent traité que de la condition masculine; peut-être parce que la pornographie pour femmes était encore inexistante. Ce qu'on peut maintenant en dire laisse croire que la piste était en effet prometteuse, mais qu'il n'était pas nécessaire de faire appel à la psychanalyse. Il suffit de comprendre l'apprentissage des plus élémentaires modèles culturels.

Voici un exemple. Du temps où il était encore en affaires, le club Britannia de Saint-Romuald, en banlieue de Québec, offrait à sa clientèle deux salles de spectacle où se produisaient dans une ségrégation complète des femmes et des hommes faisant du strip-tease. Dans un bref rapport ethnographique, Marie-Claude Dionne[99] décrivait que, au-delà des constantes du genre (surtout la progression lente du déshabillage déjà notée par tous les observateurs, de Roland Barthes à Jean Baudrillard), elle avait surtout remarqué le très fort contraste entre les danseurs offerts en spectacle aux femmes et leurs consœurs dans la salle voisine. Les danseurs, jeunes et athlétiques, se promènent sur scène, se dandinent au son de la musique, enlèvent leurs vêtements d'un geste précis et décidé, et montrent leur pénis et leurs fesses tout en regardant l'auditoire avec un répertoire d'airs qui va du complice-rieur au solennel-arrogant. Dans l'autre salle, les danseuses procèdent avec plus de douceur et surtout plus de langueur: les vêtements sont glissés sur le corps pour le mouler, les yeux mi-clos et les bouches entrouvertes. Pas question ici de se dandiner très longtemps, il faut plutôt s'étendre au sol et exprimer tous les sens reconnus de la lascivité idéale. D'un côté, des danseurs dont on voit le pénis qui ne doit jamais être en érection. De l'autre, des danseuses dans un état d'excitation sexuelle manifestement avancée.

Ce genre de spectacle n'a de sens et ne peut obtenir de succès que dans une société qui inculque les modèles contraires. L'éducation traditionnelle des jeunes filles leur enseignait quelques valeurs essentielles clairement définies:

> La douceur, la bonté, la modestie, l'humilité, l'obéissance, l'ordre, l'économie, la charité, la réserve, la pudeur, la pureté sont les vertus spécifiques de la jeune fille idéale, mais parmi elles, la pureté est la vertu par excellence, à tel titre qu'on la nomme simplement la *Vertu* avec un V majuscule[100].

> Aidez vos compagnons dans leurs luttes. Évitez toute attitude langoureuse, tout vêtement immodeste, toute parole aguichante. Sachez qu'une bête immonde sommeille chez les plus vertueux, prête à bondir à la moindre provocation. Conseillez le recours à la prière et aux sacrements[101].

Le modèle est connu. Les jeunes filles apprenaient à rester toujours modestes. Elles ne devaient jamais se dévêtir, même pour faire leur toilette dans un isoloir à l'intérieur d'un couvent réservé exclusivement aux filles et dirigé par des religieuses. Au contact des jeunes gens de leur âge, il fallait prendre garde de maintenir cette modestie afin de ne pas éveiller les instincts plus ou moins bestiaux qui sommeillent toujours chez l'homme. Et puis, il fallait se méfier des inconnus, attendre les avances respectables et espérer rencontrer le meilleur parti possible. De l'autre côté de la frontière, les garçons apprenaient qu'ils devaient respecter ces jeunes filles dont l'une deviendrait un jour la mère de leurs enfants. Il ne fallait pas chercher à voir le corps des jeunes filles. Et prendre plutôt quelques douches froides pour calmer la bête qui sommeille. Il fallait se méfier de la brutalité qui mène au viol et ne faire que des propositions honnêtes qui mériteraient le respect de la femme et l'amour véritable. Il n'était pas ouvertement question d'homosexualité, on avait oublié le *David* de Michel-Ange et jamais on n'aurait pensé enseigner aux garçons que leur propre corps pouvait attirer l'autre sexe. Avec pour résultat que la femme qui se serait exhibée au coin d'une rue aurait été applaudie par l'attroupement, tandis que l'homme aurait été mis en prison. Avec pour conséquence donc que les hommes sont ouvertement fascinés par Salomé et consomment de la pornographie: par plaisir appris et parce qu'ils se sont vu confier l'entière responsabilité de la conduite des affaires sexuelles, une responsabilité lourde qui doit bien être apprise quelque part.

Les danseuses du Britannia disent combien la vie serait agréable si les femmes aimaient le sexe. Si elles étaient disposées à l'amour sans que les hommes dussent assumer les coûts, l'ennui et les risques inhérents à tout effort de séduction. Si elles étaient déjà excitées, langou- reuses et voluptueuses, sans préliminaires. Si elles étaient chaque fois en chaleur, bestiales, toujours au bord de l'or- gasme sans qu'ils risquent l'humiliation de se voir rejeter. Tandis que, dans l'autre salle, les danseurs étonnent tout autant en faisant rêver à un monde où des hommes pour- raient être tout nus en présence de femmes, mais sans bander et sans nécessairement leur sauter dessus, sans violence possessive. Que le monde du sexe serait beau s'il n'y avait plus rien à craindre et si le corps de l'homme, contrairement à tout ce qu'on en sait, devenait attirant en cessant d'être une menace. Ce monde serait bien meilleur encore que les contextes rassurants et mièvres des romans Harlequin. Même la frustration causée par un spectacle qui laisse nécessairement toujours à désirer peut se transformer en plaisir pour l'homme qui se réjouit de changer de rôle dans la conduite des affaires sexuelles et qui peut enfin rester passif tout en obtenant le droit de regarder sans prendre de risque, puisque sans autre obligation de sa part.

C'est en quelque sorte le plaisir de rêver un instant que les choses ne sont plus ce qu'elles sont d'habitude et que le monde serait viable aussi à l'envers. Mesurer la distance qui nous sépare encore du bonheur: pour un homme, ne plus devoir séduire et enfin devenir lui-même objet du désir; pour une femme, rêver d'un homme à la fois conscient de l'attrait sensuel de son corps et sensible à la séduction. Danseurs et danseuses sont assurément faits pour bien s'entendre, du moins tout autant que leurs images inversées de la vie quotidienne. Et quel ennui s'il fallait que le spectacle répète la quotidienneté!

L'inversion ne se fait toutefois pas sans risque. Pour compléter la thèse de l'inversion, il faudrait envisager que le modèle des danseurs qui se dandinent enseigne aussi aux femmes que la féminité peut être très attirante, ce qui peut conduire à l'exclusion des hommes. Ce serait sans doute une boutade que de dire qu'il était donc normal que ce soit des femmes (Dardigna, Wilson, Kaite, etc.) qui signalent que l'aboutissement logique de la pornographie actuelle est chaque fois l'exclusion des femmes. Bientôt sans doute, quelqu'un viendra ajouter que les consommatrices sont engagées dans la même voie: le film *Devil in Miss Jones*, qui exploite le thème très connu du dévergondage soudain et tardif d'une femme rangée et prude, se termine sur sa chute en enfer, qui prend la forme d'une chambre où elle, toujours surexcitée, a pour seul compagnon un homme (Damiano, le réalisateur, dit-on) fatigué, épuisé et à jamais impuissant; l'héroïne a été parfaitement masculinisée, mais la contrepartie a rendu son partenaire mâle entièrement passif et réceptif comme la femme qu'elle était auparavant.

Tout cela est rendu possible, en somme, parce que la logique du système est très simple. Une culture qui divise l'humanité et définit deux sexes différents A et B comme possédant l'un les attributs 1, 3, 5, 7, 9, et l'autre les attributs opposés et complémentaires 2, 4, 6, 8, 10, engendre du même coup les séries de permutations qui animeront ses rêves, ses fantasmes et sa pornographie. On aura donc des hommes qui désirent devenir des petites filles maltraitées ou qui rêvent d'être des femmes dominatrices et pénétrantes avec des partenaires masculins doux et gentils; et puis des femmes réservées qui veulent être séduites par d'autres femmes entreprenantes ou qui s'imaginent en pirates violeurs ou en prisonnières séduisantes; et ainsi de suite jusqu'à l'épuisement des permutations possibles.

Ce qui ne veut pas dire que le jeu soit entièrement gratuit. Bien sûr, la pornographie — où on trouve de tout — veut divertir tout son monde, mais certaines permutations sont plus populaires et se vendent mieux parce qu'elles conviennent mieux à ce moment particulier de l'évolution de la société. D'un autre point de vue, le jeu n'est pas gratuit non plus parce que toute inversion du modèle laisse des traces: masculiniser les femmes et féminiser les hommes ne se limite pas simplement à dire le contraire de la norme ou le contraire du bon sens; il ne s'agit pas simplement de travestir la réalité pour en rire ou de commettre le péché avec plus de précision. L'inversion risque d'affaiblir le modèle. Si les femmes peuvent être modestes mais aussi déchaînées et perpétuellement en chaleur, et si les hommes sont des bêtes violentes qui se dandinent en se trouvant sexy, on ne sait plus très bien où on en est. Ce qui déjà, dans certains cas, est devenu très frustrant.

Les raisons de la rage

> Pour obtenir ce qui nous importe, il sera
> peut-être nécessaire de perdre tout le reste.
> BERNADETTE DEVLIN
> *The Price of my Soul*

En terminant ce survol, il faut ajouter un mot sur un trait particulier et caractéristique de certains débats féministes, afin d'arriver à comprendre comment la pornographie réussit parfois à inspirer, chez certaines personnes qui n'y trouvent aucun plaisir ou aucun amusement, au-delà du choc et du scandale, au-delà du dégoût et de l'écœurement, la rage:

> Guérit-on tout à fait de la blessure qu'inflige cette violence? Je n'ai heureusement jamais subi de viol physique, mais j'en ai pressenti toute l'horreur par ce viol psychologique que fut pour moi ce «stage» intensif dans les cabarets et les magazines porno. Et encore! Je n'ai vu ni connu le pire. ... je suis encore *écorchée vive...* Je deviens irritable... j'enrage même quelquefois, quand j'entends dénoncer le sexisme dans la publicité, l'exploitation des femmes au travail, le sort des victimes de viol, celui des prostituées, des femmes battues, de toutes les autres femmes, alors qu'on se tait poliment quand je parle de la violence quotidienne subie par... des femmes prises dans l'engrenage des agences de placement et des cabarets... Des diverses facettes de mon expérience, *la plus douloureuse* a été le spectacle de ces travailleuses à la merci des rapaces, pornophiles comme pornocrates[102].

Je voulais venir ici en militante, fière et dans une sacrée colère. Mais, de plus en plus, la colère m'apparaît comme l'ombre pâle du sentiment de deuil qui m'envahit. Si une femme a une quelconque idée de sa propre valeur, voir des bribes de pornographie peut l'amener effectivement à une rage utile. Étudier la pornographie en quantité et en profondeur, comme je l'ai fait pendant plus de mois que je ne voudrais me le rappeler, amènera cette même femme au deuil[103].

Les exemples pourraient être multipliés, mais ils ne diraient pas mieux à quel point certaines femmes sont profondément troublées par la pornographie. La misère et l'horreur ne manquent pourtant pas dans le monde, mais on trouve rarement des termes aussi durs pour décrire une rage aussi entière. À un point tel que les débats s'enveniment et les échanges d'idées deviennent à peu près impossibles. Bien d'autres aspects de la condition des femmes, du salaire inégal jusqu'à la menace de viol, sont considérés non seulement comme indissociables mais littéralement comme des équivalents de la pornographie. Jusqu'au moment où, comme l'avouait Bonnie Klein, toute démonstration empirique et toute vérification se révèlent inutiles. Et si d'autres femmes se dissocient de cette position, on les accusera simplement de ne pas être de «vraies femmes». On arrive à laisser croire que rien n'est plus horrible que la pornographie.

Cette attitude radicale n'est pas le fruit du hasard. Les critiques les plus acerbes évoquent trop facilement la naïveté et l'étroitesse d'un esprit obsédé. Et ce n'est pas non plus l'effet habituel de segmentation interne qui affecte si souvent les mouvements sociaux revendicateurs et qui fait naître des querelles parfois féroces entre sectes de l'orthodoxie politique ou religieuse (nous pensons évidemment aux premiers chrétiens, mais aussi aux débuts de la psychanalyse, sans parler des schismes chez les monarchistes de France). Il faut plutôt se demander si cette colère ne tient pas à la découverte que tout le débat sur la pornographie touche à quelque chose d'essentiel. La pornographie elle-même était peut-être insignifiante, mais on prenait conscience que son enjeu était fondamental.

En tout premier lieu, il ne faut pas oublier que le mouvement féministe a beaucoup misé sur une revalorisation radicale de la sexualité. Parce qu'elles avaient si longtemps été réduites à leur sexe, les femmes devaient nécessairement passer par une libération sexuelle et se définir comme des êtres dotés d'une sexualité propre et reprendre contrôle de leur corps afin ne plus être soumises aux volontés libidineuses et reproductrices des mâles. Il était urgent de dénoncer le modèle traditionnel de la sexualité féminine qui faisait violence aux femmes.

Cela dit, il fallait ensuite explorer les solutions. Et c'est très précisément ce que proposait la pornographie: une subversion de l'idéologie conservatrice de l'amour romantique et de la monogamie hétérosexuelle qui avait toujours coincé les femmes dans le rôle de mères et de domestiques. Comme l'a montré Angela Carter[104], et d'autres après elle, les tout premiers modèles de femmes libérées de la littérature européenne furent *Fanny Hill* de John Cleland et *Juliette* de Sade; des femmes qui enfin se dégagent de la sexualité exclusivement procréatrice et qui font figure d'héroïnes en utilisant égoïstement leur sexe à leur avantage et afin d'assurer leur propre réussite sociale; des femmes intelligentes qui renoncent au mariage, à l'amour et surtout à la maternité, et qui réussissent dans leur carrière à coups de tricherie, de cynisme et de méchanceté, ce qui fait d'elles les égales de n'importe quel homme; bref, des femmes qui ne sont plus sous la coupe des hommes mais qui, au contraire, font preuve d'un talent considérable pour la manipulation. Ainsi, le modèle de la sexualité féminine dominant dans la pornographie moderne fournit une contestation radicale du modèle ancien et une réponse au questionnement féministe: on y présente des femmes qui n'éprouvent aucune gêne à parler de sexe et aucune honte de leur corps, qui vivent pleinement leur sexualité en étant actives au point de devenir agressives et de se transformer en violeuses d'hommes, qui se permettent tout, qui ne s'embarrassent d'aucune exclusivité sexuelle, qui n'ont aucun besoin d'attachement sentimental et qui semblent n'avoir aucune crainte de la grossesse. En ce sens, pornographie et féminisme tiennent de fait un même discours: fini l'ère des victimes passives, il est temps que le sexe des femmes s'affirme.

Sauf que la pornographie jouit d'une bonne longueur d'avance en offrant une solution toute prête. Non seulement elle répète, comme le féminisme, que ce sont les femmes qui sont intéressantes, mais depuis longtemps elle dit qu'il faut abandonner toute réserve opprimante pour explorer et exprimer l'ensemble de la sexualité humaine, essayer toutes les combinaisons, toutes les perversions imaginables et même, à l'occasion, tenter les expériences les plus inquiétantes. Tandis que le mouvement féministe hésite à faire son lit parmi un ensemble de réponses complexes et trop souvent paradoxales.

Car la contestation du modèle ancien repose nécessairement sur un jugement moral qui seul explique pourquoi le modèle était mauvais, mais qui du même coup transpose et reprend ses mêmes contradictions. Muriel Dimen[105] en donne pour exemple l'ambiguïté qu'il y a à déclarer politiquement acceptable le refus d'être un objet sexuel, donc ne plus devoir se soucier de son apparence physique, et de vouloir en même temps et à tout prix séduire afin de ne plus être défini comme un être qui n'a pas droit à l'appétit sexuel, afin d'avoir la chance d'explorer toutes les formes de cette liberté nouvelle. Vouloir abolir la pornographie, mais préserver le spectacle. Pour Gayle Rubin[106], ce débat autour de la pornographie a mené le féminisme moderne à ses limites en causant le choc de deux tendances qui semblent inconciliables. La première insiste sur l'importance de libérer la sexualité féminine et tend à minimiser la signification de la pornographie; par exemple, Lisa Orlando apprécie de voir érigées en modèles ces femmes qui exigent leur droit au plaisir et qui le prennent comme bon leur semble, contredisant par là ce que toute jeune fille bien élevée devrait savoir; Paula Webster[107] propose de se laisser guider par la pornographie dans l'exploration d'un univers merveilleux qui a toujours été refusé aux femmes; Sara Diamond[108] déclare qu'il faudrait que les femmes reconnaissent enfin que l'exposition publique de leur sexe ne fait pas d'elles nécessairement des putains et qu'il n'y a pas que les hommes qui puissent gagner du pouvoir par leur sexe. À la limite, on en vient à penser que si la pornographie actuelle est souvent sexiste, elle ne l'est ni plus ni moins que le reste de la société, et que si elle est si importante il faut la transformer mais surtout pas l'abolir.

Selon l'autre perspective, celle de la plupart des adversaires de la pornographie, cette libéralisation de la sexualité féminine n'est qu'une dangereuse illusion puisqu'elle ne peut être que l'extension des privilèges mâles, surtout si la voie à suivre est définie par un univers aussi traditionnellement mâle que celui de la pornographie. Joan Hoff[109] disait bien que le «standard» de la sexualité individuelle reste une construction mâle, mais sans indiquer ce qui pourrait le remplacer. Dans cette optique, la pornographie est importante parce qu'elle est au cœur des rapports de pouvoir entre les sexes qui déterminent nécessairement toute analyse de la condition féminine. Par contre, la sexualité devient dès lors moins centrale et l'on aboutit souvent à un nouveau conservatisme sexuel. Selon Gayle Rubin, qui déclare ouvertement sa préférence et pour qui cette seconde tendance constitue rien de moins qu'une démonologie aussi terrifiante que le plus opprimant des patriarcats, la censure de la pornographie mène à l'absurdité réactionnaire d'un classement en bon ordre des comportements sexuels politiquement préférables: le pire, la promiscuité générale et les rapports sado-masochistes (quels que soient les sexes concernés), au milieu l'hétérosexualité et, au mieux, la monogamie lesbienne. Évidemment, cette réponse demeure discutable (comme toute autre le serait également puisqu'il s'agit d'un paradoxe), mais elle montre bien comment la question de la pornographie oblige finalement à rien de moins que l'adoption d'une cosmologie générale qui sert à définir les sexes et la nature de leurs rapports.

La force d'une certaine critique dite féministe risque en fait de se retourner contre les femmes. En faisant de la pornographie un objet d'horreur, on peut facilement laisser entendre non seulement que l'intimité sexuelle devrait toujours être entourée du plus grand secret, mais on risque en plus de heurter beaucoup de monde en insinuant que c'est encore là le bien le plus précieux de toute femme, redire en d'autres termes que l'essentiel est à trouver dans le mystère des profondeurs de la matrice. L'argument est piégé. Il est embarrassant de devoir expliquer que c'est le sexe lui-même qui marque la différence et qui motive le fait de considérer qu'une femme est davantage réduite au rang d'un «objet» dans la pornographie que lorsqu'elle est mannequin, reine du carnaval ou épouse de ministre; car si les trois cas ne sont pas comparables, ce n'est certainement pas en raison de leur passivité relative.

Le plus gênant parfois, c'est que la pornographie a l'air d'avoir prévenu tous les coups et de détenir toutes les réponses. Dans les débats au sein du mouvement féministe américain, les échanges les plus acerbes ont souvent eu lieu entre lesbiennes. Peut-être parce que, d'une part, les lesbiennes comprennent mieux que quiconque ce que propose la pornographie lorsqu'elle vante les mérites du sexe pour le sexe, sans procréation et sans objectif autre que le plaisir; mieux encore que les homosexuels mâles qui ont déjà appris, en tant qu'hommes, que le sexe est forcément agréable et que le repos du guerrier doit être joyeux . Donc, pour certaines lesbiennes, la pornographie peut devenir une alliée idéologique dans la lutte contre la discrimination. Tandis que pour d'autres, qui érigent leur orientation sexuelle en geste politique dans les rapports de force entre les sexes, les avenues proposées par la pornographie paraissent particulièrement détestables. Pas tellement parce qu'elle fait grand cas de l'hétérosexualité mais parce qu'elle présente habituellement des femmes qui s'inquiètent encore d'assurer le plaisir des hommes; comme si les hommes avaient inventé et façonné la future sexualité de ces femmes libérées à l'image de leur propre désir. Il doit y avoir d'autres issues, mais les discordes sont si profondes qu'elles ne sont plus du tout évidentes. Peu à peu, on arrive à comprendre quelques-unes des raisons qui peuvent expliquer la rage qui marque ces débats. Premièrement, le fait que la pornographie décrie l'ancien modèle de la femme sage, modeste et prude, domestique et vertueuse, pour qui le sexe était un devoir conjugal malheureusement nécessaire à la multiplication imposée par la famille, la nation ou l'espèce. Elle s'y attaque en affirmant, comme le féminisme, que les femmes sont aussi des êtres sexués. Mais elle propose une solution qui fait basculer le monde dans son contraire: l'apparition de femmes déchaînées qui endossent le rôle traditionnellement réservé aux hommes, lesquels deviennent alors des voyeurs passifs ou des violés volontaires et contents. L'idée peut paraître ridicule, et on peut s'offenser de voir des hommes prétendre connaître ce qui procure du plaisir aux femmes. On peut aussi sentir la frustration de n'avoir aucune autre solution acceptable qui servirait à rallier toutes les femmes. Mais tout cela ne suffirait pas à expliquer la rage.

Notons, pour l'écarter, un raisonnement peu convaincant. On a déjà parlé de la jalousie comme motif principal de cette rage. C'était dire que, dans une société où les rapports de couple sont encore importants et où la tradition culturelle veut faire croire qu'une femme est moins attrayante dès qu'un crayon peut tenir sous son sein[110], la vision omniprésente de corps parfaits (qui ont depuis longtemps cessé d'être les corps de femmes négligeables parce que de «mauvaise vie», vulgaires et souvent laides, pour être remplacés par les corps de jeunes filles belles, riches et intelligentes) crée une compétition absurde et insoutenable. Il n'est plus nécessaire d'essayer de prouver que les hommes apprennent de la pornographie toutes sortes d'exigences inacceptables, il suffit de penser qu'ils ont constamment en tête l'image trop parfaite de Bo Derek[111]. Sans même devenir jalouse, une femme aurait droit de conclure que la bêtise est exaspérante....

Mais il n'y a rien de nouveau dans cette référence à une jalousie née de l'infidélité imaginaire. Rien qui fût limité à un seul sexe et rien qui n'existât probablement déjà au paléolithique inférieur. On peut comprendre que la plupart des gens soient mal à l'aise à l'idée que leur partenaire sexuel a l'habitude de recourir à la masturbation, mais l'argument reste trop incomplet[112], et la rage doit bien avoir d'autres sources.

Peut-être la rage de ces femmes vient-elle du risque de se sentir coincées entre deux modèles de la féminité tout aussi inacceptables l'un que l'autre. D'une part, le modèle traditionnel que, même aujourd'hui, il n'est pas facile de contester et qui voue les femmes volages au mépris et à l'ostracisme. De plus, les femmes savent par expérience que le stéréotype traditionnel de la féminité est intimement lié à la sexualité et les oblige à se transformer en un spectacle permanent de la séduction — qui s'il atteint son but provoquera les sifflets admiratifs dans la rue — mais qu'elles doivent en même temps rester modestes et ne jamais laisser paraître qu'elles se donnent en spectacle. Et d'autre part, l'autre modèle, encore flou et inquiétant, que leur propose la pornographie, axé sur la haute voltige sexuelle et la satisfaction totale de tous leurs caprices (terrain que les hommes semblent mieux connaître et sur lequel ils se prétendent plus à l'aise).

Le malaise serait d'autant plus grand que le rôle traditionnel de la femme lui attribuait quand même un certain pouvoir, et que l'amour courtois, malgré toute l'oppression qu'il trahit, définissait aussi l'attrait et la séduction sur lesquels une femme pouvait — en restant «un obscur objet du désir» — s'appuyer pour assurer sa sécurité sociale.

Or, il n'y a justement plus rien d'obscur dans la pornographie. Aucune réserve ou discrétion, la féminité est devenue profane et a perdu tout mystère. Et le seul pouvoir que propose le nouveau modèle sera celui de la conquête, que l'on disait autrefois réservée aux hommes. Il faudra donc, en adoptant une sexualité unisexe, envahir le terrain des hommes et leur faire en quelque sorte confiance, mais sans toutefois leur emander de modifier leur propre modèle qui s'en trouve même conforté: plus de liberté, plus de partenaires, plus d'occasions, bref, tout pour satisfaire le «fauve».

Devant cette perspective, certaines femmes deviennent nostalgiques du modèle ancien et des intrigues amoureuses plus discrètes. D'autres, au contraire, entendent bien enlever aux hommes l'initiative de la conquête et la conduite de la sexualité, exactement de la même manière qu'elles veulent envahir toutes leurs chasses gardées et s'emparer de n'importe quel poste de haute direction. Certaines proposent plutôt de gagner sur les deux tableaux en étant assez fortes et habiles pour tirer profit des deux modèles. Mais évidemment, elles risquent aussi de perdre sur les deux tableaux, en provoquant la rupture avec le pouvoir traditionnel de l'attrait et de la fascination obsessionnelle, mais sans acquérir pour autant de nouveaux pouvoirs dans une société qui ne les cédera pas facilement. Perdre le pouvoir qui était inscrit dans le droit à la différence en échange du privilège de déclarer les hommes séduisants. Devenir des victimes dans le champ de la sexualité tout à fait comparables à ces femmes qui, dans l'univers domestique, deviennent responsables de l'essentiel second revenu, tout en continuant d'accomplir la plupart des travaux ménagers. Pendant qu'ont lieu ces discussions, les solutions ne sont pas encore inventées et elles risquent peu de faire l'unanimité. Même l'hypothèse de l'homosexualité comme refuge paraît inacceptable ou trop multiforme. Vue sous cet angle, la situation peut sembler désespérée, et du désespoir peut naître la rage.

Qui donc protéger?

La conclusion de ces débats laisse en suspens une question importante qui a été très brièvement soulevée par Murray S. Davis[113] lorsqu'il faisait remarquer que la pornographie représente peut-être le seul phénomène social accusé d'être simultanément dangereux, dégoûtant et ennuyeux. Comment la pornographie peut-elle être à la fois insignifiante et menaçante? Et il ne s'agit pas ici du danger que peut représenter l'ennui: on dit bien que la pornographie est insipide et repoussante, mais en même temps nuisible.

On pourrait voir là une critique facile servant les intérêts des censeurs inquiets de conserver le droit d'imposer leur volonté, et qui prétendent du même souffle qu'ils agissent pour le plus grand bien du peuple (il y a danger) mais que leur geste ne constitue aucunement un abus de pouvoir (il y a insignifiance). On pourrait aussi conclure que la pornographie dérange parce qu'elle doit, par respect pour l'imaginaire, s'écarter dangereusement du réel en proposant, par exemple, des notions aussi ridicules que le pouvoir des laids et des misérables de contempler l'intimité des beaux et des séduisants; il serait donc dangereux de trop rêver. On pourrait même arguer que la pornographie est une souillure, et qu'ainsi s'expliquent les procès pour obscénité qui ont si souvent attiré toute l'attention sur les œuvres d'auteurs sérieux (Sade, Miller, Roth,...), alors que ce qui aurait pu souiller la cour, la vraie pornographie, grossière et brutale, était vendue tout juste à côté et même pas toujours sous la table. Enfin, on pourrait suivre l'exemple d'Alan Soble et plonger certaines gens dans l'inquiétude en donnant la réponse à une question que personne ne posait: oui, il y aura de la pornographie dans la société communiste idéale d'après-demain[114]! Mais ce n'est pas vraiment de ces dangers-là qu'il s'agit. La pornographie n'ajoute rien ou très peu à l'exploitation des masses et aux privilèges des censeurs. Elle ne fait surtout que confirmer ce qui était déjà compris dans une cosmologie qui inclut une définition de la sexualité et une bonne idée de la place qui lui revient; c'est en ce sens, proteste Simon Watney[115], qu'une partie du mouvement féministe a nécessairement interprété la pornographie comme un élément révoltant d'un système global où les hommes dominent et exploitent les femmes, tandis que l'idéologie conservatrice y a vu tout aussi nécessairement une exposition charnelle inadmissible parce que totalement obscène. Le sens attribué à la pornographie vient confirmer une interprétation du monde déjà structurée, chez des adultes capables d'affronter la contradiction. Et s'il est besoin de préciser en quoi elle paraît dangereuse, on répondra surtout qu'elle constitue l'expression d'un malaise diffus auquel elle ne peut qu'ajouter: l'état inquiétant des rapports entre les sexes ou la déchéance de la moralité publique.

Puisqu'elle n'a rien de nouveau à dire, on comprend donc que la pornographie puisse être ennuyeuse et dégoûtante. Mais son caractère menaçant — la raison pour laquelle il faut brûler un livre ou éteindre son poste de télévision — doit pouvoir être fondé de façon plus distincte et plus rigoureuse.

À la fois ennuyeuse, dégoûtante et dangereuse, d'abord parce qu'il est maintenant admis que la pornographie n'a pas d'effet univoque prévisible et que ses conséquences, parfois totalement contradictoires, dépendent essentiellement des prédispositions de son auditoire. Comme dit David Freeberg[116] dans son livre sur le pouvoir de l'image, ce n'est jamais l'image elle-même qui est inquiétante mais la réaction qu'elle peut susciter. Nous n'avons peur que de nos réactions. Ou plutôt, c'est la réaction des autres qui nous effraie. Parce que l'on croit que certaines personnes risquent de mal réagir, l'inquiétude face à la menace pornographique devient celle de son impact sur ces quelques autres, déterminés de façon bien précise, un groupe particulier ou une catégorie sociale dont les réactions sont à craindre ou qu'il faudra protéger. Parce que ces gens sont davantage affectés par la pornographie, tandis que nous, nous n'avons évidemment rien à craindre, sauf bien sûr de devenir victimes de ces «autres» qui réagissent mal. Il est surtout intéressant de noter que, depuis environ un siècle, la menace s'est déplacée et que les catégories sociales les plus vulnérables ont radicalement changé.

Redisons d'abord, en suivant l'interprétation de Freeberg, l'importance de conserver le plein contrôle de ses émotions et de leur expression publique. La pornographie est une affaire d'images publiques (tous les débats parlent de censure), et il serait intolérable de faire preuve en public de réactions trop sincères et trop intimes. Il est depuis longtemps essentiel au maintien d'une vie publique civilisée que chacun demeure capable de contrôler ses émotions de manière à pouvoir considérer le monde avec le recul qu'exige la froideur de la société moderne. En tout cas, c'est ce que les bonnes manières du XIXe siècle inculquaient. Ainsi, presque immédiatement après leur découverte par une archéologie naissante et passionnée, les résultats scabreux des fouilles de Pompéi furent promptement enfermés dans le silence d'un «musée secret» (le musée Borbonico de Naples), dont l'accès fut immédiatement interdit aux femmes, aux enfants et aux pauvres des deux sexes et de tout âge. Parce que l'on savait alors qu'il n'y avait que les hommes adultes et éduqués qui étaient capables de résister au pouvoir de ces objets et de ces fresques obscènes. La civilisation savait pouvoir compter sur ceux, car ils avaient seuls la force de rester calmes, dignes et modérés. Tandis qu'un être plus fragile, une femme, un enfant ou un pauvre, aurait été bien incapable de résister au pouvoir déstabilisateur de la pornographie et aurait sans doute sombré immédiatement dans la débauche. Pis encore, comme l'explique Walter Kendrick[117], tous ces barbares maintenus dans l'ignorance risquaient de découvrir dans ces œuvres érotiques quelque rappel de leurs propres besoins et envies, et un contact avec la pornographie pouvait les amener à nourrir des rêves de libération sexuelle qui auraient pu par la suite déborder sur d'autres exigences, pour finalement ébranler rien de moins que trois millénaires de civilisation. Devant un risque aussi considérable, on ne pouvait faire confiance qu'aux gentilshommes, qui n'avaient évidemment aucune intention de détruire l'édifice qu'ils avaient eux-mêmes contribué à ériger.

La pornographie est toujours inquiétante pour le pouvoir, chaque fois qu'elle tombe entre les mains des autres. Comme l'affirmait très clairement le président Nixon, le relâchement sexuel mène inexorablement à toutes sortes d'autres débauches et finalement à la redistribution de la richesse et au partage égalitaire de la propriété[118].

Plus d'un siècle après les premières fouilles d'Herculanum et de Pompéi, les hiérarchies ne sont plus les mêmes et la menace pornographique s'est déplacée. D'abord, quelques techniques nouvelles (principalement la photographie) ont permis un accès plus démocratique à la pornographie, et plus personne n'a le pouvoir de l'interdire aux pauvres et aux femmes. C'est alors que le phénomène devient un «problème social», dès qu'il n'est plus réservé aux seuls gentilshommes dont les réactions sont prévisibles et qui savent se maintenir nettement au-dessus des menaces et des lois. Mais il faut préciser aussi que le contexte a changé et qu'il serait maintenant assez mal vu de discourir longuement sur les lignes de conduite qui doivent être dictées aux pauvres et aux classes laborieuses. D'autre part, il semble que les femmes n'aient plus rien à craindre directement de la pornographie puisqu'elles sont censées ne pas s'y intéresser. Elles peuvent donc facilement l'envisager sans émotion et n'exprimer d'autre réaction qu'un certain dégoût. La menace et la vulnérabilité sont maintenant ailleurs.

La cible et victime la plus probable de la pornographie est aujourd'hui indubitablement de sexe masculin, elle n'a plus besoin d'être particulièrement jeune ni d'origine modeste, mais elle devra être un peu faible d'esprit, un peu sauvage et souvent brutale. C'est en quelque sorte le nouvel idiot du village planétaire, celui qui apprend tous les jours combien la violence est facile et donc celui sur qui la pornographie pourrait avoir l'effet le plus menaçant pour la communauté. À l'instar des gentilshommes anciens, qui pouvaient craindre les femmes et les misérables, un monde qui s'imagine social-démocrate ne conçoit de plus terrible péril que la barbarie, et c'est désormais d'elle que vient la menace au bon ordre et la révolution appréhendée. Le monstre prend une allure grossière, vulgaire, raciste, *skinhead*, fasciste, brutale, et il a maintes fois manifesté une capacité inquiétante pour ajuster la réalité au fantasme, tout bêtement et par la force. Voilà la nouvelle clientèle vulnérable parmi laquelle la pornographie risque de faire le plus de ravages. C'est pourquoi on cherche à l'interdire, afin de protéger ces nouveaux barbares contre ce qui les rendrait encore plus insupportables.

Enfin, reste le seul lieu d'unanimité totale et qui n'a pas changé depuis un siècle: les enfants sont toujours particulièrement vulnérables, et les adultes n'ont aucun droit d'abuser d'eux, soit en leur montrant des obscénités, soit, ce qui est bien pire, en se servant d'eux dans la pornographie. C'est ainsi qu'au terme des débats les plus acerbes ou des discussions les plus complexes, malgré les divergences radicales de vues et d'opinions, on rejoint très généralement ce consensus. Et c'est aussi pourquoi toutes les commissions d'enquête qui finissent en queue de poisson réussissent quand même à sauver la face en adoptant avec le plus d'éclat possible la seule conclusion assurément populaire: il ne doit jamais y avoir de conjonction entre l'enfance et la pornographie. Et tout bon gouvernement donnera l'impression de maintenir une politique ferme s'il promet que, là au moins, tout contrevenant sera sévèrement puni.

Cela paraîtra surprenant, mais on peut encore une fois soutenir que la menace a été en partie inversée et que, au fond, l'interdit cherche peut-être moins à protéger les enfants qu'à neutraliser un danger encouru par la société. Premièrement, il est incontestable que les enfants sont reconnus comme des êtres encore très fragiles et qu'un abus de pouvoir de la part d'un adulte constitue un crime particulièrement crapuleux. Sur ce point, il n'y a aucune discussion, et les incestueux, les violeurs d'enfants et même la plupart des pédophiles paraissent souvent honteux devant l'humanité entière, en plus de devoir vivre sous la menace de lois généralement très sévères ou avec la crainte de se faire massacrer par leurs codétenus. Par contre, comme l'a déjà souligné I. C. Jarvie[119], le problème social engendré par le très petit nombre d'individus qui trouvent leur plaisir sexuel auprès des enfants reste toujours infime, et il n'y a pas de raison de croire qu'il pourrait croître sous l'effet d'une pornographie infantile qui n'intéresse à peu près personne. Tandis que son interdit ne changera de toute évidence rien à un monde parfaitement marginal et déjà habitué à vivre dans la plus totale illégalité. Toutes les enquêtes s'accordent pour dire que ce secteur de l'industrie a toujours été, dans tous les sens, exceptionnel. C'est pourquoi prendre la peine de déclarer tout haut que la pornographie infantile est un mal ne sera probablement ni plus ni moins efficace que de proclamer qu'il est aussi interdit de violer les petits enfants pour ensuite les assassiner. En outre, obliger des enfants sans défense à participer à des spectacles obscènes constitue un abus de pouvoir si généralement condamné que toute discussion paraît superflue. Or, justement, on continue à en parler beaucoup et les enfants se trouvent en quelque sorte promus au rang de victimes par excellence. À tel point que l'on peut se demander pourquoi accorder, au-delà du besoin de trouver quelque terrain d'entente au terme de longues controverses, une telle importance à la question des enfants dans la plupart des débats sur la pornographie. Surtout lorsqu'il y a un glissement évident: n'ayant rien à ajouter sur l'horreur de se servir d'enfants dans la pornographie, on insiste sur le besoin de protéger nos enfants contre la pornographie, ce qui n'est plus du tout la même chose.

Mentionnons d'abord que certains participants aux discussions ont parfois l'air de connaître assez mal les enfants. Imaginer que ceux-ci se précipiteront sur des étalages de revues obscènes revient à supposer, de manière étonnante, qu'il y aurait chez les enfants un intérêt prononcé pour des sujets sur lesquels ils sont pourtant souvent beaucoup plus ouverts et francs que les adultes. Pendant que certains gouvernements veulent limiter l'accès à la pornographie en la plaçant sur les plus hautes étagères, aux Pays-Bas et au Danemark où des distributrices automatiques de revues pornographiques se trouvent dans la rue à la portée de tout le monde et où les établissements scolaires se montrent particulièrement tolérants, on a constaté que les enfants s'y intéressent très peu[120]. À la suite des audiences de la Commission Williams, A. W. B. Simpson[121] exprimait son étonnement devant le témoignage d'adultes qui parlaient des enfants avec grande assurance «comme si quelqu'un leur en avait un jour décrit un»; et on a même prétendu que, si les enfants dépensaient leur argent de poche pour acheter de la pornographie, la première conséquence serait l'amélioration de leur hygiène dentaire. C'est évident, les enfants sont en général beaucoup plus à l'aise que les adultes quand ils parlent de pénis, de vulve, d'anus, de pipi et de caca, tandis que la gêne est un des éléments essentiels qui fondent l'attrait de la pornographie.

Jarvie suggère que c'est justement cette familiarité des enfants avec le sexe qui est perçue comme gênante et qui en vient même à constituer une menace pour le monde adulte. On l'a maintenant appris (non sans étonnement et passablement de résistance), les enfants ne vivent pas du tout l'espèce de pureté virginale dont les adultes aimaient les affubler. Ils sont plutôt pervers polymorphes, à la fois exhibitionnistes et voyeurs, ils traversent des périodes homosexuelles, coprophiles et zoophiles. La sexualité infantile cherche à explorer toutes les variantes et refuse les barrières du masculin et du féminin, de l'oral et de l'anal, jusqu'aux limites mêmes de l'espèce. Elle ne reconnaît encore aucune règle et n'a pas encore appris la normalité ni les bonnes manières. Bref, la sexualité infantile est une insulte à la civilisation.

En somme, la société sent le besoin de se protéger, et son autodéfense prend encore une fois la forme d'une protection imposée à autrui. On prétend protéger les enfants de la sexualité des adultes, mais c'est le monde civilisé qui a besoin de mise en garde contre la sexualité des enfants. Parce que la sexualité infantile, tout comme auparavant celle des femmes, des pauvres ou des sauvages, présente un défi qui pourrait démystifier le sexe, démontrer le caractère répressif de la sexualité des adultes et bientôt peut-être risquer de mettre en péril la famille, l'école, la religion et puis finalement toute possibilité de mener une vie rangée. Bref, de nouveau, cette même pornographie qui n'a pas

d'effet sur nous devra être interdite aux autres qui pourraient mal réagir mais qui surtout sont nos plus fécondes
sources d'inquiétudes.

On peut donc clore ce long survol des débats publics
en soulignant une évidence: la pornographie fait problème
quand elle risque de déchaîner l'ennemi public, les
déviants, les arriérés, les incultes, les barbares et tous les
autres parias du bon ordre social. Et si la plupart des débat-
teurs qui discutent de pornographie en profitent surtout
pour attirer l'attention sur tous les dangers qu'elle représente, c'est qu'on ne parle vraiment de pornographie que
sous la menace.

DEUXIÈME PARTIE

LECTURES NOTOIRES

CHAPITRE 3

COUP D'ŒIL SUR L'HISTOIRE
1500–1900

«Pornographie» est le nom qu'ils donnèrent
à cette zone étrange où le chaos
subsiste à l'intérieur de l'ordre.
WALTER KENDRICK[1]

À première vue, la pornographie paraît incompréhensible à qui ne connaît pas aussi l'histoire de la sexualité, de l'érotisme, de la censure et des rapports entre les sexes. Mais il y a aussi l'histoire de la beauté et de la séduction, de la pudeur et de l'ensemble des rapports au corps. Ensuite, il faudrait ajouter l'histoire du spectacle, des arts en général et celle des systèmes de communication. Puis, l'histoire de la famille, de l'éducation et la création culturelle de l'adolescence, l'histoire de la vie privée, de la morale et du droit. En continuant, on arriverait à tracer assez facilement un lien entre l'origine de la pornographie et le jour où Colbert décida de rendre plus droites les rues de Paris et plus géométriques ses quartiers, ce qui eut pour effet d'accélérer la circulation au point où, la voie publique étant devenue peu sûre pour les enfants, la garde et l'éducation de ces derniers, auparavant assurées par la collectivité, ont été progressivement prises en charge par la famille, ce qui a du coup encouragé une forme d'isolement moderne qui constitue peut-être un jalon essentiel du phénomène actuel de la pornographie. D'une certaine façon, le phénomène n'est probablement pas séparable de l'évolution des systèmes de chauffage, puisque l'inconfort des maisons anciennes incitait peu au libertinage. Bref, c'est toute l'histoire sociale qui sous-tend notre sujet, et rien de ce qui s'est passé ne lui est totalement étranger. Mais il faut en même temps toujours se méfier des corrélations, car la pornographie s'est évidemment développée en marge, parallèlement à des centaines d'autres transformations sociales qui n'entretiennent pas avec elle un rapport de causalité. Les sources et les causes de la pornographie ne seront jamais données par l'histoire qui ne peut que fournir les matériaux bruts que l'analyse doit ensuite comprendre.

Une première sottise serait de croire que la pornographie a toujours existé et qu'il suffirait de percer le secret et de vaincre la discrétion pour la retrouver à toutes les époques et dans toutes les cultures. À partir des premiers dessins que nous a laissés l'humanité naissante en couvrant ses grottes d'illustrations de gibiers et de grosses femmes nues, et sans égard pour les intentions des sculpteurs de Cro-Magnon, prétendre que l'érotisme est de toutes les époques serait un grossier pléonasme pour une espèce animale dont la reproduction biologique est sexuée et qui doit donc pour survivre s'assurer qu'il y ait attirance entre un nombre suffisant de ses membres mâles et femelles. Bien sûr, toutes les cultures ont parlé de sexe et sur tous les tons. Et certains discours, comme la pornographie, semblent n'avoir jamais eu d'autre but que la stimulation. S'il faut des exemples, on raconte qu'en 513 avant notre ère un fonctionnaire chinois empêtré dans un procès envoya au juge, dans l'espoir de le corrompre, une troupe de danseuses nues[2]; tous connaissent l'anecdote de la fille d'Hérodiade qui, par une danse sûrement fort lascive, réussit à faire perdre la tête à Hérode puis à Jean-Baptiste; dans la tradition occidentale, le premier ouvrage franchement pornographique serait les *Dialogues des courtisanes* de Lucien, rédigés entre 150 et 180 ap. J.-C.[3] Bref, en fouillant l'histoire des œuvres érotiques de l'humanité, on trouvera assez facilement tout ce que l'on y cherche. Mais, en la diluant, on perdrait par contre ce qui fait la spécificité de la pornographie moderne, un produit de consommation de masse exclusivement axé sur la stimulation sexuelle. C'est comme si on soutenait qu'il suffit de parler d'alimentation pour comprendre ce qui distingue des réalités aussi différentes que de manger un gibier que l'on a soi-même poursuivi, un légume de son jardin, ou la nourriture vendue dans un sac de croustilles. Il faut en effet tenir pour acquis que la pornographie constitue un phénomène moderne en raison de deux traits principaux fort simples: sa disponibilité massive et la séparation qu'elle exerce entre le sexe et le reste de l'expérience humaine. Tandis que la plupart des produits érotiques d'autres époques étaient soit rares ou réservés aux puissants, soit inscrits dans des contextes de célébrations religieuses, de victoire militaire ou de carnavals qui leur donnaient un tout autre sens.

Il semble possible de raconter la naissance de la pornographie d'au moins deux façons qui ne sont pas historiquement tout à fait concordantes. On peut la traiter comme une étiquette, c'est-à-dire comme une reconnaissance sociale, et faire l'histoire de l'usage du mot, ou définir les caractéristiques principales du phénomène pour ensuite essayer de situer leur émergence.

Ceux qui ont toujours soupçonné que l'étymologie n'était trop souvent qu'un exercice somme toute futile devraient s'intéresser au cas du mot «pornographie». On répète couramment que l'origine du mot est grecque, mais sans toujours préciser que sa redécouverte moderne provient d'une seule mention dans le *Deipnosophistai* du chroniqueur Athenaeus, qui, comme son titre l'indique, offrait un «banquet» de commentaires érudits et sophistiqués sur son époque. Puisque, parmi bien d'autres sujets, Athenaeus traite de la prostitution, il devient donc ainsi *graphiste* du *porne*. Cependant, on ne sait pas vraiment si le sens original du mot grec faisait référence à des histoires racontées par des prostituées (qui jouissent encore de la réputation d'être bien informées du vrai visage des citoyens) ou encore aux récits des pratiques de la prostitution, ou s'il s'agit plutôt d'ouvrages traitant de la prostitution. C'est dans ce dernier sens (mais peut-être sans connaître Athenaeus) que Restif de la Bretonne publia en 1769 un ouvrage intitulé *Le Pornographe* qui proposait de discuter d'un programme de contrôle social et de la régulation étatique de la prostitution. Compris comme textes traitant de la prostitution, le rapport de la Commission Frazer et sans doute plusieurs autres rapports sur les tablettes de bien des ministères seraient en somme des ouvrages pornographiques par excellence. Néanmoins, le mot demeurait ambigu et, de la description de la prostitution, il était facile de passer à la description des prostitué(e)s et de leurs activités.

Selon Walter Kendrick[4], le mot a été repris au XIXᵉ siècle par l'histoire de l'art et par l'archéologie qui avaient besoin d'un terme nouveau pour désigner tous ces objets obscènes que les fouilles de Pompéi découvraient à un rythme inquiétant. De là l'acception du terme de «pornographie» comme production de choses obscènes, que l'Académie française reconnaît en 1842. Et ainsi, durant presque tout le XIXᵉ siècle, divers ouvrages (parmi lesquels les principaux dictionnaires et les traités de médecine) reprennent les deux sens du mot avec parfois la distinction (très précise dans le *Littré* de 1866 et dans le *Oxford English Dictionary*) entre le pornographe, commentateur de la prostitution, et la pornographie, production d'obscénités. Le sens du mot se réduit, progressivement et sans déviation, tout au long du XXᵉ siècle, à la seule représentation de choses obscènes. Donc, conclut Walter Kendrick, le phénomène que nous désignons par le terme «pornographie» est une invention récente, puisque le dictionnaire de Samuel Johnson de 1755 n'en fait nullement mention. Et les sociétés ne nomment habituellement que ce qui les concerne.

Si on procède non plus par étiquette mais selon le genre et le contenu des œuvres, l'origine de la pornographie est un peu plus éloignée.

David Foxon affirmait que l'histoire de la pornographie moderne débute avec l'œuvre de Pietro Bacci, dit l'Aretino, né en la fameuse année 1492[5], et dont Alexandrian parle comme de «l'incarnation de l'érotisme littéraire[6]». Personnage remarquable, ami intime du pape Clément VII et de plusieurs des Médicis, auteur redouté parce que médisant, menteur et expert en chantage, écrivain obséquieux qui dit du bien de qui le paie, jouisseur effréné et citoyen généreux, tout le monde le savait lâche, fourbe et crapuleux, mais tout le monde s'adressait à lui avec le surnom de «Divin». Ses quelques œuvres érotiques connurent des succès considérables bien au-delà des frontières de Venise et longtemps après sa mort en 1556. Il fit école, du moins dans le sens qu'après lui des auteurs ont cherché à vendre leurs propres œuvres en prétendant qu'elles étaient de la main du maître, et il mérita même la paternité d'un genre littéraire, dit arétanesque, qui un peu partout en Europe devenait synonyme de récits scabreux d'acrobaties sexuelles. Mais l'importance de l'Aretino, premier auteur populaire de l'ère moderne, ne se limite pas à sa célébrité. Son œuvre marque un virage crucial et engage la pornographie dans une voie dont elle n'a jamais dévié depuis cinq cents ans. Et c'est justement dans cette nouveauté, qui continuera à s'affermir après la Renaissance italienne, que l'on découvre l'originalité de la pornographie moderne et du coup ce qui la distingue de toutes les autres expressions de l'érotisme. Or, notons d'abord que, malgré ce qu'en disent parfois les historiens du genre, on chercherait en vain cette nouveauté dans le contenu: bien sûr, la langue et les expressions changent, les thèmes ne sont plus toujours les mêmes et certains aspects de la description deviennent souvent plus précis, mais la Renaissance italienne n'a pas inventé de nouvelles façons de faire l'amour, et le sexe que raconte l'Aretino n'est pas vraiment différent de ce qu'avait déjà dit Boccacio, Lucien et d'innombrables chansons gaillardes du Moyen Âge. La nouveauté est ailleurs et elle devient plus frappante dès que l'on quitte un instant le genre érotique.

Le 31 octobre 1517, Martin Luther affichait ses thèses protestantes sur la porte de la chapelle de Wittenberg. Et s'il fallait choisir un geste exemplaire pour marquer le début de l'ère moderne, celui-ci serait probablement plus éloquent que la publication des œuvres de l'Aretino. Parce que le succès populaire instantané qu'a connu Luther offre l'un des tout premiers témoignages de la révolution très profonde entraînée par l'imprimerie: en quinze jours, l'Allemagne entière savait qui était Luther et on reconnaissait partout son célèbre portrait[7]. Les communications s'en trouvaient bouleversées car, pour la première fois, une œuvre pouvait être rapidement disséminée, traduite et connue au-delà des frontières. Mais surtout, l'œuvre était investie d'une permanence contre laquelle ne pouvaient rien les censeurs les plus féroces ni les brûleurs de livres. L'imprimerie conférait un pouvoir à la fois nouveau et considérable, de sorte que, grâce aux plaques typographiques, la plume devenait enfin plus forte que l'épée. C'est ce qui permit à Martin Luther de lancer la Réforme et à l'Aretino de s'enrichir. Sans imprimerie, Luther et son souvenir auraient probablement péri comme tant d'autres inconnus sur un quelconque bûcher, et l'Aretino aurait fait figure d'obsédé du village.

Évidemment, le geste de Luther marque en plus la naissance du protestantisme, qui proposait ne philosophie religieuse et une cosmologie qui ne sont peut-être ni la source ni le reflet de l'esprit du capitalisme, mais qui s'accommodèrent néanmoins très facilement des transformations qu'allait connaître l'Occident. Apparaissent avec Luther quelques-uns des premiers jalons d'une séparation entre l'Église et l'État et même ceux d'une distinction plus ferme entre religion et politique, qui s'accentuera progressivement aux siècles suivants. La production d'œuvres érotiques devait suivre essentiellement le même chemin.

Il serait absurde de vouloir résumer en quelques lignes plus de quatre siècles d'histoire, surtout au moment où la science historique est suffisamment avancée pour consacrer beaucoup d'énergie à l'étude de l'infiniment petit! Mais l'essentiel consiste ici à dire justement qu'il ne s'est à peu près rien passé depuis la fin d'octobre 1517 et que la production pornographique moderne était déjà, sinon donnée, du moins prévisible dès la Renaissance. Il y a eu progression et intensification considérables, mais toujours dans la même direction.

Il faut dire que la pornographie était plutôt limitée. Jusqu'à tout récemment, les œuvres d'art, les gravures, les

illustrations et les spectacles érotiques étaient rares et surtout coûtaient très cher. Alexandrian, malgré son noble
préjugé envers la «grande littérature», a raison d'affirmer
que «toute la littérature érotique européenne peut se
ramener à une centaine de chefs-d'œuvre grecs, latins,
français, italiens, anglais, allemands. Quand on les a étu-
diés, tout le reste ne semble que redites ou amoindrisse-
ments: leurs auteurs ont fixé les lois du genre[8].» Les limites
semblent avoir été atteintes très tôt, et on pourrait avancer
que la pornographie a connu un développement en quelque
sorte similaire à celui du cinéma qui, depuis Eisenstein, ne
serait plus que redites. Depuis que le marquis de Sade a
décrété que le seul véritable plaisir dans la vie était d'en-
culer quelqu'un dont on tranche en même temps et très
délicatement la tête de manière à provoquer quelques déli-
cieuses contractions de l'anus, il paraît difficile d'en rajou-
ter. En ce qui concerne le contenu, c'est-à-dire tant les
acrobaties complexes que les rapports humains simples, on
dirait que l'épuisement est venu très rapidement. Sans
oublier que la plupart des grands thèmes, les stimulants et
les obsessions particulières, sont demeurés le reflet assez
stable d'une conception occidentale de la sexualité qui n'a
probablement que très peu bougé depuis le XVe siècle.
Toujours la même fascination du corps, surtout féminin,
l'attrait du voyeurisme, l'importance de la pudeur qui
multiplie les scènes de bain et les regards dérobés, le
fétichisme des seins, et ainsi de suite jusqu'à montrer,
comme le dit Jacques Solé, la répression et la crainte du
sexe, l'ignorance, la culpabilité qui témoignent d'une
culture prisonnière d'une sexualité emprisonnée, et qui
trahit les hantises secrètes des mâles de sa classe dirigeante[9]. Tout au long de l'histoire de la pornographie
occidentale, ces mêmes thèmes reviennent, se développent
et se répondent. Il y aurait là matière à bien des analyses

de contenu et à toute une psychanalyse. Ce qui a changé, par contre, c'est parfois le ton du récit, mais surtout la place que la pornographie réussit à occuper et sa prodigieuse réussite sociale.

Comme pour bien d'autres plaisirs, selon ce qu'en disent les historiens, la pornographie entre 1500 et 1750 semble avoir été un luxe réservé à une élite très restreinte. L'image que l'on peint de sa consommation montre une succession d'aristocrates, de courtisanes et de gentilhommes, de gens riches et souvent oisifs, qui n'ont plus que le souci de se divertir et de s'amuser. Les anecdotes se ressemblent et sont connues: le pape Alexandre VI qui, à la fin d'un banquet, la veille de la Toussaint 1501, regarde une cinquantaine de courtisanes nues ramasser à quatre pattes les châtaignes qu'on leur jette; le duc d'Alençon qui fait boire ses amies dans une coupe ciselée représentant des scènes de bestialité; les bals à la cour d'Henri IV qui encourage le strip-tease; jusqu'au théâtre érotique clandestin dans le Paris du XVIIIe siècle qui présentait des comédies burlesques où les gestes et les tirades entendaient ne rien laisser à deviner[10]. Tous ces détails peuvent être intéressants, mais ils n'ont rien d'étonnant car de tout temps les gens riches et puissants ont pu se dérober aux lois de la bienséance et de la moralité. Les jeux érotiques des cavaliers de la Fronde et des marquises libertines de Louis XV n'ont pas le mérite d'avoir vraiment innové beaucoup au-delà des spectacles qu'appréciaient déjà en son palais le Grand Turc Soliman II, dit le Magnifique, ou, longtemps auparavant, l'empereur Tibère. La révolution pornographique viendrait évidemment d'ailleurs.

Pendant que la Régence se livrait à la débauche, d'autres Européens se faisaient pèlerins et posaient le pied en Nouvelle-Angleterre pour y commencer une nouvelle vie régie par d'austères règles morales fondées sur le respect de la famille et l'amour du travail. Ces gens-là étaient en avance sur leur époque. Pendant que l'Europe était en train de se former à coups de guerres atroces et de nationalismes imposés, pendant que luttaient la Réforme et les multiples contre-réformes, et que les censures oscillaient entre la répression sévère et l'insouciance apparemment totale, la famille devenait progressivement la cellule sociale élémentaire et indivisible. Pendant que les élites se transformaient, par ennui ou par bon goût, en apôtres du libertinage, 80 pour 100 de la population de la France était composée de paysans qui menaient encore une existence très fruste dans un pays où l'espérance de vie ne dépassait pas 22 ans; 80 pour 100 des Français n'avaient pas les moyens de s'offrir du théâtre érotique, ni de copies illustrées des œuvres de l'Aretino, ni même de livres d'aucune sorte, et leur seul recours à l'obscénité prenait encore la forme traditionnelle des chansons gaillardes et des blagues cochonnes.

Le virage amorcé avec l'Aretino entraînait la littérature érotique dans deux sens parfois contraires, mais qui allaient plus tard la transformer en produit de consommation de masse. D'une part, il y a dans son œuvre un côté critique et moqueur des mœurs de l'époque qui en font un des premiers potineurs scabreux du monde moderne. Bien d'autres avant lui s'étaient moqués du pouvoir et des puissants en les montrant nus, impuissants ou pervers, mais l'Aretino se distingue de ses concurrents en étant le premier à atteindre la réussite sociale tout en jouant de la dérision par le sexe. Le changement est encore plus apparent en Angleterre quand, vers le milieu du XVIIᵉ siècle, Charles II abolit les tribunaux ecclésiastiques et décide que désormais l'État traitera des divorces et des affaires matrimoniales[11]. Le crime est alors séparé du péché et, dès que les procès deviennent publics, l'auditoire peut connaître tous les détails des adultères, des impuissances et des perversions invoqués pour obtenir le divorce. Au même moment naît une presse spécialisée qui raconte tous ces crimes avec beaucoup de minutie et qui, quand cela est insuffisant pour survivre dans un milieu où règne un féroce esprit de compétition, n'hésite pas à enjoliver les récits en rajoutant quelques détails et en laissant beaucoup de latitude à l'imagination pornographique. On publie même des illustrations qui servent à mieux faire comprendre; un exemple qui fit du bruit à l'époque montre comment s'y prit le duc de Cumberland pour commettre l'impardonnable adultère avec Lady Grosvenor. Il y avait là un mélange infaillible d'envie et de scandale, et ces procès semblent avoir passionné l'opinion publique pendant des semaines, à un point tel qu'à la fin du XVIIIe siècle les kiosques de Londres regorgeaient de journaux de ce genre.

Aux rapports judiciaires s'ajoutent de nombreuses réclames pour des bordels, des services de prostitution des deux sexes et pour les deux sexes, des aphrodisiaques et des remèdes miracles contre les maladies vénériennes. À la même époque, la prostitution londonienne était à son apogée et se pratiquait souvent dans des endroits publics et apparemment sans grand souci de se dissimuler, la mode vestimentaire se voulait le plus sexy possible, les clubs privés offraient des services de flagellation pour gentlemen, et au théâtre de Mme Hayes on promettait le spectacle de «douze nymphes superbes, vierges sans tache, qui présenteront la célèbre Fête de Vénus comme on la célèbre à Tahiti selon les enseignements et sous la direction de la Reine Oberea (dont le rôle sera joué par Mme Hayes elle-même)[12]». Enfin, les comptes rendus des procès ne suffisent bientôt plus, et le XVIIIe siècle donne aussi naissance aux premiers véritables romans pornographiques de la littérature anglaise, parmi lesquels un ouvrage tout à fait exemplaire, le célèbre *Memoirs of a Woman of Pleasure* de John Cleland, auquel nous reviendrons après une courte parenthèse.

Cette apparente omniprésence de la pornographie dans le Londres de la fin du XVIIIe siècle finit par attirer l'attention et susciter l'inquiétude non seulement des groupes habituellement opposés à toute forme d'expression publique de la sexualité, mais de ceux qui à l'époque discutaient beaucoup de démographie. Thomas Malthus venait de démontrer de manière très convaincante que la croissance de la population était plus forte que l'augmentation des ressources alimentaires, et tous savaient par surcroît que les pauvres se reproduisent plus rapidement que les riches. On comprenait facilement le risque social de laisser se détériorer sans limite les conditions de vie des pauvres, pour qui les enfants représentent un fardeau sans cesse plus lourd et qui se dirigent donc inexorablement vers la misère et la famine dans une économie nationale qui n'aurait plus la capacité de les absorber. Donc, il fallait convaincre les pauvres de limiter le nombre de leurs grossesses, par la contraception ou en réduisant leur activité sexuelle. Or voilà justement ce qui trouvait un encouragement malheureux dans toute cette ambiance pornographique. Ces inquiétudes nationalistes de la classe dirigeante ont contribué, en Angleterre, à mettre un frein brutal aux attitudes libérales du XVIIIe siècle que les Britanniques ont fièrement baptisé la période de l'*Enlightenment*.

Pendant ce temps, en France, la dérision du pouvoir devenait évidemment beaucoup plus sérieuse. On décrivait dans le détail les mœurs sexuelles véritables ou imaginées des gens de la cour et principalement l'impuissance de Louis XVI et le lesbianisme de Marie-Antoinette, dans l'espoir de faire fortune ou dans le but d'aider la marche de la révolution. Celle-ci devait passer par la haine de ces dirigeants qui ne pensaient qu'à s'amuser dans la débauche tout en mangeant de la brioche alors que le bon peuple mourait de faim. Alexandrian raconte que le roi envoya Beaumarchais à Londres en mars 1774 racheter à prix fort les six mille exemplaires des quatre volumes illustrés des *Mémoires secrets d'une femme publique* qui donnaient toutes les raisons de croire que Madame du Barry était au lit une personne très vulgaire[13]. Plus le triomphe de la révolution approche, moins le roi a les moyens de supporter les écrits séditieux et plus les ouvrages deviennent osés et explicites: *Les Fureurs utérines de Marie-Antoinette, femme de Louis XVI* (1791), *La Vie privée scandaleuse et libertine de Marie-Antoinette, depuis la perte de son pucelage jusqu'au 1er mai 1791* (en deux volumes), etc. Lorsque la révolution passera enfin aux actes, elle fera parfois souffrir les coupables par là où ils ont le plus joui; c'est ainsi qu'en septembre 1792 la princesse de Lamballe eut la tête tranchée et ses organes sexuels découpés furent ensuite promenés au bout d'un pieu devant la prison où sa bonne amie Marie-Antoinette était détenue[14]. Le bon peuple de Paris s'était emparé des valeurs, des plaisirs et de la liberté sexuelle de l'ancien régime aristocratique; on était passé du simple et très ancien plaisir d'imaginer la nudité des puissants à celui de dire ouvertement ce qu'on aimerait bien leur faire, jusqu'aux fessées publiques et à l'exhibition de leur sexe au bout d'un pieu. Que ce soit en attaquant les couvents de religieuses ou en sodomisant les jeunes garçons de Bicêtre, en septembre 1792, la révolution donnait l'exemple que la restructuration politique du pays pouvait s'exprimer par le sexe et que le pouvoir de séduire et de violer avait bel et bien changé de camp. D'autres, qui entretenaient des rêves plus utopiques, ont même cru que la révolution démocratiserait le libertinage et que le peuple tout entier pourrait désormais s'adonner aux plaisirs raffinés de la décadence aristocratique. Le XIXe siècle allait rapidement calmer ces ardeurs et éteindre ces grands espoirs. Pas simplement par une sorte de ressac puritain contre l'immoralité de l'Ancien Régime, mais à la suite de l'autre innovation et de la seconde vague de fond inscrites au cœur de l'œuvre érotique de l'Aretino.

La justesse des dénonciations obscènes des nombreux pamphlets révolutionnaires importe peu ici. Louis XVI était peut-être surtout un ennuyeux personnage et il se peut qu'on ait largement inventé les excès aristocratiques du siècle. L'essentiel réside dans le fait qu'il était devenu possible de gagner sa vie en vendant de la pornographie. Parce que l'on disposait maintenant de nouveaux moyens de l'imprimer et de la distribuer, parce qu'il n'était même plus nécessaire d'être sous la protection du pouvoir, mais surtout, parce qu'il existait un vaste marché d'acheteurs prêts à payer souvent cher ce genre d'ouvrages. On assistait à la conjonction de deux tendances: alors que de tout temps il avait été amusant quoique risqué de dénoncer le pouvoir en se moquant de lui, c'est le sexe lui-même qui peu à peu devenait attirant. Apparemment, les deux tendances se contredisent puisque dans le premier cas la personne est plus importante que son sexe, tandis qu'il suffit dans le second cas que le sexe en lui-même soit beau, peu importe à qui il appartient.

En 1749, paraissent à Londres les *Memoirs of a Woman of Pleasure*, dont on se souviendra plus tard comme des *Mémoires de Fanny Hill*, d'un auteur dont les commentateurs (surtout français) n'apprécient pas toujours l'importance. John Cleland raconte dans son roman les aventures d'une jeune campagnarde orpheline arrivant à Londres et qui, dans son infinie naïveté et sans trop s'en rendre compte au début, devient une prostituée. Fanny Hill réussit remarquablement bien et, malgré de nombreuses embûches

et d'innombrables aventures, termine sa carrière fort riche
et très aimée. Le thème a été repris mille et une fois depuis,
mais le texte original de Cleland marque une innovation
capitale. D'une part, comme l'a montré Douglas J.
Stewart[15], les descriptions érotiques de Cleland laissent de
côté toute référence aux petits oiseaux pour emprunter
plutôt ses métaphores aux mondes très improbables des
mines, de la manufacture et des banques. Le sexe de
l'homme devient un «engin», un «outil», un «levier», un
«ressort», celui de la femme, une «mine», les rapports
sexuels sont de «l'ingénierie», du «travail» et du «labeur».
La prostituée se transforme en «machine», et ses activités
appartiennent au monde de l'investissement et du place-
ment: Fanny Hill décrit comment la tenancière du bordel
où elle travaille surveille le marché afin d'y recruter de
nouvelles «marchandises» pour «l'usage» de ses «clients»
et son propre «profit»; elle «marchande» la virginité de ses
employées; elle parle de la nécessité d'assurer une vive
«circulation» des filles pour le bien du «commerce». Et
ainsi de suite. L'important est que Cleland emploie tous ces
termes et décrit le nouvel ordre social vingt ans avant
qu'Adam Smith n'écrive *La Richesse des nations*. Les descriptions des ébats sexuels de l'héroïne ont le ton des *time
and motion studies* qui allaient plus tard bouleverser de
façon si profonde le travail en manufacture. Comme si le
sexe avait été industrialisé avant tout le reste, ce qui
confirmerait le fait que la prostitution a vraiment été un
métier précurseur.

Le monde occidental s'engageait dans une transformation profonde, mais déjà annoncée par la seconde innovation de l'Aretino qui fut de s'attarder à décrire (froidement,
diraient certains) le sexe dans ses gestes et ses détails
comme une activité autonome et attirante, qui pouvait être
extraite de son contexte moral, juridique et social. Et cela

en même temps que l'on observait, aux XVIIᵉ et XVIIIᵉ siècles, la rupture progressive des liens qui avaient toujours uni les gens ordinaires et ceux pour qui ils travaillaient, et que, pour la première fois dans l'histoire, le travailleur cessait d'être aussi le fils d'un ami et un gendre potentiel, un allié politique et un bon croyant. Fait nouveau, l'homme est maintenant jugé d'abord et avant tout sur la base de la qualité de son travail. Tout bon travailleur se doit d'abord d'être efficace et régulier, ce qui garantit que son produit sera de qualité. Le reste a dès lors moins d'importance: le travailleur se distingue de son employeur, car leur rapport social, en devenant contractuel, s'est grandement simplifié, et il se sépare aussi de son produit qui lui importe désormais moins que son salaire. La rupture dans le monde du travail entraîne d'autres ruptures: main-d'œuvre et capital deviennent plus mobiles, l'argent et les emplois se déplacent, et les gens sont bien forcés de les suivre. Les familles paraissent plus fragiles, les communautés s'effritent. Fanny Hill appartient au monde industriel, une travailleuse du sexe coupée de ses origines, qui se préoccupe de son efficacité à procurer des plaisirs et qui sait qu'elle sera évaluée sur sa capacité professionnelle. Le sexe est ainsi transformé en compétence technique, que la petite campagnarde naïve acquiert et puis perfectionne au point d'accroître considérablement sa valeur marchande.

Fanny Hill devient en même temps indifférente face à ses clients et à ses patronnes, et il n'y a plus que sa propre carrière et son propre avancement qui la préoccupent. Elle mesure ses gestes, évalue les risques et calcule les probabilités, car elle planifie son avenir. Elle témoigne alors d'un changement notoire des mentalités qui amène les travailleurs spécialisés du XVIIIᵉ siècle à comprendre pour la première fois de façon concrète qu'ils auront véritablement la chance d'améliorer leur sort et de progresser socialement grâce à leur seule compétence, si seulement ils réussissent à vendre leur travail le plus chèrement possible. L'histoire connaît une fin heureuse et la petite orpheline atteint relativement vite une retraite aussi confortable sur le plan matériel que paisible sur le plan moral. Fanny Hill représente peut-être la toute première image moderne d'une *self-made woman*.

Le fait qu'il s'agisse d'une femme appelle un autre commentaire. C'est en effet l'apparition d'un personnage féminin auparavant inconnu: libérée de sa famille d'origine, Fanny Hill ne souffre d'aucun enfermement domestique. La maternité n'entre pas dans ses plans, ses rapports aux maris potentiels demeurent essentiellement financiers, et elle se préoccupe d'abord et avant tout de sa carrière en ne se gênant pas pour juger tout acte à la lumière de ses propres intérêts. Pour Angela Carter, qui s'est surtout intéressée aux personnages de Sade, on trouve dans l'œuvre de ce dernier les premiers exemples de femmes libérées de la littérature moderne[16]; la célèbre et infâme Juliette de Sade comprend tout de suite que son sexe peut lui servir de marchandise et qu'on ne peut échapper à l'esclavage qu'en devenant soi-même un tyran. Bref, à travers toutes ces pages où sont décrits des ébats sexuels, les héroïnes affirment sans relâche le credo d'un individualisme qui sera baptisé «bourgeois» quelques années plus tard. Ce qui étonnera davantage, c'est que ce discours typiquement moderne sur l'efficacité objective et la compétence technique serait de fait apparu dans le champ pornographique plusieurs années avant de devenir la doctrine officielle de l'industrialisation économique. Comme si on avait tout de suite compris que la révolution industrielle menait inévitablement au bouleversement de la sexualité et des rapports entre les sexes.

C'est justement ce à quoi semble réagir le XIXᵉ siècle. Bien que souvent décrit comme la plus glorieuse période du puritanisme bourgeois, malgré les hauts et les bas de la censure et de la moralité victoriennes, il ne s'y est finalement à peu près rien passé au XIXᵉ siècle qui pouvait faire dévier la pornographie de son cours. Au contraire, il y eut une véritable explosion de la production pornographique, qui marque le début de sa consommation massive et véritablement universelle. Mais surtout, le XIXᵉ siècle montre comment on peut s'accommoder de la contradiction.

L'abolition de l'ancien régime et les débuts de la révolution industrielle soulevaient une question cruciale que le dramaturge Peter Weiss a très économiquement mis dans la bouche des résidents de l'asile de Charenton, lorsqu'ils demandent à Marat: «À quoi sert une révolution sans copulation générale[17]?» Pourquoi le nouveau modèle industriel de la froide efficacité et du fractionnement des expériences ne vaudrait-il pas aussi pour le sexe? Quel est le projet sexuel de cette révolution qui transfère ses déviants de la Bastille à l'asile? La question était d'une logique rigoureuse qui empêchait toute échappatoire. L'ordre nouveau semble hésiter, puis répond d'une seule voix «oui et non». C'est cette réponse contradictoire qui marquera du mensonge et du double standard quasiment tout le XIXᵉ siècle.

D'une part, à travers les transformations sociales de l'urbanisation et de l'industrialisation rapides, apparaissent de nouvelles forces qui tendent à affaiblir la famille et à saper les solidarités traditionnelles: le travail ne se fait plus à la maison mais à l'usine, le marché de l'emploi est incertain et souvent volatil, les usines ouvrent et ferment selon le jeu du capital et les travailleurs doivent se déplacer. Et comme le travailleur typique est devenu quiconque peut produire au meilleur coût, on engage les enfants, les femmes et les hommes, au risque de séparer les familles. D'autre part, pourtant, à travers ces mêmes modifications de l'ordre ancien et de toutes les nouvelles hiérarchies sociales, la famille demeure un rouage essentiel du système. Non seulement elle sert à maintenir intacte la richesse des nouveaux riches, mais elle prend soin des travailleurs lorsqu'ils sont trop jeunes, trop vieux ou trop malades pour se rendre en usine. En deux mots, au cœur de l'idéologie politique du XIXe siècle, la famille fonctionne comme la quasi-totalité du régime de sécurité sociale; et c'est pourquoi les œuvres littéraires les plus émouvantes du siècle racontent le sort de personnages que le malheur a rendus «sans famille».

Donc, ce que voulaient les fous de Charenton et ce à quoi rêvaient certains utopistes paraît impensable. Mais la question ne disparaît pas pour autant, car le raisonnement des fous était imparable: si l'être humain peut travailler selon un horaire régulier, se transformer en force de travail et automatiquement oublier tout le reste de son existence, il doit aussi pouvoir baiser de la même manière et avec la même mentalité.

Le dilemme fut résolu d'abord par une redéfinition de la distinction entre le public et le privé, distinction qui allait marquer un contraste radical. La place publique était de plus en plus une zone de tension où la compétition était absolument féroce et où le succès venait prouver la loi universelle de la survie des plus forts et des mieux adaptés. Tandis que l'univers domestique représentait plus que jamais le lieu paisible du confort et de la sécurité morale que procure l'amour familial. Le contraste s'incarne dans la distinction très nette entre le bon docteur Jeckill et le méchant monsieur Hyde: d'un côté, la décence et la moralité inébranlables de la famille pieuse et respectueuse des valeurs fondamentales, le seul lieu d'expression légitime de l'amour véritable, et, de l'autre, un monde dur et immoral, un monde de vices où tous les coups sont permis et qui ne tolère que la victoire.

Les conséquences de ce nouveau modèle sont vite apparues. La redéfinition a tout naturellement entraîné l'émergence de nouvelles institutions et de nouveaux comportements dont la longue liste inclurait tant la naissance du football moderne et l'invention de la lingerie fine, que l'idée qu'une maison sert aussi de château fort à l'homme et doit si possible être clôturée d'une haie. Un des effets les plus étonnants de cette séparation fut que, tout au long du siècle, alors qu'augmente considérablement la connaissance scientifique de la sexualité humaine, produit de la recherche d'un savoir rationnel et analytique, donc public et froid, l'ignorance privée de tout ce qui est affaire de sexe connaissait une progression parallèle. Avec le résultat qu'à la fin du siècle le corps humain était devenu un objèt étranger, sinon même dégoûtant, et qu'une proportion importante de la population ignorait à peu près tout des mécanismes de la reproduction humaine, sauf ce qu'en racontait le folklore ou ce qu'il fallait comprendre à travers les silences gênés de la bonne compagnie; et cela pendant qu'ailleurs, dès 1864, Gregor Mendel décrivait les principes fondamentaux de la génétique moderne.

Non seulement la sexualité n'a pas échappé à ce brassage révolutionnaire des idées, mais on en fit un lieu privilégié de la mise en ordre de la société. Par exemple, c'est vraiment au XIXe siècle que fut pleinement achevé le contraste idéel et plus ou moins perméable entre la femme de la maison, reproductrice malgré son manque total de sexualité, mère chaste et épouse vertueuse, solide gardienne de la moralité, préservatrice de la culture et pierre angulaire de tout l'édifice social, et la fille publique, fille de rue indécente et dévergondée, femme sexy et stérile, séductrice sensuelle et fatale. La sexualité domestique devait servir la reproduction et, comme l'affirmait Alice Stokham, un mari qui exigeait l'acte conjugal à d'autres fins que d'assurer sa postérité transformait son épouse en vulgaire prostituée[18]; au même moment, il y avait à Londres tant de prostituées que le métier constituait la quatrième plus importante source d'emploi pour les femmes[19]. Tandis que le rôle de l'homme consistait à être moins vertueux que la femme de la maison et trop faible pour résister à la fille de la rue. Il était condamné à admirer et à désirer les deux à la fois, mais aussi à être seul à jouir d'une mobilité qui lui permît de fréquenter les deux femmes, parfois au cours d'une même journée.

On a souvent accusé la moralité bourgeoise du XIXᵉ siècle anglais d'avoir été foncièrement hypocrite. Parce qu'au moment où on tenait les discours officiels les plus parfaitement prudes et jansénistes, Londres nourrissait des milliers de prostituées de tous genres, les maladies vénériennes prenaient l'ampleur d'épidémies et plusieurs bordels se spécialisaient dans les services de flagellation pour anciens étudiants nostalgiques. Parce que sous le règne de la très sévère reine Victoria, la pornographie a connu un épanouissement considérable. Parce que Sir William Gell et John P. Gandy réussirent l'exploit considérable de publier un guide illustré des fouilles de Pompéi en deux épais volumes sans une seule mention des œuvres érotiques de l'ancienne cité[20]. Tout cela mène certains commentateurs à affirmer, un peu rapidement et sans preuve convaincante, qu'en général la pornographie profite de la censure ou du moins, comme l'indique clairement le titre du célèbre ouvrage de Steven Marcus[21], qu'il existait d'autres victoriens que Victoria.

En fait, il semble plutôt que l'hypocrisie apparente d'une solution double et évidemment contradictoire ait été acceptée surtout parce qu'elle servait à masquer et à rendre tolérable une contradiction beaucoup plus profonde. Le puritanisme rigide et la pornographie représentent plus que les deux inséparables côtés d'une médaille qui se répondraient éternellement au hasard de l'histoire. Ils constituent les deux termes d'une contradiction que le XIXe siècle avait construite et qu'il n'arrivait pas à résoudre. En tout premier lieu, il fallait affirmer qu'il est plus important de travailler que de faire l'amour. Espérer convaincre des gens qui croyaient de moins en moins à la prédestination immuable d'une volonté divine que le progrès était un objectif valable, que le développement économique offrait le seul destin pensable et que le succès matériel apportait la véritable récompense. (C'est alors qu'apparut l'idée selon laquelle l'«économie» était non seulement importante, mais qu'elle existait vraiment comme secteur distinct d'activité.) Ces idées ont été si souvent répétées sur tous les tons depuis cent cinquante ans qu'on oublie à quel point elles auraient paru saugrenues aux yeux des débauchés de la Régence. Car la classe bourgeoise qui prit alors le pouvoir adoptait une moralité qui se voulait en grande partie une réaction aux excès condamnés d'une aristocratie qui n'arrivait plus à se justifier. Puisque le plaisir, comme la paresse, ne peut que nuire à la productivité, et que, pour accorder au travail et à l'effort honnête leur pleine valeur, il fallait interdire le droit au superflu et enseigner à se méfier de tout ce qui n'est que dépense inutile. Se méfier du geste qui ne sert à rien. (Au Québec comme dans bien d'autres pays, un des effets les plus irrémédiablement visibles de cette révolution fut d'ériger la laideur en système, tant en architecture qu'en urbanisme, puisque l'esthétique appartenait désormais au superflu.)

D'autre part, au moment même où émergeait l'immoralité totale du marché capitaliste, la société semble avoir eu plus que jamais besoin de confirmer la très profonde moralité de la douceur du foyer familial. On se consolait d'affamer des centaines de travailleurs ou d'envoyer des enfants au fond des mines en étant à la maison un bon père chrétien et miséricordieux. L'idée aurait sans doute paru étrange à César Borgia.

Dès que l'on avance que l'économie constitue un secteur autonome moteur de tout le reste, on insiste — sans toujours s'en rendre compte — sur l'importance de ce «reste». Et puisqu'il est probablement toujours difficile de faire croire à quiconque que la sexualité humaine est secondaire, le XIXe a souvent eu l'air d'un siècle obsédé par le sexe. Il fallait conjurer la menace, définir les priorités et resituer le sexe, duquel on apprendra à parler trop peu, ou beaucoup trop dans l'ordre économique nouveau. Jamais le sexe n'aura été tant pris au sérieux. Michel Foucault soutenait que c'est à cette époque que le sexe devint plus qu'un moyen de reproduire l'espèce ou l'occasion de se procurer du plaisir, pour acquérir le statut d'une dimension essentielle de l'expérience humaine où l'on croyait pouvoir trouver quelque vérité profonde. Les comportements sexuels sont dès lors perçus comme révélateurs de tout le reste de la personnalité, et l'activité sexuelle devient le lieu idéal d'expression de l'ordre social:

> Au XIXe siècle, la sexualité est poursuivie jusque dans le plus petit détail des existences; elle est traquée dans les conduites, pourchassée dans les rêves; on la suspecte sous les moindres folies, on la poursuit jusque dans les premières années de l'enfance; elle devient le chiffre de l'individualité, à la fois ce qui permet de l'analyser et ce qui rend possible de la dresser. Mais on la voit aussi devenir thème d'opérations politiques, d'interventions économiques (...), de campagnes idéologiques de moralisation ou de responsabilisation: on la fait valoir comme l'indice de force d'une

société, révélant aussi bien son énergie politique que sa vigueur biologique[22].

La répression atteint son apogée en envahissant toute la vie, depuis la religion jusqu'au vêtement, dans la méfiance des abus possibles ou imaginaires du corps. Et tout lecteur de Foucault a appris à reconnaître là un sinistre complot: la régulation du sexe était l'occasion parfaite pour atteindre les individus tant dans leur corps que dans leur esprit afin de mieux les contrôler pour ensuite les manipuler. Mais le même lecteur peut aussi soupçonner Foucault d'avoir cru sincèrement en l'existence d'un pouvoir transcendant, largement indéfini et souvent invisible, mais qui est là quelque part et partout et qui, sans être Dieu, lui ressemble étrangement.

Alors que l'explication la plus simple est peut-être la meilleure. En se rappelant que les libertins des siècles précédents avaient érigé les jeux de séduction et de sexe au rang d'occupation principale et avaient ainsi cru que la vie devrait idéalement être consacrée aux meilleures débauches, on voulait garder en mémoire que le peuple avait jugé très sévèrement la profonde obscénité d'un tel comportement, dont l'oisiveté charmante et tous les plaisirs dépendaient de la misère des masses. Le comportement sexuel était ainsi devenu le symbole facile d'un rang social et d'un ordre politique. Les nouvelles classes dirigeantes se voyaient chargées d'instaurer une réforme, qui commençait par affirmer que la vie n'est pas une blague et que le sexe, comme tout le reste, doit être pris au sérieux; c'est sans doute pourquoi l'histoire a conservé et rendu célèbre la remarque si caractéristique de Victoria: «We are not amused!» L'amusement, le superflu et le gratuit trouvent mal leur place dans un monde qui se sait en mutation. Un monde qui se cherche et hésite sans doute parmi plusieurs projets de société, mais qui est au moins à peu près certain de ne plus vouloir revenir aux erreurs du passé. Prenant le même ton que ces prédicateurs anciens qui laissaient croire que tout ce qui ne sert pas la plus grande gloire de Dieu appartient au superflu, la révolution industrielle érige en dogme l'incontestable primauté de l'avancement et du progrès. Tout geste, n'importe quel acte doit obligatoirement témoigner d'un but et servir efficacement un objectif, comme toute bonne machine. L'acte sexuel est dès lors moins important que ce à quoi il sert: la procréation, la bonne entente, la santé, etc. L'histoire prend un nouveau sens et c'est toute la vie qui devient grave. Le plaisir superflu paraîtra facilement secondaire, sinon suspect. De là, on comprend mieux que l'œuvre de Sade ait été érigée en archétype de l'horreur, que Casanova ait paru malsain et que l'on ait fait de Napoléon un héros national.

Cette évolution n'est pas simplement la création idéologique d'une bourgeoisie qui accède au pouvoir et cherche à accaparer les privilèges de l'Ancien Régime. C'est toute la société qui se transforme et qui s'invente. Et comme l'ont très bien montré certains historiens britanniques[23], pour bien saisir l'idéologie dominante du XIXe, il ne faut pas oublier l'émergence largement autonome de l'ouvrier spécialisé, habitant des nouvelles villes industrielles du nord de l'Angleterre, profondément religieux et respectueux de ce qu'il considère comme les valeurs fondamentales, prude et d'une moralité très conservatrice, fier de son travail et de son entreprise, fier de ses habits du dimanche et de la propreté de son salon, fier de sa famille, de son épouse qui n'a pas à travailler, et de ses enfants à qui serviront tous ses sacrifices et qui seront bien éduqués afin de réussir encore mieux que leurs parents. L'image du prolétaire respectable qui travaille bien et qui n'a plus à être convaincu que le travail devrait servir de mesure sociale suprême et que l'avancement viendra récompenser ceux qui respectent l'effort.

Par ailleurs et par contraste, il était encore nécessaire de convaincre des masses de pauvres d'abandonner la promiscuité de leurs logements insalubres et d'oublier leur immoralité grossière pour adopter les normes de la classe moyenne. Il fallait les aider à apprendre à bien travailler et à respecter l'importance fondamentale de la famille. C'est dans ce noble but que furent fondées l'Armée du Salut et un grand nombre d'organismes charitables à mission évangélique. C'est dans ce même sens que l'on doit comprendre la plupart des lois modernes contre l'obscénité et les efforts des membres des diverses organisations de moralité publique qui, surtout vers la fin du siècle, ont dirigé les luttes parfois épiques contre la pornographie et la prostitution. Il y eut entre autres organisations en Angleterre la Society for the Reformation of Manners in London (fondée dès 1690) et la Society for the Suppression of Vice (1802), en France la Ligue française du relèvement de la moralité publique (1877), en Suisse l'Association suisse contre la littérature immorale (1883), puis aux États-Unis la détermination infatigable de Anthony Comstock qui, pendant 53 ans (de 1862 à 1915), consacra une partie importante de sa vie à pourchasser sans relâche tout ce qui lui paraissait un tant soit peu érotique. Toutes ces campagnes ne pouvaient certainement pas être limitées au sexe. Cela s'inscrit en fait dans ce qu'on a résumé plus tôt comme la perspective conservatrice: le sexe étant depuis longtemps devenu symbole majeur de l'ordre social, c'était tout un mode de vie qui était en jeu et les critiques étaient unanimes dans leur conviction qu'il y allait chaque fois du maintien de la civilisation. Par exemple:

Un couple d'honnêtes ouvriers vivait dans l'aisance. Le mari prit malheureusement le goût de la lecture, des feuilletons, et se mit à y consacrer une partie de ses nuits, quand ce n'était pas la matinée elle-même. Peu à peu, le dégoût du travail, le mécontentement de sa position le saisirent. Il se considérait comme un homme déclassé. Le ménage se sépara; la mère mourut minée par le chagrin; quant au misérable père de famille, il achève de dépenser l'argent qui lui reste encore en vivant avec des ivrognes et des paresseux[24].

On explique plus aisément ces luttes contre la pornographie si l'on pose d'abord que, pour réinventer ou reconstruire le monde, le XIXe siècle devait d'abord y mettre de l'ordre. Il fallait identifier les choses, les nommer et les distinguer, définir les spécialités et séparer les domaines afin d'éviter toute confusion: les musées et les zoos font leur apparition, les universités sont divisées en facultés et puis, selon les multiples disciplines scientifiques toutes nouvelles, on invente des systèmes de classement des livres pour les bibliothèques, on discute abondamment des frontières entre les diverses branches du savoir, de ce qui distingue vraiment la biologie de la zoologie, ou des rapports entre la philosophie et les autres sciences. Les champs d'activité deviennent de plus en plus spécialisés et ainsi, espère-t-on, de plus en plus productifs. C'est dans ce contexte qu'apparaît le mot «pornographie», en même temps que la «nymphomanie», l'«auto-érotisme», le «narcissisme», l'«urolagnie», et même la catégorie moderne de l'homosexualité[25]. On invente aussi la notion de «sexualité», conçue et manipulée de la même façon que l'on commence à parler de l'«économie» ou du «social». Plus que jamais, le sexe acquiert l'autonomie d'une activité qui, comme toutes les autres, pourra être objectivement distinguée et séparée du reste de la vie.

Bien sûr, la société avait depuis longtemps réservé des endroits précis et bien délimités, bordels ou quartiers «chauds», au commerce du sexe et au péché. La séparation du sexe n'est pas vraiment une nouveauté, si ce n'est l'hyperspécialisation croissante de certains établissements. L'innovation consiste à pouvoir de plus en plus parler seulement de sexe, à le décrire et à en rêver sans devoir s'embarrasser de la morale, de la religion ou de la légalité. Le sexe devient imaginable en soi et on peut maintenant mieux que jamais raconter une orgie sans maux de reins et sans frais de location, mais surtout sans engagement social et sans que le pouvoir y décèle une quelconque dérision. Le sexe se transforme en objet de contemplation et de dissection intellectuelle, comme l'industrie, comme Dieu, comme la culture et tout le reste. Il est maintenant pensable de le considérer avec recul.

Toutefois, on arrive mal à situer adéquatement cette forme bien particulière de ce type de littérature à caractère sexuel, et le paradoxe de la crise de la pornographie viendra justement de ce qu'il lui manque un lieu socialement sanctionné. La rue et les bordels du XIXe offrent tous les services, sauf des salles de lecture et des bibliothèques respectables où l'on puisse trouver ce genre d'ouvrages. Les personnages de Zola peuvent bien se passionner pour une aguichante danseuse dans des théâtres connus, il n'existe pas de lieu où le lecteur peut s'émouvoir du texte de Zola. La rue et le bordel ont toujours été des endroits peu propices à la masturbation, et la pornographie qu'on y trouve n'a jamais servi que d'accessoire bien secondaire. La pornographie n'a pas vraiment sa place dans l'espace public qui est pourtant le seul lieu reconnu de l'immoralité et de la débauche. On sent bien qu'elle y est mal à l'aise: elle se cherche une niche entre le lieu de travail et la maison, à la frontière du public et du privé. Cela ne peut durer et il lui faut plutôt envahir l'univers privé, d'abord dans le plus grand secret et sur la plus haute tablette de la bibliothèque, hors de la portée des enfants et des domestiques. Mais encore là, par cette invasion, la pornographie vient mettre en péril la frontière entre la décence intime et la dépravation nécessairement publique.

Enfin, il n'est peut-être pas inutile de redire que la pornographie a surtout inquiété les censeurs qui y voyaient le présage des pires désordres parce qu'elle devenait (vers le milieu du siècle) un produit vraiment accessible à tous les publics. Alors qu'autrefois les comédies satiriques pouvaient se permettre toutes les obscénités justement parce que l'endroit était approprié et que l'auditoire demeurait contrôlable, la pornographie moderne était moins liée au monde du spectacle public qu'à la littérature discrète et en tout temps disponible. C'est-à-dire qu'il y avait risque de confusion des genres, des lieux et des moments, et que les progrès de l'éducation populaire autant que l'abondance des livres et l'augmentation fulgurante de leur tirage menaçaient d'atténuer encore davantage les distinctions de classe et de sexe. S'il devenait impossible d'interdire les œuvres érotiques aux masses populaires, comment espérer continuer à faire de celles-ci de bons travailleurs ou de bons soldats? Comment contrôler leur envie d'autres savoirs et leur volonté d'envahir la scène publique pour y acquérir une partie au moins du pouvoir politique et peut-être même quelques droits de propriété? C'est effectivement tout l'ordre social qui paraissait menacé, et la pornographie, tout comme les débats qu'elle provoquait, participait au bouillonnement social de l'époque. C'est ainsi que des historiens lui ont découvert des liens avec le mouvement radical, et qu'ils ont montré combien sa censure reste indissociable des projets militaires de l'Europe[26], et c'est aussi pourquoi on a vu réapparaître périodiquement depuis un siècle l'expression d'une inquiétude constante de voir la pornographie nous mener irrémédiablement vers le chaos et l'anarchie.

La révolution industrielle a construit en somme un paradoxe qui devenait progressivement insoutenable. Car la société qui reconnaissait de plus en plus l'importance de la sexualité et qui souvent la tolérait dans certains endroits spécialisés et sous toutes ses formes, même celles jugées les plus perverses et condamnables, ne réservait en même temps à peu près aucun lieu à la consommation d'une pornographie qu'elle produisait pourtant en quantité croissante. Les lieux publics ne convenaient pas; tandis que la pornographie à la maison était une hypocrisie malsaine qui n'avait de sens qu'entre les mains d'adolescents boutonneux. Il n'existait pas encore de lieu ni d'usage socialement acceptables et compréhensibles de la pornographie. Il faudra attendre quelques années pour trouver ce lieu à l'intérieur des casiers métalliques des pilotes de chasseurs bombardiers. Dans l'imagerie populaire, les soldats avaient seuls le droit d'épingler publiquement des pin-ups, parce qu'après tout il s'agissait de gens infiniment seuls et qui avaient pour tâche quotidienne de frôler la mort. En somme, tout à fait le genre de personnages que le XXᵉ siècle allait inventer.

CHAPITRE 4

BREF REGARD SUR LA MODERNITÉ

L'*individualisme* est une expression
récente qu'une idée nouvelle a fait naître.
Nos pères ne connaissaient que l'égoïsme.
L'égoïsme est un amour passionné et exagéré
de soi-même, qui porte l'homme à ne rien
rapporter qu'à lui seul et à se préférer à tout.
L'individualisme est un sentiment réfléchi
et paisible qui dispose chaque citoyen à
s'isoler de la masse de ses semblables et à se
retirer à l'écart avec sa famille et ses amis; de
telle sorte que, après s'être ainsi créé une
petite société à son usage, il abandonne
volontiers la grande société à elle-même.

ALEXIS DE TOCQUEVILLE
De la démocratie en Amérique

Le ciel ne nous tombe plus sur la tête,
ce sont les territoires qui glissent.

JEAN BAUDRILLARD
Les Stratégies fatales

Jamais auparavant une société ne s'était autant offerte comme objet d'étude et n'avait davantage nourri les commentaires sur elle-même. La société moderne encourage les regards et aime se maintenir sous surveillance constante. C'est ainsi qu'elle a engendré toute une classe d'individus qui n'auront de répit, semble-t-il, qu'après avoir été invités à commenter l'événement et qu'un large public — mieux disposé que jamais à écouter ces auto-analyses qui veulent tout nous dire de la vie moderne — aura bien haut reconnu leur perspicacité et leur intelligence. Hypothèse facile mais défendable, la productivité des artistes, sociologues, journalistes et philosophes témoignerait avant tout de cette extraordinaire passion de soi qui caractérise la société moderne.

L'idée d'une modernité irrémédiablement marquée par la progression de l'individualisme n'est certainement pas nouvelle. Tocqueville l'avait depuis longtemps prévue. La pleine expansion de cet invidualisme est beaucoup plus récente, mais ce qui importe ici, c'est qu'elle coïncide très précisément avec la période de croissance maximale de la pornographie actuelle[1].

Les commentaires ne sont évidemment pas toujours de même calibre. Pendant que certains soumettent le résultat d'études savantes et d'analyses nouvelles, d'autres commentent l'éphémère en affirmant avec candeur que le sort de l'humanité entière se joue autour de la réflexion que leur inspirait avant-hier le dernier sondage de l'opinion, le thème de quelques discussions à la mode dans les cafés de la métropole, ou les plus récentes fluctuations de la monnaie. Nombre d'entre eux ne font souvent que reprendre des travaux plus anciens, tandis que les sous-produits abondent; les journaux, comme les ondes et les revues de sociologie, reprennent la thèse de Tocqueville en croyant chaque jour découvrir quelque nouveau détail de cette modernité. Chacun y va de son commentaire avisé et plus ou moins opiniâtre, comme s'il avait droit de parole et une opinion valable. Justement, c'est de cela qu'il s'agit. L'ethnologue doit premièrement laisser la parole à ses informateurs, qui dans notre cas sont nombreux et éloquents, en limitant ses propres interventions à quelques remarques (qui seront chaque fois indiquées par des parenthèses). La thèse principale de cette ethno-sociologie demeure relativement simple et largement connue puisqu'on la présente couramment et à toutes les sauces. Il faut néanmoins prendre le risque considérable de la résumer.

Commençons tout de suite par la conclusion: *grosso modo*, les choses vont plutôt mal! La plupart des penseurs et presque tous les artistes s'entendent pour affirmer que le monde moderne est devenu un habitat difficile (dans lequel il est même aujourd'hui courant de parler de «mal de vivre»), et qu'il n'est donc pas surprenant d'y voir apparaître, parmi bien d'autres aberrations, la pornographie. Nous serions enfin arrivés à une époque chaotique, désordonnée et sans valeurs, qui glorifie le doute et qui n'a de confiance qu'en l'incertitude. Un monde devenu trop mobile, impersonnel et anonyme (à un point tel que même madame Jeanine Deckers, la douce et exemplaire «Sœur Sourire» de notre enfance, se voit poussée au suicide). Une époque où tout n'est peut-être pas permis mais où il vaut au moins la peine d'en faire l'expérience. Pendant que les conservateurs redoutent un déclin et que les optimistes espèrent que nous sommes à la veille d'une révolution, la question est de savoir comment nous en serions arrivés là.

D'abord, il y eut la transformation radicale de l'espace public et ce que Richard Sennett appelle la chute et la destruction de la personne publique[2]. La révolution industrielle modifiait totalement le sens de la vie publique en la livrant entièrement aux règles du marché capitaliste, et, dès lors, le travail devenait plus efficace et plus aliénant. Voilà ce qui marque le début des temps modernes, disait Charles Chaplin. Le travail prend la forme d'une corvée obligatoire, d'une tâche nécessaire mais souvent ennuyeuse et à laquelle on survit en rêvant aux vacances, aux enfants, aux amours, au sport, bref, en ayant la tête ailleurs. Très vite, puisqu'il fallait laisser sa tête à la porte de l'usine, on prit conscience que le milieu de travail ne pourrait jamais répondre à tous les besoins et que la «vraie vie» devait bien se trouver ailleurs. Le travail était dès lors réduit à un moyen de gagner cette autre vie.

Il devenait évident que le monde du travail constituerait désormais un univers trop partiel et trop étroit pour occuper plus qu'une fraction de l'être entier, lequel devait refuser farouchement de se laisser résumer à ce qui seul importe pour l'industrie: visser des boulons, vendre de l'assurance ou du tapis, crier des offres sur le parquet de la Bourse ou rédiger un plan triennal. En même temps, comme chaque personne avec qui l'on travaille est forcément dans une situation identique, les rapports humains au sein de l'entreprise s'en trouvent inévitablement morcelés. Et puisque tous les autres travailleurs de toutes les entreprises vivent des expériences similaires, c'est bientôt l'ensemble de la vie publique qui prend l'allure d'un vaste système d'obligations auxquelles les individus se soumettent, mais jusqu'à un certain point seulement. La réserve apparaît quand il devient évident que la vie publique ne dit pas toute la vérité, qu'elle n'occupe pas toute la vie et donc qu'elle demeure toujours un peu fausse, parce qu'on sait maintenant que les gens que l'on rencontre ou qui s'adressent à nous en public s'abritent nécessairement derrière les convenances, parce qu'on est convaincu que tous ces individus appartiennent plus ou moins consciemment à un monde qui les oblige à agir par intérêt ou par conformisme et que tous doivent bien cacher une vérité plus profonde que celle qu'ils veulent bien révéler en public. Chacun s'en convainc par expérience personnelle: le monde du travail est maintenant impersonnel, dur, sans pitié, et l'individu trouve de moins en moins satisfaisant de devoir se définir en se référant d'abord et exclusivement aux rôles que lui attribuent ses activités publiques.

Si la vérité est ailleurs, il paraît normal de la rechercher dans tout ce qui n'est pas public. Dans l'intimité de la famille et des groupes d'amis, comme l'a prédit Tocqueville, c'est-à-dire là où les gens peuvent se permettre d'être plus sincères et, surtout, là où ils demeurent plus entiers. Quand l'industrialisation disloque l'ordre public et lui enlève une trop grande part de sens commun, c'est à la maison que le citoyen prend refuge, convaincu d'y trouver un confort psychologique et un milieu de vie qui lui permettront enfin de mieux s'exprimer et d'atteindre le plaisir, cette dimension si importante de la vie, qui ne doit jamais être confondue avec le travail.

Et c'est ainsi que la vie privée, celle des vedettes comme celle de tous les autres, est devenue plus captivante et surtout plus vraie que toutes leurs apparences publiques; dès lors, rien de plus charmant que la vision d'un personnage public dans l'intimité.

Malheureusement pour la thèse de Tocqueville, la famille était toujours une institution sociale et, en ce sens, demeurait elle-même publique. Dans la mesure où le foyer familial était défini comme le reflet inversé du monde du travail, ce petit univers ne pouvait que souffrir d'un appauvrissement de la vie publique. Alors que, au fond, l'opposé du «public» n'a jamais été le «privé» mais plutôt le «personnel». Dans un monde extérieur de plus en plus instable, parce qu'orienté corps et âme vers le progrès et vers une croissance généralisée comprise comme un perpétuel dépassement, la vérité profonde, permanente et immuable ne pouvait venir que de l'intérieur de l'être. Il fallait donc rentrer en soi, s'étudier et se découvrir, atteindre la conscience de soi, se comprendre afin de se réaliser, pour ensuite mesurer le reste du monde selon les sens qu'il prend pour soi. C'est en somme la naissance de l'individu moderne:

> À mesure que les terres s'achètent et se vendent, que la propriété foncière devient une réalité sociale largement répandue, que les échanges marchands, le salariat, l'industrialisation et les déplacements de population se développent, il se produit un bouleversement dans les rapports de l'homme à la communauté qui l'encadre, une mutation qu'on peut résumer en un mot, l'individualisme, allant de pair avec une aspiration sans précédent pour l'argent, l'intimité, le bien-être, la propriété, la sécurité qui incontestablement renverse l'organisation sociale traditionnelle. Avec l'État centralisé et le marché, l'individu moderne apparaît, qui se considère isolément, qui s'aborbe dans la dimension privée, qui refuse de se soumettre à des règles ancestrales extérieures à sa volonté intime, qui ne reconnaît plus pour loi fondamentale que sa survie et son intérêt propre[3].

Ouvrons cependant tout de suite une première parenthèse, car la thèse que nous voulons résumer risque de paraître un peu trop facile. D'abord, il ne s'agit pas ici d'une transformation historique qui coulerait en cascade: industrialisation, travail aliénant et impersonnel, refuge dans l'intimité, individualisme. C'est plutôt un casse-tête aux pièces inséparables les unes des autres et aux rapports de causalité imprécis, mais qu'il faut bien décrire de façon linéaire. Par contre, trop de commentateurs semblent croire que cette apparition de l'individualisme moderne constitue une nouveauté et constitue le résultat inévitable d'une transformation sociale à sens unique, ce qui n'est pensable que dans une perspective historique assez courte. De fait, ce mouvement de pendule vers le narcissisme est connu de toutes les sociétés humaines qui doivent toujours composer un équilibre quelconque (et parfois fragile) dans les rapports entre l'individu et sa communauté. Partout et toujours surgit la question de la balance entre les obligations publiques et les droits privés, entre l'ordre social et la volonté individuelle, entre la tradition et l'invention, entre le dogme et la liberté de pensée, laquelle question relance constamment le débat moral autour du libre arbitre. Toutes les cultures humaines doivent résoudre la contradiction entre l'hédonisme et le stoïcisme, et sans jamais pouvoir adopter entièrement l'une ou l'autre solution. Il serait donc trop facile d'espérer résumer l'histoire récente comme un simple mouvement en faveur des intérêts et des droits individuels et comme l'affaissement inverse de l'autorité du social. Ce qui caractérise vraiment l'époque moderne, c'est probablement moins ce mouvement vers l'individualisme que l'apparente accélération du rythme du pendule qui augmente considérablement le risque d'atteindre plus facilement tour à tour les deux extrêmes opposés de l'autoritarisme oppressif et de l'hédonisme démobilisateur. Le XXᵉ siècle a certainement déjà connu les deux et c'est une histoire à suivre.

Cette parenthèse fermée, reste que l'individualisme moderne est un phénomène bien réel dont il faut comprendre les effets considérables qui atteignent très directement le phénomène pornographique.

Donc, inquiet ou déçu par un monde extérieur de plus en plus instable et insatisfaisant, conseillé par les yogis ou les psychanalystes, le citoyen moderne se retourne vers lui-même afin d'y chercher quelques vérités fondamentales.

Ses préoccupations majeures deviennent des stratégies de survie individuelle: la santé par la bonne forme et la paix intérieure par la relaxation et la méditation. Dans le silence et dans la paix, dans la santé et dans la détente, se cacherait la vérité. On cesse de demander si le bonheur est loin ou proche, parce qu'on est convaincu qu'il est à l'intérieur de soi et qu'il faudra le construire. La phrase de Serge Provost, «On vit de telle sorte que le moi devienne à lui seul un projet[4]», résume au moins trois siècles au cours desquels l'Occidental a travaillé à la constitution du sujet qui lui permettrait enfin de connaître le lieu d'où il pense.

L'attitude a été mille fois trop décrite par l'ensemble des commentateurs, et depuis que l'analyse originale de Christopher Lasch[5] a connu un succès populaire considérable aux États-Unis, on ne trouve plus un journal du dimanche qui n'examine quelque aspect particulier du narcissisme moderne. Le sujet se maintient à la mode et les analyses se succèdent, mais la plupart du temps en se répétant, comme si tout n'avait pas déjà été dit le plus sérieusement du monde par les films et les monologues de Woody Allen. On en trouvera partout des preuves et libre à chacun de citer les siennes: par exemple, la transformation progressive des récits de voyage qui décrivaient autrefois les merveilles du monde et qui de nos jours rapportent d'abord les impressions et les états d'âme de l'auteur au contact de ces mêmes merveilles.

Un préalable élémentaire, et en même temps peut-être le tout premier effet du narcissisme moderne, fut le discrédit progressif de la culture comme référence suprême. Le monde extérieur, la vie publique et enfin tous les discours publics en viennent à sonner de plus en plus faux. Pendant que Marx démontrait le rôle mensonger et manipulateur des idéologies, Freud avançait qu'il se cache quelque chose de très réel au-delà des seules apparences que la bienséance encourage. Parce que le siècle des Lumières avait eu le temps d'explorer les grandes vérités que pourrait atteindre la révolution idéale, le XIXᵉ siècle fut une gigantesque déception. On a rapidement compris que le capitalisme industriel n'aurait de respect que pour la loi du plus fort et du mieux adapté.

Parce que tous les autres discours sur la politesse, les bonnes manières, la moralité et la solidarité sociale se transforment en de grossiers mensonges, tous les commissaires du peuple doivent être dénoncés comme des fourbes et des incompétents. De plus en plus, ne restent soutenables que les positions extrêmes: la progression constante des diversités individuelles éclatées et l'étroitesse rigide des idéologies militaires. Entre les deux, tout ce qui reste encore discutable et qui devait être collectivement agréé paraît trop incertain. En ce sens, il n'est pas étonnant que Sherlock Holmes soit devenu à ce moment même un personnage aussi populaire: comme il le répète si souvent au docteur Watson, l'essentiel se trouve dans les apparences, il faut savoir lire et comprendre les signes les plus infimes. Car c'est tout ce qu'il reste d'un monde dont l'épaisseur de sens commun se réduit progressivement à ses aspects les plus superficiels, un monde dans lequel la politesse veut dire ne plus déranger les gens en respectant la sphère grandissante de leur intimité; un monde où les apparences deviennent centrales et où les moindres détails méritent l'attention. Comme dit Richard Sennett, voilà pourquoi le XIXᵉ siècle est devenu si radicalement prude.

Non seulement la culture ne peut plus fournir de réponse existentielle satisfaisante, mais elle se transforme en ennemi premier de la réalisation tant espérée de la personne. L'individu devrait pouvoir explorer librement ses talents et ses choix, mais pour cela il lui faudrait dénoncer l'univers public qui trop souvent l'entrave et lutter contre une tradition indûment contraignante, des mœurs pleines d'inadmissibles préjugés, des habitudes aujourd'hui dépassées ainsi que des modes de vie beaucoup trop limitatifs. L'ennemi est public. Il y a moins de raison que jamais de freiner les aspirations légitimes de la personne qui a maintenant acquis le droit au respect et qui ne tolère plus de se voir imposer des compromis inutiles. Rien d'extérieur ne justifie de retarder l'atteinte d'un objectif individuel raisonnable et légitime. Si l'on désire manger, l'idéal sera d'y avoir droit tout de suite par le *fast-food* ou le four à micro-ondes, sans devoir s'attarder à la préparation, au décor ou aux bonnes manières qui ne sont que des simulacres superflus. Mais si au contraire on désire un festin, on devra inventer avec la même facilité costumes, décors et maniérismes. Pour connaître le plaisir de consommer, la carte de crédit est une machine à voyager dans le temps. L'objectif importe moins que l'efficacité, et la durée devient l'outil de mesure du succès. Bref, la séduction lente n'a plus beaucoup de charme et, malgré ce que prétendent la médecine et les démographes, le rythme s'est accéléré et la vie est devenue plus courte.

Seconde parenthèse: on ne dispose pas de mesure absolue de la notion de temps et on peut se convaincre tout aussi facilement que les choses vont vite, ou au contraire que rien n'avance ou encore, simplement, que le temps passe. L'idée très répandue que la vie presse parce que le monde moderne ne laisse plus le temps d'attendre peut également être comprise comme une illusion inversée:

> La lenteur de notre vie est telle que nous ne nous considérons pas comme vieux à quarante ans. La vitesse des véhicules a retiré la vitesse à nos âmes. Nous vivons très lentement et c'est pourquoi nous nous ennuyons si facilement. La vie nous est devenue comme une campagne. Nous ne travaillons pas assez et prétendons travailler trop.

Nous nous deplaçons très rapidement d'un point où rien ne se fait à un autre point où il n'y a rien à faire, et nous appelons cela la précipitation fiévreuse de la vie moderne. Ce n'est pas la fièvre de la hâte, mais la hâte de la fièvre. La vie moderne est un loisir agité, une réduction du mouvement ordonné à l'agitation.

Fernando Pessoa[6]

Cela dit, revenons à notre propos. Les contraintes extérieures ne seraient que des barrières temporaires construites par les sociétés humaines et contre lesquelles il est nécessaire d'engager autant de luttes de libération (un peu comme le souhaitait tout un courant existentialiste). Puisque la seule véritable contrainte insurmontable viendrait de l'intérieur de l'être, il est plus que jamais essentiel de bien nous connaître nous-mêmes et de nous définir en explorant les limites qui définissent notre identité. En clair, nous révéler pleinement à nous-mêmes en poursuivant quelques expériences qui nous rendront conscients de nos limites. Vérifier, dirait Tom Wolfe, si l'on possède le *right stuff*, apprendre le sitar, escalader une montagne, suivre un cours d'espagnol ou s'adonner au tai-chi. N'importe quelle activité peut nous apporter la satisfaction d'apprendre qui nous sommes. Savoir jusqu'où il nous est possible d'aller, bien sûr, mais plus modestement apprécier les multiples émotions essentielles à toute autoconstruction, apprendre à mieux reconnaître nos réactions à ce qui nous est agréable, comme à tout ce qui est déplaisant et qui fait mal. La révolution industrielle a profondément sapé l'idée ancienne selon laquelle il existait une nature humaine à peu près immuable et répartie parfois très inégalement par la volonté divine ou royale, pour nous faire entrer dans la phase moderne de l'autofabrication, du *self-made man*. Idéalement, il faudrait ainsi se rendre au bout de soi-même — ou du moins prendre conscience des extrêmes qu'il serait possible d'atteindre. Car c'est la seule façon efficace de toucher les limites qui, en derniers recours, nous définissent. On ne peut plus abandonner au monde extérieur la tâche de préciser à la place de l'individu et de lui imposer ces limites qu'il devra au contraire découvrir par son propre cheminement. Échappant à la personne privée, les seules contraintes aujourd'hui reconnues comme incontestables et universelles, la santé et l'environnement, dépassent très largement l'individu et, surtout, n'appartiennent plus à l'univers social: le citoyen autrefois dominé par des obligations envers ses semblables s'inquiète maintenant de ses dettes cosmologiques.

Autre paradoxe apparent de la modernité, cet individu largement laissé à ses propres fantasmes est en même temps un être plus envahi, mieux surveillé et plus colonisé que tous ses ancêtres. Il subit l'invasion massive de son intimité par d'étonnants outils de traitement de l'information qui lui semblent parfois atteindre à la toute-puissance: depuis les satellites géostationnaires capables de percer un ciel nuageux et qui ont, à vingt-cinq kilomètres du sol, la capacité de lire un journal, jusqu'à l'échographie, qui interdit la dérobade même dans le ventre de sa mère. À l'instant même où le spectateur obtient le libre choix parmi des dizaines de chaînes de télévision et autant d'émissions changeant toutes les trente ou soixante minutes, on invente l'appareil qui permettra de mesurer avec précision et à tout instant ce que chaque personne regarde. L'individu moderne vit en liberté surveillée, et les évolutionnistes diraient probablement que cette liberté serait impensable sans surveillance et que, inversement, la force des moyens de contrôle serait insoutenable sans une plus grande marge de manœuvre individuelle. Aussi, l'impression personnelle du citoyen est souvent double et apparemment contradictoire: il se sent à la fois l'innocente victime de puissances infiniment supérieures qui décident de son destin et qui le manipulent, tout en demeurant profondément convaincu d'être une «personne» unique, autonome et libre de se réaliser chaque jour davantage.

D'autre part, la poursuite de l'intime a toujours eu pour avantage appréciable d'être généralement plus crédible et concluante que l'expérience de la vie publique. Dans la plupart des cas, il est permis d'évaluer tout de suite et de juger avec assurance si une expérience personnelle est réussie, tandis que dans le monde extérieur, trop incertain et trompeur, il est impossible de parvenir rapidement à quelque certitude que ce soit. L'expérience intime jouit de l'immense bénéfice de paraître authentique dans un monde où l'on craint par-dessus tout non plus la peste, mais le mensonge. L'authenticité est devenue la condition absolue en même temps que le critère suprême dans un monde qui a généralisé l'approche scientifique comme mode privilégié de connaissance et qui ne saurait plus se satisfaire de vagues approximations. Il est essentiel d'atteindre le vrai partout où il se cache et d'en saisir tous les secrets. En somme, au-delà de la science, c'est toute la modernité qui a développé une passion pour un type de certitude qui, bien qu'on la dise fragile et en perpétuelle autodestruction, offre la meilleure garantie pour toucher l'authentique. C'est la seule vérité qui reste, mais elle ne dure jamais longtemps car, comme dit Lipovetsky, «le modernisme interdit le stationnement[7]». La certitude a acquis la mobilité de la mode et on en change comme certains remplacent leurs experts, ou d'autres, leurs partenaires.

Nouvel impact de l'individualisme: les intérêts particuliers se multiplient et deviennent de plus en plus précis. Nous sommes entrés dans une ère d'ajustement sur mesure. John Naisbitt[8] demandait si l'on gardait souvenance du bon vieux temps où toutes les baignoires étaient blanches et tous les téléphones noirs? Et chacun sait combien l'univers de la consommation et de la publicité est devenu hyperspécialisé pour atteindre des cibles toujours plus précises; ainsi, on a vu l'apparition de commerces qui ne vendent que des cerfs-volants ou de la nourriture pour chiens, et Naisbitt mentionne une boutique de New York entièrement consacrée aux ampoules électriques (2500 types différents, disait-il). Au moment même où l'intégration verticale des entreprises fait qu'un même consortium financier contrôlera un nombre parfois hallucinant de compagnies manufacturières, au ras du sol, la plupart des produits sont maintenant subdivisés en genres, tons, teintes, grosseurs, forces, ou classés selon les styles de vie très particuliers et les vertus toutes individuelles dont chaque achat viendra témoigner. Et les observateurs soulignent que les solidarités sociales modernes s'appuient sur des rapprochements de plus en plus pointus et que les groupes qui s'en dégagent sont de plus en plus microscopiques: les motocyclistes chrétiens, les lesbiennes monoparentales, les anciens joueurs de la ligue Dépression, les laryngectomisés, les amateurs de trains à vapeur, et ainsi de suite à l'infini[9].

> À mesure que le cercle de la société publique s'agrandit, il faut s'attendre à ce que la sphère des relations privées se resserre: au lieu d'imaginer que les citoyens des sociétés nouvelles vont finir par vivre en commun, je crains bien qu'ils n'arrivent enfin à ne plus former que de très petites coteries[10].

Jamais une société n'avait laissé ses membres aussi libres de poursuivre individuellement ou en petits groupes les intérêts les plus divers et les plus inusités. La presse en fournit quotidiennement des exemples: le caporal-chef Daniel Fournier du 12e régiment blindé du Canada a consacré depuis novembre 1985 plus de deux mille heures à la fabrication d'une réplique d'un char d'assaut Léopard 1A-4 tout équipé, en utilisant 139 boîtes de 650 cure-dents chacune; aux Jeux olympiques de Calgary en 1988, le mexicain Roberto Ado Alvarez Hojel s'est classé 85e dans l'épreuve de 30 kilomètres en ski de fond, heureux de terminer sept minutes devant Arturo Kinch du Costa Rica; on a lancé l'an dernier en Californie une revue non médicale, le *Foreskin Quarterly*, entièrement consacrée aux questions entourant la circoncision. Le citoyen ordinaire n'a pas toujours l'imagination des grands artistes qui depuis longtemps peignent des boîtes de soupe Campbell (Warhol); écrivent une pièce de théâtre sans dialogues ni acteurs, tout en soupirs et en halètements, et qui dure les 36 secondes d'une variation d'intensité de l'éclairage (Beckett); déclarent «musique» le bruit de la rue, de l'usine et du silence (Cage); ou entourent des îles dans la baie de Biscayne de 600 000 m² de ruban rose (Christo). Moins ambitieux, le citoyen ordinaire se contentera de vouloir se prendre en charge. Il se réjouira dans l'impression de pouvoir à peu près tout apprendre et tout tenter, grâce à la multiplication des manuels qui promettent de lui enseigner sans trop d'effort comment fabriquer des armoires antiques, se garder en forme, faire l'expérience du zen, piloter un avion, se faire des amis, peindre des paysages, faire jouir l'autre sexe, parler le japonais. S'il devenait un jour possible d'assimiler tous ces manuels, on retrouverait sans doute le proverbial homme de la Renaissance. Mais la société moderne ne réussit vraiment qu'à produire des originalités.

Cela toutefois ne veut pas dire que l'individu moderne vive en ermite. Il continue à fréquenter le monde, sauf qu'il est laissé beaucoup plus libre d'y construire et d'y apposer son propre sens. La notion d'obéissance civile a beaucoup rétréci, alors que les univers personnels sont devenus plus autonomes et originaux. Le logement se transforme en un assemblage tout personnel d'objets divers, souvenirs de vie et de voyages, un méli-mélo qui n'a très souvent plus de sens que pour son propriétaire (la collection de livres et de disques, la succession d'affiches de concerts anciens, de coquillages rapportés des vacances, la bouteille vide, le bric-à-brac). L'espace intérieur finit par reproduire l'espace urbain, mélange d'images désordonnées et rapides. L'individu sait qu'il doit choisir et construire lui-même sa propre expérience authentique, parce que les images publiques sont trop nombreuses et parce que le message de la cité est devenu trop incohérent pour être crédible. Les anciens auraient été étonnés, mais c'est pourtant dans cet univers de bricolage que doit naviguer le citoyen moderne en y imposant au moins juste assez d'ordre pour survivre. Plus important sans doute, cette construction de soi et du monde par soi se présente comme actuelle et intemporelle, immédiate et permanente, sans durée et sans vision à long terme[11]. Le citoyen de l'instant, mais qui parle sans cesse de son âge.

Aux descriptions de l'individu moderne fabriquant sa propre connaissance du réel avec une facilité qui déconcerterait tous les formalistes, on ajoute parfois que l'évasion dans le rêve et l'imaginaire est devenue un état à peu près normal et que la conscience humaine semble avoir été altérée par la modernité plus efficacement que par tous les hallucinogènes que l'on peut trouver couramment. Ceux qui se moquent des païens superstitieux et crédules qui croient que seuls les fous se prennent pour Zorro devraient écouter attentivement George Bush s'efforcer de parler comme l'acteur Clint Eastwood dans le rôle de l'inspecteur «Dirty» Harry dans le but de séduire un électorat qui écoute la télévision en moyenne huit heures par jour (ou 121 journées entières par an, ou encore 23 ans sur 70)[12].

Après le vrai rocher de Plymouth et le parc de l'Ancien Testament près de Mobile en Alabama (lequel, parmi plusieurs sites sacrés, offre une visite de l'intérieur de la baleine où Jonas resta prisonnier), les compagnies Disney-MGM et Universal viennent d'ouvrir un musée du cinéma en Floride, là où les films ne sont jamais tournés, afin de permettre aux touristes de voir de près une réplique du faux motel utilisé dans Psycho, des copies des fausses jungles où Tarzan s'est baladé, et ainsi de suite, une longue série de véritables imitations de faux. Ces exemples sont trop outranciers pour ne pas être source d'inquiétude: la passion de l'authenticité rend terriblement crédule et les gens semblent de moins en moins capables de distinguer le réel de la fiction. Pour sa part, l'ethnologue dirait que la nouveauté première tient dans l'inquiétude elle-même: la «réalité» a maintenant valeur d'exclusivité et le faux est soudain devenu intolérable.

Autre volet et corollaire direct de cette licence envers l'individu, les progrès de la solitude sont tout à fait remarquables. La société moderne produit et tolère de plus en plus de gens qui vivent seuls, c'est-à-dire qui habitent des espaces privés (dans lesquels ils passent les deux tiers de leur vie) qui ne sont plus partagés de façon permanente par d'autres; aux États-Unis, on estime qu'entre 1940 et 1980 la proportion de ces personnes seules est passée de moins de 8 pour 100 à plus de 22 pour 100 de la population[13]; en France, entre 1962 et 1982, le nombre de personnes vivant seules a augmenté de 69 pour 100[14]; dans les principales villes canadiennes, le nombre de solitaires aurait doublé entre 1971 et 1981, et représenterait aujourd'hui environ le tiers de la population totale du pays[15]. Alors que la taille moyenne des «ménages» canadiens passait de 3,9 personnes en 1961 à 2,8 en 1986, les architectes et les promoteurs immobiliers, longtemps avant l'apparition du sida et de la violence urbaine endémique, s'étaient rapidement ajustés à ces nouvelles solitudes en mettant sur le marché des appartements de plus en plus petits, sauf en ce qui concerne la salle de bains, salle d'eau et de soins intimes, qui seule s'agrandit. Le célibat conquiert chaque jour un peu plus de respectabilité sociale et de popularité. Il n'est pas indifférent, bien sûr, qu'un enfant américain sur quatre vive aujourd'hui avec un seul parent, à cause surtout du taux de divorce et de l'augmentation du nombre des femmes-mères (autrefois filles-mères), mais il faut aussi noter les résultats d'enquêtes montrant que les conversations et les contacts humains parmi les membres d'une même famille (traditionnelle ou non) se réduisent en moyenne à quelques minutes par semaine. Il est facile de croire symptomatique le succès du livre de Christopher Lasch *Le Complexe de Narcisse* qui, aux États-Unis, est resté un bon moment sur la liste des best-sellers. Il faut présumer que Lasch touchait une corde sensible par sa description du désengagement progressif de l'individu moderne, qui de plus en plus hésite devant les risques des relations interpersonnelles et qui, en dernière instance, choisit de fuir devant ses propres sentiments, par crainte de la passion bien sûr, mais aussi par crainte de toute forme d'engagement envers l'autre, qui serait de nos jours immanquablement perçu comme un appauvrissement inévitable de ses propres potentialités.

Mais le phénomène de l'atomisation des rapports sociaux est global. Les observateurs ont l'embarras de choisir parmi de très nombreux exemples. Reprenons celui de la musique: autrefois entendue seulement en quelques rares et grandes occasions, elle constituait un *divertimento* qui bouleversait le quotidien de toute la communauté; aujourd'hui, elle peut être fabriquée par un Mike Oldfield travaillant seul dans un studio à la campagne pour être ensuite transmise à un auditeur fermé aux autres sons du monde par son baladeur. On pense évidemment aussi à la révolution que causeront peut-être les micro-ordinateurs et qui modifie déjà l'ensemble des rapports sociaux dans tous les bureaux du monde, qui demain peut-être non seulement transformera la pédagogie et tuera ensuite le monde de l'édition au profit exclusif des auteurs, mais transformera sans doute bien d'autres choses encore. Puis, il y a tous ces microprocesseurs, guichets automatiques, transmetteurs et transporteurs à distance qui diminuent d'autant les occasions de contacts entre les personnes. Certains même trouvent significatif que, dans l'estime générale, le chien fidèle mais exigeant cède maintenant sa place au chat fier et plus autonome, tant dans l'imaginaire populaire où Garfield remplace Snoopy, que dans la pratique domestique, selon ce qu'en disait le recensement américain de 1988 qui rapportait que, pour la première fois, le nombre de chats au foyer (56 millions) dépasse celui des chiens (52 millions). Enfin, de manière plus indirecte, signalons qu'il n'existe plus vraiment de saison pour les fraises puisqu'il est maintenant possible de s'en procurer en plein hiver; autrefois, même l'individu qui mangeait seul une fraise tenait néanmoins pour certain son ajustement à la vie collective et au rythme de la nature.

Ouvrons une dernière parenthèse, pour y insérer l'hypothèse que l'histoire déclarera demain que les abondants débats à la mode sur les rapports entre les sexes avaient finalement assez peu à voir avec les différences sexuelles. Une bonne partie de ce qui est érigé et compris comme appartenant aux rapports entre le féminin et le masculin pourrait n'être dans les faits qu'un autre symptôme du processus d'isolement: par la force des rapports sociaux traditionnels, l'être le plus intime, de qui l'on se sépare en toute dernière instance, sera dans la plupart des cas une personne de l'autre sexe.

Tocqueville avait prévu la première phase de l'atomisation des rapports sociaux, quand la vie publique n'offre plus de satisfactions suffisantes et que l'individu s'enferme dans l'intimité du privé. Mais lorsque le privé se trouve remplacé par le personnel, il devient dès lors prévisible que tout rapport avec l'autre prenne la forme d'un compromis forcément limitatif. Parce qu'il est beaucoup plus restreint que le public, dans lesquel l'individu pouvait le plus souvent se dissimuler sinon se perdre, le privé devient tout de suite tyrannique. L'individu s'y sent brimé d'abord parce que l'autre avec qui partager l'intime est devenu un être aussi profond et complexe que soi, donc une personne humaine qui ne se laissera plus imposer de définition facile et qui ne peut être vraiment découverte et atteinte qu'au prix de longs efforts. Ensuite, on bute contre le paradoxe d'une recherche de l'autre et d'un échange avec lui qui ne pourront jamais être réussis s'ils exigent d'atteindre la communication parfaite du complètement sincère et du totalement honnête: la réussite de toute relation humaine, comme connaissance et apprentissage de l'autre, ne peut jamais être complète si l'on veut éviter la pénible impression de n'avoir plus rien à se dire, mais en contrepartie, l'incomplet, le secret et le mystère deviennent prétextes à frustration et font naître l'inquiétude et un sentiment d'échec. La certitude de l'autre crée vite l'ennui, son mystère est une offense. Le cercle est vicié: la modernité invente et veut explorer toute la lourdeur de l'être, pour ensuite trouver l'expérience insoutenable.

Ainsi, les parents sont placés dans un hospice, douillet si possible, et les enfants se font plus rares et sont envoyés en garderie, à l'école ou devant la télévision. L'atomisation implose en cercles concentriques: de la vie publique à la famille restreinte, des parents et amis éloignés aux proches. Bientôt, il ne reste plus que le couple isolé (hétérosexuel ou homosexuel, cela n'a pas d'importance), dans lequel se trouve réinvesti tout le social. L'individu se découvre donc devant un seul partenaire social au-delà duquel il n'y a plus que les gens dans la rue ou l'électronique. L'intensité augmente à l'intérieur du couple, et un tiers de la population refuse ou ne réussit pas cette relation et se retrouve seul; en d'autres mots, la tendance actuelle porte à croire que la dernière personne à partager la vie de l'individu l'a déjà quitté ou est de toute évidence en train de le quitter. Mais il est tout aussi probable qu'un autre tiers de la population vit au même instant ce qui est sans doute la vie de couple la plus intense de l'histoire. Tandis que le dernier tiers accapare tous les débats en se demandant encore ce qui se passe.

Revenant aux principaux commentateurs de la modernité, on comprend vite que leur évaluation globale est en général négative. Le jugement de valeur final dénonce, s'inquiète ou condamne. D'une part, on entend l'ensemble des humanistes de toutes tendances qui, convaincus de pouvoir chaque fois reconnaître la nature véritable de l'être humain, craignent que la société moderne ne l'en écarte dangereusement. La modernité leur paraît inhumaine parce qu'elle produit des individus désincarnés et aliénés, des êtres très amoindris et profondément malheureux; bref, nous serions en plein déclin et, depuis le *Citoyen Kane* qui n'avait pu que mourir solitaire dans la nostalgie du traîneau de son enfance, le cinéma a approfondi cette image de l'homme moderne en passant au *Taxi Driver* qui vit seul, aime la pornographie et se propose de tuer tout ce qui l'énerve. À ce rythme, le cinéma n'aura bientôt de sujets «sociaux» que ceux qu'il puisera dans le folklore. Le thème est connu pour avoir été maintes fois entendu et repris. De leur côté, les sociologues s'inquiètent souvent davantage du repli sur soi du citoyen moderne et de son indifférence croissante aux autres. Au-delà de la déshumanisation personnelle, on assisterait aussi à une crise de la démobilisation sociale, à une panne sèche de la sociabilité. (Notons en passant qu'on a déjà dit que ces sociologues qui s'inquiètent, comme toutes les élites, ressemblent beaucoup à des croyants plus ou moins déclarés qui aspirent au militantisme de la «pratique sociale» et qui semblent craindre surtout que personne ne réponde plus à leurs appels et de se retrouver avec une cause désespérée sur les bras.) Les idéologies du moment sont devenues *soft*, selon le terme de Huyghe et Barbès, et l'État moderne en est réduit au rang de commanditaire d'équipe de football et de société anonyme fondée sur la mémoire d'un vague contrat social[16]. D'autres encore perçoivent les signes d'une autre forme de décadence et, alors que Lasch et Nesbitt rejoignent Hobbes en prédisant qu'une atomisation des rapports sociaux ne pourra que conduire à la guerre généralisée dans un climat d'indifférence totale, Lipovetsky préfère parler d'une «indifférence pure» qui est au contraire plutôt douce, généreuse et pas du tout agressive:

> Dieu est mort, les grandes finalités s'éteignent, mais *tout le monde s'en fout*, voilà la joyeuse nouvelle, voilà la limite du diagnostic de Nietzsche[17]...

Comme s'il avait été trop longtemps abasourdi par la menace constante de l'anéantissement planétaire, l'individu avait, en s'explorant lui-même, découvert à la fois sa propre richesse intérieure et sa très grande fragilité, qu'il impute ensuite aux autres. On en arrive à se convaincre que ces autres ont pour la plupart cessé d'être menaçants puisqu'ils ne peuvent plus nous atteindre au tréfonds de cette profondeur nouvelle. Qu'il ne reste d'inquiétants que les maniaques et les drogués, les fous et les déments, les violeurs et les assassins, contre qui il faut protéger les faibles et les imprudents. Il y aurait là en somme une jonction de deux courants contraires. Dans un sens, il y a éloignement par isolation et, dans l'autre, rapprochement psychologique. En prenant conscience de toutes nos différences, nous nous ressemblerons davantage. Le citoyen moderne serait donc un être plus doux et paisible, une sorte de «retraité» social, plus sensible que jamais à tous ces autres auxquels il n'a plus affaire. Un individu qui se sent silencieusement solidaire de tous ces étrangers solitaires qu'il croise tous les jours dans la rue et dont il se méfie. Le paradoxe n'est qu'apparent: sur la scène publique, les autres peuvent être une occasion constante de déplaisir et une entrave à l'épanouissement personnel, c'est pourquoi il faut prendre la peine de dénoncer les pères incestueux, les touristes grossiers, les analystes stupides comme les politiciens véreux; par contre, nous sommes en même temps plus que jamais convaincus que derrière chacune de ces façades imparfaites vit un être humain entier et complexe qui mériterait d'être aimé.

Il y aurait donc un lien (quoique fort discuté[18]) entre l'individualisme et l'égalité: plus l'isolement progresse, moins on fait confiance aux discours sacrés, aux mouvements de masse et aux valeurs supérieures qui sont ici toujours hiérarchiques et coercitives, mais du coup il devient important pour l'individu d'espérer qu'il n'y aura bientôt plus d'inégalités dans le monde, ou du moins d'être assuré que tous les humains seront désormais traités équitablement. Ce qui revient à dire que la personne moderne ne veut plus faire de mal même à une mouche et

qu'elle n'admet plus de causes sociales plus méritoires que
la lutte incessante pour le respect des droits de la personne.
Le projet de la modernité exige que l'on travaille à la création d'une société de l'extrême tolérance, que l'on défende
les Indiens autant que les cow-boys, que l'on se montre
tolérant aussi bien envers le pape qu'envers le dalaï lama,
le bon sens et la démence marginale. On le sent bien, la
modernité propose de modifier en profondeur ce qui avait
toujours été une des fonctions élémentaires de la société
humaine. Pour Huyghe et Barbès, c'est nettement un
complot politique (qui ne durera pas): « Il s'agit de frapper
d'interdit tout ce qui pourrait faire obstacle à l'épanouissement de la société de communication apolitique et
anhistorique[19].» Pour Jean Baudrillard, qui unit par le ton
sociologie et humanisme, nous serions entrés en phase
terminale:

> C'est dans cette perspective de gestion des résidus que le
> social peut apparaître aujourd'hui pour ce qu'il est: un
> droit, un besoin, un service, une pure et simple valeur
> d'usage. (...) Sorte d'espace fœtal de sécurité venant
> subvenir partout à la difficulté de vivre, fournissant partout
> la qualité de la vie, c'est-à-dire, telle l'assurance tous
> risques, l'équivalent de la vie perdue — forme dégradée de
> la socialité lubrifiante, assurantielle, passifiante et permis-
> sive — forme la plus basse de l'énergie sociale: celle d'une
> utilité environnementale, comportementale — telle est
> pour nous la figure du social — forme entropique — autre
> figure de sa mort[20].

Le verdict est formel mais il n'arrive pas à convaincre. Le social antique est peut-être mort, mais ses funérailles furent-elles si tristes? Il paraît impensable de croire
que la vie moderne n'offre plus que des désagréments. À
moins d'ériger en preuve incontestable la conviction que
nous habitons vraiment un monde de fous.

Pour certains théoriciens plus conservateurs, l'annonce de la victoire moderne de l'individualisme était prématurée, ses progrès ont été freinés et le mouvement du pendule s'est déjà inversé vers la recherche de valeurs plus sûres qui permettront de retrouver le sens du «nous» et la sociabilité ancienne. Notons que cette critique est parfois d'une légèreté déroutante lorsqu'elle suit les modes, nécessairement contradictoires, et prend prétexte de la moindre fluctuation du taux de divorce ou des naissances pour annoncer sans pudeur que les habitudes changent, que la pornographie est morte et que nous venons d'entrer dans une ère nouvelle qui oblige à tout repenser. La critique paraît cependant plus sérieuse lorsqu'elle dénonce le caractère profondément nostalgique de la plupart des analyses récentes. Les dénonciateurs de l'individualisme moderne seraient avant tout des romantiques d'un humanisme vieillot qui n'ont jamais pu pardonner à ce qu'ils imaginaient être les masses populaires et silencieuses de n'avoir pas voulu les suivre dans la voie menant vers un monde meilleur. On comprend, à la lecture de la confession tardive de Christopher Lasch[21] (qui plaide coupable et voudrait qu'on l'excuse), que ces mêmes humanistes, au fond, n'ont jamais pu pardonner le manque de ferveur révolutionnaire des masses et encore moins le profond mauvais goût du peuple. La thèse de Baudrillard semble déboucher sur un cul-de-sac, tandis que d'autres cherchent l'humain tant désiré dans les interstices entre le social devenu gigantesque et l'individuel maintenant insondable, là où survit un petit espoir de sociabilité, dans l'exotisme des mouvements coopératifs ou dans le pouvoir local. Par contre, il serait tout aussi ridicule de prétendre, comme l'espèrent les plus conservateurs, que toutes ces analyses soient exagérées et que rien de fondamental n'ait changé; prétendre simplement que la crise de l'individualisme ait été au plus une phase passagère, qu'il y ait renouveau du mariage comme de la foi, et que tout redeviendrait normal parce qu'au fond la société est saine et plus solide que ce qu'en disaient ses dénigreurs.

Lorsqu'il n'y a de généralisable que la diversité, l'analyse sociale parvient facilement à démontrer l'une et l'autre tendance en choisissant bien ses exemples. On assiste alors à un débat d'opinions qui oppose deux nostalgies et au cours duquel les critiques se détruisent mutuellement et souvent se diminuent, comme tout le reste, par effet d'inflation.

Tout en évitant ce genre de débat, il faut avant de conclure insister davantage sur une caractéristique de la modernité qui explique sans doute bien des choses, mais à laquelle les commentateurs font rarement allusion, probablement parce qu'il s'agit d'une grossière évidence. Le citoyen profite aujourd'hui d'un contexte social qui lui offre une protection de l'espace privé et un confort intime probablement sans égal dans l'histoire. Hors des milieux de la publicité, on a trop peu dit à quel point le baladeur représente une ouverture sur le monde planétaire de la musique et une évasion de la petitesse des bruits environnants. Combien les conférences télévisées sont plus intéressantes que les conversations d'un grand-oncle. À quel point l'isolement moderne constitue en fait une libération de la tyrannie des proches et une mise en relation avec l'humanité entière. L'individu n'a plus le temps de parler à quiconque parce qu'il a trop à écouter (et très bientôt parce qu'il aura trop à dire). Il n'a plus le temps de s'attarder aux contraintes de l'immédiat. Inutile de sortir de chez soi quand l'univers privé devient plus spectaculaire que la scène publique. L'appauvrissement progressif des discours officiels («politiques», diraient certains) qui hier encore englobaient tout, de Dieu jusqu'à la cuisine, a eu pour contrepartie l'enrichissement comparable et équivalent de la vie privée de la personne qui mange mieux, lit mieux et pourquoi pas, pense mieux qu'avant. Certains profitent déjà de tous ces avantages, plusieurs espèrent les obtenir, pendant que d'autres protestent vigoureusement en souhaitant autre chose ou en préférant retourner en arrière. Et il se trouve inscrit au programme de la modernité de ne plus chercher à imposer ses conclusions.

En fin de compte, l'image globale de la modernité demeure encore imprécise. Ce que nous tenons pour certain se résume à peu de chose: la multiplication des façons de vivre heureux et d'atteindre le désespoir, la liberté plus grande de choisir entre les deux et l'intensification des hésitations. Pour le reste, la modernité ne fait que reprendre les thèmes anciens dont toute culture humaine doit débattre, mais d'une manière évidemment originale et, selon plusieurs, dangereuse. Parce que le grand espoir de la modernité peut facilement tourner au drame. Quand on arrive au paradoxe ultime de l'individu qui progresse inlassablement vers la contemplation de lui-même comme objet, convaincu que c'est la seule façon de se bien connaître et d'assurer son individualité, et qui se décourage en découvrant l'impossibilité de faire l'expérience intérieure de l'analyse extérieure. Le drame d'une marche vers l'individualisme qui prend l'allure d'une grossière illusion pour ceux qui découvrent avec tristesse que l'être humain se révèle vide et que la recherche désespérée au fond de soi-même ne procure pas nécessairement de vérité profonde[22]. Pis encore, quand ils découvrent à quel point nos sens nous trompent et combien nos émotions sont peu fiables. La solution facile consistera à se rabattre sur les quelques valeurs apparemment fondamentales, les seules que l'on voudrait indiscutables et qui offriraient enfin la mesure du bien-être, en particulier la santé, la bonne forme et la vie longue. Pour d'autres, la santé ne suffit pas et le drame devient encore moins supportable quand la recherche de l'authenticité intérieure touche le vide et enclenche une panique angoissée. De là, aucune autre issue possible que le suicide ou la fausse conscience. Parce que, malgré les efforts pour retrouver un mode de vie et des valeurs plus traditionnels, ou l'illusion moderne d'un enfermement dans le cocon familial, on ne peut plus sincèrement espérer atteindre comme autrefois une société que l'on a maintenant reconnue comme un univers de simulacre et une culture que l'on ne considère plus que comme un mensonge désormais inutile.

CHAPITRE 5

LA PORNOGRAPHIE, PLAISIR MODERNE

> La civilisation est une longue
> insulte à la dignité humaine.
>
> LEWIS MUMFORD

Si l'on accepte l'image de la modernité présentée au chapitre précédent, à l'instar de la plupart des gens (pas tous) qui font et vivent cette société, la pornographie n'a vraiment rien pour surprendre. Il était depuis longtemps prévisible que le sexe suive tout le reste et prenne tôt ou tard un nouveau sens en se transformant parfois en marchandise réservée à l'industrie et à quelques boutiques hautement spécialisées. Malgré toutes les résistances, il était inévitable que le sexe devienne commercial (en même temps que le commerce se donnait une allure sexy), car la règle du marché n'interdit pas de vendre son sexe sur le même mode que l'on vend son talent, son labeur ou sa sincérité. La sexualité se dote alors du statut d'un savoir particulier, que l'on acquiert et que l'on met en application suivant des normes bien établies. Et puisque le sexe touche précisément la marge de la moralité publique, la pornographie s'est vite révélée une très bonne affaire, comme n'importe quel autre commerce qui occupe les frontières sociales du légitime et du criminel.

Pour plusieurs, la situation est claire, et la pornographie apparaît quand une société perd son sens moral, quand elle n'arrive plus à contrôler ses déchets et se met à décliner (Paul Virillio parle même du «pourrissement» des sociétés[1]). On perd alors toute réserve et on ne reconnaît plus le sacré; selon la formule de Ross Wetzsteon[2], Freud avait bien dit qu'il y a, au moment où deux personnes font l'amour, toujours au moins six personnes dans la pièce, et on sait aussi qu'il peut très bien n'y en avoir qu'une seule, mais jamais 120 personnes à 10 $ par tête. D'autres soutiennent que la pornographie était tout autant prévisible mais pour une autre raison: dès que le citoyen obtenait le droit de parole et une plus grande liberté d'expression, son apparition devenait plus probable; ce qui revient à dire que la pornographie existe parce qu'enfin la démocratie approche.

Donc, la cause est entendue et la pornographie compréhensible. Reste pourtant que les analyses qui s'arrêtent ici n'ont encore rien dit de l'essentiel: la pornographie est excitante, plaisante, attrayante et agréable. Elle offre un plaisir énorme qui assure son succès qu'on ne peut donc passer sous silence. Il y a d'abord le plaisir de l'excitation sexuelle, bien sûr, avec toutes ses interconnexions physiologiques et psychologiques, mais il y a en plus — ce qui nous intéresse particulièrement — les formes spécifiques de la pornographie et donc la construction culturelle du plaisir. Ou si l'on préfère les termes de la question posée par Nancy Huston, il faut aussi essayer de comprendre pourquoi ce sont précisément ces images-là qui sont excitantes.

La paix

Quand je m'y suis mis quelquefois à considérer les diverses agitations des hommes et les périls et les peines où ils s'exposent dans la cour, dans la guerre, d'où naissent tant de querelles, de passions, d'entreprises hardies et souvent mauvaises, etc., j'ai dit souvent que tout le malheur des hommes vient d'une seule chose, qui est de ne savoir pas demeurer en repos dans une chambre. Un homme qui a assez de bien pour vivre, s'il savait demeurer chez soi avec plaisir, n'en sortirait pas pour aller sur la mer ou au siège d'une place. (...) On ne recherche les conversations et les divertissements des jeux que parce qu'on ne peut demeurer chez soi avec plaisir...

Blaise Pascal[3]

Je savais seulement qu'il était seul, comme nous nous efforçons d'ignorer qu'on peut l'être. Impitoyablement seul.

Avec donc, pour lui, l'efficacité foudroyante de cette solitude-là.

Annie Le Brun (parlant du marquis de Sade)[4]

Le modèle de l'homme nouveau de la modernité s'est incarné vers le milieu du siècle dans le personnage de Hugh Hefner, fondateur et pendant trente ans directeur de l'empire *Playboy*. Hefner était à la fois fabricant, bon vendeur et excellent consommateur. En plus et au-delà des photos de jolies filles nues, la revue offre tout un style de vie, une philosophie sociale et une morale politique, des modes vestimentaires et gastronomiques, une façon de consommer la société des loisirs infinis, des milliers de gadgets coûteux, bref, une image très nette des multiples signes de la réussite, dont la plus grande récompense et le suprême trophée serait la *Playmate* renouvelable chaque mois. Entrepreneur par excellence de la modernité, Hefner a passé presque toute sa vie dans ses deux palais de Chicago et de Los

Angeles, dont le confort luxueux lui paraissait inégalable et qui semblaient animés par une fête perpétuelle à laquelle tout le beau monde du *jet set* voulait être vu. Certains historiens liraient peut-être dans ce faste quelque signe d'un retour au temps de la Régence, à travers une révolution à rebours contre les rigueurs puritaines de la bourgeoisie, et la réapparition du droit d'afficher publiquement sa fortune à deux pas de la plus abjecte misère urbaine. *Playboy* est absolument un produit de la société américaine et d'autres commentateurs trouveraient beaucoup de choses à ajouter à cela, mais il suffit ici de signaler le caractère typiquement moderne du personnage Hefner. Voilà quelqu'un qui s'est lui-même érigé en modèle de réussite commerciale, sociale et sexuelle et qui, pourtant, de l'avis de tous les journalistes et selon les confidences de ses intimes, est demeuré un homme particulièrement discret et réservé, qui ne sort pratiquement jamais de sa luxueuse résidence et qui finalement se mêle assez peu à ses invités, avec qui il entretient des rapports d'affaires ou de sexe brefs et à ses yeux pleinement efficaces et satisfaisants. L'image favorite de Hugh Hefner (plusieurs fois publiée par lui-même dans sa propre revue) montre un homme seul assis sur un gigantesque lit circulaire dans une chambre sans fenêtres, où il travaille surtout de nuit. Comme le faisait remarquer Tom Wolfe, il n'y a aucune *Playmate* dans cette image, pas de femmes, seulement son paradis intime: un grand lit, une forteresse lambrissée de bois précieux, des murs sans fenêtres, et une foule d'appareils électroniques munis de dizaines de touches et boutons[5]. C'est l'image d'un isolement douillet, paisible et totalement hédoniste. Le solitaire dispose de tout ce pour quoi il se reconnaît un besoin, même de l'assurance d'une fête permanente à l'étage inférieur où il pourra aller faire un tour si jamais l'ennui le frôle.

Le marquis de Sade écrivait enfermé dans une prison, tandis que la solitude de Hefner est un modèle de vie, proposé par un homme que l'opulence et le bonheur avoués ont transformé en héros culturel envié et adulé. La différence est importante. Alors que le marquis de Sade vivait en cellule, Hefner s'enferme dans une chambre. Alors que des femmes ont depuis le début de la révolution industrielle lutté contre la division entre l'espace public et la sphère domestique qui les confinait dans une infériorité accablante, Hefner réussit à travailler sans quitter son lit. Il se confine volontairement lui-même dans la domesticité parfaite. Son éclatante réussite publique, sa victoire sur l'économie politique et sa conquête du monde, tout sert à lui permettre d'aller se coucher. Paisiblement dans sa chambre. Et si la marque suprême de la réussite consiste à atteindre cette superbe *Playmate* (encore définie comme atteignable puisqu'elle s'obstine à se présenter comme «la fille d'à côté»), alors celui avec qui ont couché des milliers de *Playmates* apparaît nécessairement comme le meilleur et le plus grand de tous.

Il fallait s'y attendre, des critiques empressés ont évidemment été nombreux à contester et souvent même à ridiculiser le style de la bonne vie *Playboy* comme un exemple parfait de la dépersonnalisation de la société actuelle et de la déshumanisation de l'être moderne: l'exemple d'un regard qui transforme les autres en simples objets ou en vulgaires marchandises, l'expression accomplie d'une mentalité d'entrepreneurship capitaliste qui ne respecte que le profit[6]. Hugh Hefner est considéré comme synthèse de l'effet le plus pernicieux de la pornographie moderne: la création d'êtres fragmentés et aliénés qui masquent sous le confort leur profonde indifférence aux autres. Toutes ces évaluations ont été souvent exposées[7] et le verdict est depuis longtemps prononcé, tandis que l'essentiel demeure le simple fait que ce modèle idéal existe réellement: Hefner était vraiment très riche, il vivait seul et concentrait le plus fort de son énergie à la réalisation de ses propres désirs, sans avoir nécessairement besoin des autres. Et il faut laisser aux sociologues et aux psychologues le soin de mesurer à quel point le rêve acheté chaque mois concernait moins le sexe des *Playmates* que l'envie d'être Hugh Hefner.

Voilà, semble-t-il, un cas exemplaire de la modernité comme style de vie, aussi attirant pour certains que répugnant pour d'autres, et c'est en même temps un remarquable exemple d'autoproduction d'un discours et de son effet. Mais Hefner n'a fait que réaliser la jonction de quelques tendances caractéristiques de la vie moderne qui font que la pornographie actuelle est ce qu'elle est et qui, pour cela, en grande partie l'expliquent.

L'excès

Le 11 août 1984, une dépêche de l'Agence France Presse rapportait l'événement:

Vendredi matin, dans la cour du château baroque de Prinzendorf, la complainte jouée par une centaine de musiciens devient hymne à la joie pour saluer le lever du soleil: les «Orgies mystérieuses» du peintre autrichien Hermann Nitsch ont commencé.

Abattage d'animaux sur place, processions, crucifixions, rituels de sang se succéderont, dans des odeurs d'entrailles mélangées au parfum de roses, pendant trois jours et trois nuits. Chez lui, à une cinquantaine de kilomètres au nord de Vienne, Hermann Nitsch a réalisé ce week-end la plus longue performance de sa carrière longue de vingt ans.

(...) Le spectacle joué par 200 acteurs et 100 musiciens aura nécessité 3000 litres de sang frais, 1000 mètres carrés de tissu blanc immaculé, 3 camions de viscères d'animaux, un camion de poumons, 15 cochons, 20 moutons, 15 chèvres, 7 taureaux, 6 vaches, 5 bœufs, 5 chevaux, etc., et un tombereau de pétales de roses.

(...) Le rituel est répétitif mais sans sadisme. Un bœuf, par exemple, est emmené à la mort au son d'un orchestre de cordes, abattu par des bouchers professionnels et sous contrôle vétérinaire, pour éviter les protestations des associations de défense des animaux.

La bête pendue à un crochet de boucher sur un fond de toile blanche est dépecée et écorchée. Le cérémonial se poursuit avec l'arrivée d'acteurs totalement nus, les yeux fermés d'un bandeau blanc, déposés sur un brancard aux pieds de l'animal ou en croix. Métaphore de purification ou de réincarnation, plusieurs acteurs, vêtus de blanc, plongent leurs mains, voire une partie de leurs corps, dans les entrailles encore chaudes pour y malaxer et nettoyer les viscères du taureau, avec du sang giclant ensuite sur les corps nus.

Hermann Nitsch, maître des cérémonies tout habillé de noir, verse alors dans la bouche des crucifiés du sang qui vient descendre sur leur peau en longues traînées rouges: la musique linéaire des cuivres et des percussions enfle et éclate à ce point suprême de l'action renvoyant, dit-il, au mystère de l'eucharistie.

Le plus spectaculaire, mais peut-être le plus naïf, restera certainement l'entrée dans la cour du château d'un panzer, aspergé de sang et de fleurs, écrasant avec ses chenilles des intestins d'animaux face à un Œdipe-roi, les bras en croix tirés par des cordes.

La seule véritable inquiétude du journaliste trouve réponse dans les mots «bouchers professionnels» et «con-

trôle vétérinaire». Tout le reste n'est que de l'expression-
nisme viennois, un peu bizarre peut-être mais néanmoins
légitime.

Parce qu'il est légitime d'être excessif dans une société
orientée vers un progrès qui, par définition, ne peut être
atteint que dans le dépassement. L'excès ne commence
qu'au-delà des limites. Et quand une société réduit ses
limites au rang d'obstacle, elle nourrit la fascination des
records, des «citius, altius, fortius», et chacun y apprend
l'urgence d'essayer de faire toujours un peu mieux. Quand
le progrès est sacré étalon universel, la satisfaction et le
bonheur viennent de la capacité à se surpasser pour
atteindre la limite de ses aptitudes (de ses talents, dirait le
Nouveau Testament), ce qui devient du même coup la
seule recette pour se connaître vraiment et surtout la seule
façon d'assurer son plein développement, soit-il personnel
ou national. Il paraît dès lors logique et même recommandable de vouloir poursuivre toute expérience humaine
jusqu'à ses limites et de se passionner pour le fond des
choses.

Dans un article remarquable et apparemment trop mal
connu[8], Susan Sontag avait fait comprendre que la pornographie appartient à ce vaste corpus de littérature et
d'art modernes qui est intensément consacré à l'exploration des situations extrêmes. L'éclatement de l'art moderne
est en grande partie le résultat de la poursuite passionnée
d'expériences multiples; une recherche, en art comme en
science, qui se définit sans limites et qui se veut sans freins.
L'extrémisme de John Cage, de Samuel Beckett, de Christo
ou de Nitsch n'est pas vraiment séparable de l'extrémisme
pornographique. En décidant d'explorer chaque proposition jusqu'à son extrême limite, on rencontrera nécessairement les scénarios de L'Empire des sens ou d'Histoire
d'O: la dégradation totale, voulue et souhaitée, pour

devenir un objet, la négation totale de la personnalité et de soi jusqu'à la mort. Ce que disait d'abord Sontag, c'est combien cette oblitération de soi n'est pas propre au personnage d'O, ni même aux femmes de qui notre société souvent l'exige, car c'est aussi ce qu'on attend des novices chez les jésuites et chez les moines zen. Il est permis d'ajouter que cela rappelle aussi la déconstruction exigée de plusieurs apprentis du chamanisme et que c'était probablement le point qu'il avait atteint en demandant: «Mon dieu, mon dieu, pourquoi m'avez-vous abandonné?»

En somme, notre société se trouve dans un certain embarras face à une recherche de l'excès qu'elle a elle-même érigée en principe fondateur et garant de l'avenir. S'il faut tout essayer et tout explorer, depuis les galaxies jusqu'à l'intérieur de la cellule, s'il est bon de poursuivre toutes les expériences humaines afin d'en savoir toujours davantage, il faudra aussi admettre que bien des vérités peuvent être suspectes et même souvent dangereuses, sous peine de ne jamais réussir à justifier la censure du seul champ de la sexualité. La pornographie moderne cherche à se dépasser constamment et à se maintenir excessive, ce qui est parfaitement dans le ton imposé à toutes nos entreprises. Tout dépassement et toute expansion de l'expérience humaine, tant dans le monde du sport qu'en ingénierie génétique, constitue obligatoirement un risque inconnu, une fois qu'il est décidé de courir un tel risque, il ne faut pas être surpris d'avoir des surprises.

Mais, encore une fois, cette recherche de l'excès apparaît comme un effet de la distinction et de l'isolement modernes. Car l'excès est nécessairement hautement sélectif: l'exploit impose les pires contraintes et les véhicules spatiaux demeurent encore de bien petits habitacles. Pour la majorité (c'est-à-dire tout le monde, sauf le héros), le seul véritable dépassement consiste à être le témoin des expériences menées par d'autres, à en lire le récit ou à en absorber les sons et les images. Et les chiffres sur l'envahissement quotidien par la télévision ont de quoi laisser conclure que la vie est pratiquement devenue un sport-spectacle. Du même coup, chaque récit d'une expérience particulière doit lutter pour retenir l'attention d'un spectateur qui se voit offrir de l'information de toutes parts et sous toutes formes. Il faut atteindre un spectateur qui vit l'apparent paradoxe d'être perpétuellement au bord de la saturation et qui est en même temps angoissé par la crainte du silence. Il faut donc remplir le vide, profiter de chaque instant pour imposer et vendre ses sons et ses images. Mais il faut surtout être plus bruyant, plus éclairé, plus rapide, plus direct et explicite, plus cochon que la compétition.

On l'a déjà dit, la pornographie s'appelle depuis longtemps «porno», et le *fast-sex* n'est que le pendant sectoriel du *fast-food*. Alors que Roland Barthes disait l'importance de la lenteur langoureuse du dénuement dans le strip-tease, le spectacle moderne doit atteindre ses buts beaucoup plus rapidement. Puisque la notion de préambule ferait perdre trop de clients, il serait aujourd'hui trop risqué d'exiger que celui qui veut de la musique attende patiemment que tous les instruments de l'orchestre se soient accordés; et aussi longtemps que le *junk-sex* fera vendre, il paraît bien inutile d'y réintroduire une longue mise en scène qui ne pourrait que retarder l'échéance. C'est peut-être pourquoi le film pornographique est devenu plus populaire que la littérature du même genre, sans doute plus riche mais qui exigeait plus de travail, et aussi pourquoi la vidéo l'emporte sur le film qui exige que l'on se rende dans une salle publique. Jean Baudrillard disait que nous nous sommes transformés en culture de l'éjaculation précoce, une culture qui veut «que tout soit produit, que tout se lise (...) que tout soit dit, accumulé, répertorié, recensé, (...) Jamais de séduction là-dedans, ni dans le porno, puisque production immédiate d'actes sexuels, actualité féroce du plaisir (...) mais pas l'ombre de séduction non plus dans l'univers de la production (...): objets, machines, actes sexuels ou produit national brut[9]». Sauf qu'il faut reconnaître là un changement radical et qui aurait été impossible sans l'isolement créé par la modernité: le sexe, qui faisait figure de récompense à ce qui devait exiger de longs et parfois laborieux efforts, se transforme en contemplation pornographique obtenue d'emblée par le seul prix d'entrée ou de vente. Les débats publics autour de la question le soulignent très clairement: le sexe et la pornographie sont deux genres radicalement différents qui ne doivent pas être confondus[10].

Par ailleurs, il est probablement injuste d'affirmer que «la culture» en est rendue là et que les plaisirs de la séduction s'y sont perdus. D'abord, le citoyen moderne s'est simplement vu offrir le choix de se dispenser des rigueurs de la séduction. S'il désire connaître les habitudes alimentaires d'une quelconque espèce de macaques, il peut ou bien, tout comme autrefois, monter une coûteuse expédition, ou bien regarder la télévision. Bien sûr, il faut admettre que la surenchère créée par une compétition féroce pousse à révéler tous les détails de n'importe quel sujet de la manière la plus parfaitement explicite, et ce dans tous les domaines et pour tous les spectacles. Quand l'appréhension du monde se fait largement par la consommation d'images traitées comme des marchandises, la vie n'a plus ni droit ni raison de garder ses secrets, tandis que chacun obtient de réclamer dès maintenant le droit de tout voir et tout de suite. Mais, surtout, le citoyen moderne dispose du plaisir de connaître l'excès, l'excitation que l'on ressent à explorer les expériences limites, là où l'on sent bien que les territoires glissent et où on connaît la douceur enivrante de la perte de contrôle et de l'extase. Ce qui ne se fait jamais sans risque, car au-delà du danger d'aller bêtement trop loin, il y a aussi le point de non-retour quand tout doit être excessif et que donc plus rien ne l'est. C'est à partir de ce moment qu'il est permis de prédire avec confiance qu'un temps viendra où l'écrasement d'intestins d'animaux sous les chenilles d'un panzer paraîtra banal.

Vérités et mensonges[11]

François Truffaut disait que les films érotiques «constituent une expiation ou à tout le moins une dette que nous payons à soixante ans de mensonge cinématographique sur les choses de l'amour[12]». Dans un sens brutalement immédiat, le cinéma pornographique est beaucoup plus vrai que la plupart des métaphores d'usage courant. Refusant de faire glisser la caméra sur un foyer ardent, plutôt que de montrer un océan déchaîné, la pluie sur des blés ondulants, ou encore un train pénétrant un tunnel, le cinéma pornographique ne quitte pas les protagonistes. Au contraire, il s'en approche dès que cela devient intéressant, et consacre toute son attention aux parties du corps qui, en Occident, sont comprises comme les constituants essentiels de l'acte sexuel. Il s'agit en somme d'un mensonge inversé: alors que le cinéma retranchait de la vie toute référence trop directe à la sexualité, la pornographie laisse entendre qu'il n'y a que ça et que tout le reste, trames et drames, personnages et sentiments, ne sont que des détails de la mise en scène.

La pornographie promet très honnêtement de montrer une vérité franche et entière: tous les détails, sous tous les angles, toutes les positions, toutes les combinaisons possibles et toutes les perversions connues. Il n'y a pas d'autre vérité au-delà du champ couvert par la pornographie moderne, à moins que l'on ne passe à la chirurgie, ce qui, d'ordinaire, excède la frontière du sexuel. Sa seule grande promesse est celle d'atteindre cette vérité qui normalement se cache sous les vêtements, sous les apparences, à l'envers de l'image publique et au-delà de la vie ordinaire. La pornographie agit comme une machine à vaincre la pudeur et la modestie, et elle garantit que le secret sera dévoilé. Parce que son succès repose sur l'authenticité, elle recherche des preuves incontestables: elle multiplie les plans d'éjaculation, difficiles à truquer et donc témoignages convaincants du succès de l'acte et d'un état d'extase intérieur difficilement montrable[13]; elle aime décrire les ébats sexuels lesbiens et pénétrer ainsi un secret qui ne devrait jamais être accessible aux mâles; elle est poussée vers la douleur dont les effets (comme le répétait Sade) sont toujours évidents et incontestables, contrairement aux mystères discrets de la jouissance féminine; finalement, dans de nombreux récits ou dans le film *Snuff*, la même passion est poursuivie jusqu'à la mort, comprise comme la seule expérience humaine pleinement et totalement authentique.

Autre vérité profonde, dans un monde incrédule qui exige chaque fois des preuves concrètes et qui ne tolère plus le délai, la pornographie jouit du grand avantage d'offrir un effet immédiatement vérifiable. Il n'y a pas d'attente ni de doute: ou bien le spectacle procure ou non la stimulation promise, ou bien il endort, choque ou dégoûte, peu importe, mais on le constate dans l'instant qui suit.

Cela suffirait presque à expliquer, tout bêtement, pourquoi la pornographie existe: l'intérêt de vaincre la modestie pour atteindre l'authentique. Vaincre les conventions hypocrites de la mascarade culturelle et réussir à montrer ce qui avait toujours pris des allures de grand secret. Savoir que l'on touche enfin l'indéniable et le fondamental: ce qui ne peut plus rien cacher. Une conviction particulièrement attrayante pour une société qui s'est mise à détester le mensonge en croyant soudainement l'apercevoir partout. On l'a dit, tout comme le citoyen moderne insiste pour connaître tous les détails de ce qui entre dans ses aliments, il tient à ne plus se satisfaire de reproductions, à voir la vraie Mona Lisa, à toucher le vrai rocher de Plymouth parmi tous les cailloux de la côte atlantique, ou à partager un repas avec quelques vrais Indiens des Andes. Toujours la même conviction qu'il existe une vie encore plus vraie, quelque part là-bas au-delà des apparences.

Dans un tel contexte, le faux prend un air naïf et grossier, et le mensonge devient impardonnable. Dans les temps anciens, la culture pouvait construire le mensonge puis l'ériger en spectacle dans le but d'offrir un contraste à l'ordre normal qui serait en même temps un faire-valoir. C'est ce que suggère toute mention de l'effet de catharsis de la pornographie et c'est aussi ce qu'en pensait d'abord Baudrillard selon qui: «le porno dit au fond: il y a du bon sexe quelque part, puisque j'en suis la caricature. Il y a une mesure, puisque j'en suis l'excès[14].» C'est en somme faire jouer à la pornographie le rôle d'un carnaval aux excès prévus et limités ou, si l'on préfère, celui d'un rituel d'inversion de la vie normale, occasionnel et temporaire, qui servirait à réaffirmer cette normalité habituelle car le mensonge passager serait immédiatement visible et reconnu par tous. Mais un tel jeu de contrastes, la capacité de dire le faux pour ainsi mieux apprécier le vrai exige au sein de la société une distinction suffisamment ferme entre vérité et mensonge, ce qui justement aujourd'hui paraît souvent incertain. Passionné de l'authentique, le citoyen moderne se rend particulièrement vulnérable, et il est peut-être celui qui a de tous les temps cru le plus de mensonges, malgré tout ce qu'il raconte sur la candeur superstitieuse des sauvages ou la crédulité jobarde de ses ancêtres. La fabrication de vraies faussetés est aujourd'hui une entreprise planétaire. Les vendeurs de fruits de mer décorent leurs établissements de filets de pêcheurs, d'autres restaurateurs placent leur cuisine en vitrine et certains yuppies se procurent l'image d'un chien sur cassette vidéo plutôt que l'animal trop accaparant: la distinction qui n'avait jamais été facile est devenue carrément impossible. Edmund Carpenter, je crois, a déjà raconté comment le cercueil du président Kennedy arrivant à l'aéroport de Washington passa à peu près inaperçu à l'arrière d'une rangée de gens qui suivaient l'événement sur des écrans de télévision. Les spécialistes des communications modernes cherchent encore à savoir si le medium est plus ou moins vrai que le message et si, au départ, il peut être utile de vouloir les distinguer. On se demande jusqu'à quel point l'individu reste libre d'adopter la vérité qui lui convient. Et le dramaturge Edward Albee[15] disait qu'à l'adolescence la pornographie sert de substitut à l'expérience sexuelle, tandis qu'à l'âge adulte l'expérience sexuelle devient un substitut du fantasme.

Cela étant dit, la pornographie est certainement aussi mensonge. Il y a d'abord le plus grossier et le plus évident: quand elle annonce le sexe, pour n'offrir en fait qu'un stimulant masturbatoire et donc une forme minimale de sexualité; quand elle prétend qu'il est possible d'éjaculer huit fois en trente minutes; quand elle montre sur l'écran des organes sexuels longs de trois mètres; quand elle prétend surtout que le sexe est facilement dissociable du reste de l'expérience humaine, et pas seulement de tous les sentiments autres que le désir brut, mais dissociable des comptes à payer et de la question de la lessive des draps. Ces mensonges-là ressortissent à l'évidence. Par contre, il est peut-être nécessaire d'ouvrir une très brève parenthèse

pour dire qu'il ne faudrait toutefois pas prendre pour
mensonge ce qui n'en est pas. Le fait que, dans la vraie vie,
les infirmières ne sont pas toutes en chaleur, que les
«truckeurs» ne bandent pas tous nécessairement très fort,
que des collégiennes peuvent très bien être en vacances
sans être en folie, tout cela n'est pas trompeur, mais simplement l'inversion fantasmatique et parfaitement fidèle du
quotidien que toute bonne pornographie doit pouvoir
réussir.

S'ajoutent à ces évidences trois autres formes de mensonges caractéristiques de la pornographie et qui à plus
long terme peut-être risquent sinon de causer sa perte du
moins de la transformer radicalement.

Premièrement, on sait que la pornographie doit offrir
une véritable transgression de la modestie et une invasion
séductrice du privé. Mais encore faut-il qu'il y ait modestie.
Le corps et les ébats sexuels d'individus fictifs, ou d'actrices
et d'acteurs qui gagnent leur vie en se montrant nus devant
une caméra, ne peuvent susciter qu'un intérêt passager et
éphémère. Et, si ce n'est déjà fait, on aura bientôt lu et vu
tous les corps imaginables faisant n'importe quoi. Ce qui
attire encore et pour longtemps peut-être, ce n'est pas
l'acteur pornographique mais la promesse de voir quelqu'un
par ailleurs reconnaissable surpris les culottes baissées, nu
ou en train de «faire des choses». Des fesses à visage connu.
C'est à la condition de l'existence d'une vie publique crédible que la découverte obscène du privé devient possible et
intéressante. C'est pourquoi les pornographes offrent des
millions aux vedettes d'Hollywood, et qu'il est possible
de vendre à prix d'or des photos de Madonna nue, de
Miss USA, ou même de Pierrette Le Pen ou Jacqueline
Kennedy. Ce n'est pas le sexe mais l'obscénité qui attire.
Car on peut difficilement retenir longtemps l'attention sur
le sexe de gens qui semblent par ailleurs toujours mal à

l'aise dans leurs vêtements et qui laissent l'impression très nette de n'avoir, encore une fois par ailleurs, rien à dire.

Il y a donc un paradoxe. La pornographie, qui se définit comme la représentation du sexe en lui-même, sans contexte, sans référent et sans excuse, ou, comme disent les Américains, sans «valeur de rachat social», serait dans ces termes également sans avenir. On peut reconnaître deux raisons principales à cette faillite. La première tient au découpage de l'être humain en morceaux largement autonomes, un découpage qui demeure une des principales caractéristiques du travail en manufacture et de la pornographie. F.W. Taylor disait que le travail industriel devait être rendu si stupide que le travailleur développerait une mentalité de bœuf. Le cinéma pornographique offre des performances de taureaux, d'étalons et de lapines. Or, la mécanique du travail industriel propose immanquablement un spectacle fort ennuyeux, ou encore, le spectacle d'une mécanique tellement plaquée sur le réel qu'elle devient drôle, ce qui est tout à fait désastreux pour l'effet érotique des mauvais films pornographiques qui incitent les spectateurs à rire[16]. Ce qui intéresse, au contraire, et comme l'a brillamment montré Chaplin, c'est la réunion de ce que l'industrie avait séparé. C'est redire que le moindre geste n'est pas stupide quand il est rattaché à un sens plus large qui ordonne la société et la vie entière: le visage des boulons, comme le sexe, fascine surtout lorsqu'on sait que cela sert à gagner l'amour, à nourrir une famille, à craindre des beaux-parents ou même à entretenir le vain espoir de devenir riche. En soi, le geste manque de sens. Ce n'est pas tout à fait ce que Baudrillard voulait dire, mais la citation suivante sert bien le propos:

> D'une figure à l'autre, de la séduction à l'amour, puis au désir et à la sexualité, enfin au pur et simple porno, plus on avance, plus on va dans le sens d'un moindre secret, d'une

moindre énigme, plus on va dans le sens de l'aveu, de
l'expression, du dévoilement, du défoulement — de la
vérité pour tout dire — qui devient bientôt, dans l'obscénité de notre culture, l'expression forcée de la vérité, l'aveu
forcé, le dévoilement forcé... de quoi d'ailleurs? De rien —
il n'y a justement rien à dévoiler[17].

La logique de la poursuite jusqu'aux limites extrêmes
de n'importe quel aspect de la vie pris isolément conduit
inévitablement à découvrir sa désolante pauvreté. La
lecture du livre des records Guinness est au début fascinante, avant de devenir l'exemple de la plus parfaite absurdité. En visant tous les records du sexe, la pornographie
approche l'insoutenable: la découverte et la démonstration
du fait que ce qui avait été discrètement raconté comme le
secret ultime, le plaisir par excellence et le lieu d'une vérité
suprême, se révèle à la démonstration être d'une banalité
déconcertante. Et puis, il est maintenant trop tard, on ne
peut plus rebrousser chemin et espérer faire croire à
nouveau qu'il reste un quelconque secret riche de
promesses. Ainsi naît le paradoxe: après avoir tant lutté
contre toutes les modesties pour enfin libérer le sexe pur,
la pornographie découvre qu'il s'agit d'une fausse promesse
et que la chose manque d'intérêt. Elle doit donc revenir
en arrière par le seul sentier possible et retrouver d'autres attraits qui viendront replacer le sexe en contexte
et lui greffer des sens qui ne lui appartiennent pas en
propre.

Parce que, seconde raison de la faillite, la pornographie n'est pas tant une contemplation du sexe qu'une expérience de pouvoir. La jouissance qu'elle procure vient de la
satisfaction d'une séduction garantie, du pouvoir assuré de
briser la modestie et de l'invasion de l'intimité. D'où le
grand plaisir pour un public masculin de pouvoir contempler les ébats sexuels de deux ou de plusieurs femmes, un

des thèmes favoris de la pornographie: le pouvoir de pénétrer une intimité si secrète qu'on lui soupçonne des airs de
complot contre les hommes. Voilà aussi pourquoi les premiers corps dénudés ont si souvent été ceux des plus
vulnérables et des plus faibles, femmes d'origines lointaines, noires, mulâtres ou asiatiques[18]. Or, la pornographie
moderne offre trop peu de résistance. Le produit doit respecter les règles élémentaires de la consommation marchande, mais aujourd'hui même les strip-teases les plus
lents et langoureux sont totalement prévisibles puisque la
conclusion en est connue depuis déjà longtemps et ne
laisse plus de place au prétexte et au simulacre. Le but sera
certainement atteint ou l'argent devra être remboursé. Et
voilà ce qui prépare un deuxième mensonge.

Montrer un sexe authentique est évidemment devenu
facile, c'est le pouvoir qui fait problème. Bien sûr, dans
toute société hiérarchique, déshabiller les puissants a toujours constitué un passe-temps favori, et se moquer de leur
sexe demeure une forme classique de dérision du pouvoir et
de vengeance de la part des dominés. Mais la pornographie
n'a pas souvent les moyens d'offrir à sa clientèle les
puissants de ce monde. Et son problème vient justement du
fait que, en s'appuyant sur une technologie audio-visuelle
qui ment mal, elle ne réussit plus qu'à présenter des personnages si peu crédibles que toute relation de pouvoir et
toute séduction paraissent nécessairement inauthentiques.
Aux temps anciens de l'écrit, il était toujours possible de
prétendre que le sexe avait un visage connu et de laisser
rêver que la personne qui se livrait aux pires débauches
était bien une danseuse célèbre ou un archevêque. Aujour-
d'hui, l'image est trop réelle, le média trop fiable et,
surtout, le spectacle trop extraordinaire pour être cru. Tous
les efforts pour convaincre qu'il s'agit bien d'une intrusion
véritable paraissent désormais sans espoir de légitimité; la

célèbre «fille d'à côté» est enfin devenue littéralement incroyable.

Il ne faudrait donc pas être surpris si, au même moment, les gens ordinaires prennent la relève. En Allemagne de l'Ouest, depuis longtemps un des pays meneurs dans la production et la consommation, le type de pornographie qui connaît la plus forte expansion est celui des vidéos faits par des amateurs, qui s'échangent ensuite leurs produits[19]. En France, la pornographie semble en voie de privatisation et sur le point de passer de plus en plus par les ordinateurs domestiques ou simplement le troc:

> *Réseau amateur* n'était qu'un timide premier pas. Aujourd'hui, le *nec plus ultra*, ce sont les vidéo-clubs «spéciaux» qui louent aux passionnés de voyeurisme mutuel des caméras... Par le truchement du «club», ils échangent ensuite ces projections très privées avec celles d'autres coquins de leur genre. Comme au poker: pour voir[20]!

À des rythmes différents selon les pays et surtout selon le développement des communications par fibre optique, les gens que l'on dit ordinaires échangent des messages, des textes ou des images scabreux et obscènes. La tendance est assez forte pour que l'industrie pornographique s'en inquiète, et elle prétend ne pas comprendre comment sa clientèle peut s'intéresser tant à des spectacles et à des textes produits par des amateurs et qui sont le plus souvent de très mauvaise qualité et somme toute bien en dessous des standards que les professionnels sont maintenant en mesure d'offrir. Pourtant, si les corps sont parfois laids, les éclairages souvent déficients, et que les dialogues sombrent dans l'incorrection, ces nouvelles formes de pornographie profitent de l'avantage tout à fait décisif d'être comprises (et appréciées) comme plus authentiques.

Les consommateurs en quelque sorte rejoignent progressivement l'opinion des grands criminels sexuels qui, loin de consommer cette pornographie commerciale qu'ils trouvent ridicule parce que trop évidemment théâtrale, se disaient stimulés bien davantage par les comptes rendus de procès pour viol ou par des films ou les émissions télévisées qui dénoncent la violence sexuelle en des termes qui leur paraissaient plus authentiques et crédibles. Si l'on écarte tout recours au crime et toute notion de violence, il demeure que la vérité offre le meilleur excitant. Ou, en paraphrasant Henry Kissinger, qui disait que «le pouvoir demeure l'aphrodisiaque suprême», il faut croire que l'on ne peut être pleinement séduit que par sa propre puissance.

Le pouvoir de l'œil

Le troisième type de mensonge pornographique ouvre une perspective plus vaste. Parmi les belles choses à regarder qu'offrent les bonnes librairies, il y a bien sûr les albums de David Hamilton montrant toutes ces jeunes filles douces, à leur toilette ou dans la baignoire, saisies dans une intimité où de toute évidence il ne pouvait y avoir ni caméra ni photographe. Mais on trouve aussi, et souvent juste à côté, ces albums photos sur les animaux qui nous font pénétrer l'intimité de la tanière des renards ou du jeu des petits lionceaux. Dans les deux cas, la puissance du droit d'être témoin est impressionnante.

John Berger, qui a beaucoup réfléchi sur le voyeurisme comme système social de communication, en conclut que rien n'est plus tristement moderne qu'un zoo[21]. Le visiteur s'y présente et regarde les animaux, mais il ne se passe à peu près rien entre les deux. Le visiteur observe, mais les animaux ne communiquent plus car ils en ont trop vu! Il n'y a pas si longtemps, ces mêmes animaux disaient tellement plus, parce qu'ils représentaient notre principal lien avec la nature: en plus de fournir notre nourriture, nos vêtements et nos moyens de transport, ils servaient même souvent comme nos meilleurs outils pour exprimer toutes sortes d'idées. Or, les zoos sont apparus au moment précis où les animaux devenaient de moins en moins intéressants pour la société humaine, lorsque, au-delà des rapports sociaux, la révolution industrielle a modifié notre lien avec les animaux transformés en produits manufacturés et en marchandises de plus en plus efficaces, standardisés et profitables. Il ne reste plus que l'élevage d'animaux industrialisés, les caresses et les conversations amoureuses avec des animaux aussi artificiels que domestiques, et puis les petits volatiles nourris sur le balcon durant les hivers trop durs. Quant aux autres animaux encore naturels, la société industrielle nouvellement autosuffisante en garde un bon souvenir. On arrive même à les aimer, on les protège de l'extermination, et les employés de chez Disney se permettent même d'en fabriquer. L'animal moderne est un spectacle (la viande comestible sort d'emballages en plastique et n'a pas du tout l'apparence d'une origine animale). Les animaux réduits au rôle d'objet de notre regard et de notre savoir offrent l'exemple de la rupture et donnent au citoyen moderne l'illusion de dominer le monde. Et ce regard fasciné — parfois même langoureux — exprime bien notre puissance: mieux nous pouvons pénétrer le privé de ces animaux, plus nous avons le pouvoir de nous en distancer.

Susanne Kappeler récrit mot à mot le texte de John Berger et chaque fois remplace «animal» par «femme[22]». Les filles qui se déshabillent dans les *peep-shows*, celles qui dansent aux tables, même les riches vedettes du cinéma pornographique sont comparables aux animaux d'un zoo. Regardées, observées et scrutées, elles ne regardent en retour rien ni personne, car il vient des clients tous les jours et elles en ont déjà trop vu. Entre elles et le voyeur, il n'y a aucune communication. Kappeler dit souvent mieux que bien d'autres féministes à quel point la pornographie présente des images de femmes qui ne sont que des objets à contempler sous tous les angles et dans toutes les positions qui plaisent aux hommes. On peut cependant regretter qu'elle limite son analyse aux rapports entre les sexes, ce qui la mène à crier son désarroi: la vie en cette société est injuste et opprimante pour les femmes qui doivent partout subir un pouvoir mâle dont le regard pornographique est un exemple particulièrement grossier. Cela dit, l'analyse paraissait sur le point de suggérer quelque chose de beaucoup plus déroutant. Plutôt que de croire que la pornographie moderne reflète bêtement ce qui a toujours été, ou encore qu'elle constitue une réaction violente à la montée du féminisme et la revanche d'un pouvoir mâle nouvellement contesté par celui-ci, Kappeler aurait dû rester plus fidèle à la thèse de Berger: la pornographie devient possible dans la mesure où les femmes, comme les animaux du zoo, sont devenues beaucoup moins signifiantes.

Regarder les tigres du zoo n'est plus très risqué et les photos ne transmettent pas le sida. Le pouvoir du regard est aussi de créer une distance protectrice, un recul qui protège de l'engagement immédiat, et le nouveau regard que notre société pose sur les animaux vaut également pour les rapports humains. Les personnes regardées ne sont plus celles avec qui il demeure possible d'entretenir une relation, par ailleurs normale et traditionnelle; les vedettes de la pornographie ne sont plus en même temps nos nièces, un gendre, le vitrier ou la chirurgienne. Ces vedettes n'ont d'autre part aucun sens. Mais si les deux derniers siècles ont fait émerger un citoyen nouveau de plus en plus isolé — et du fait plus libre et puissant —, et si cette distanciation était sans doute nécessaire à la naissance de la pornographie moderne, son évolution n'annonce cependant rien de bon pour le cinéma pornographique. La liberté et le pouvoir du spectateur se mesureront demain encore à sa capacité de connaître tout et tout de suite, mais le spectacle fantasmatique trop facile de Marylin Chambers, de Nina Hartley, de John Holmes ou de Samantha Fox devra faire place au plaisir plus crédible qui consiste à envahir l'intimité de gens plus ordinaires et plus proches. Mais, à son tour, ce genre de spectacle plus véridique n'est peut-être pas très prometteur, puisque c'est l'ultime contradiction de la pornographie (et du zoo) que de ne pouvoir présenter de gens ordinaires et crédibles que s'ils appartiennent à un univers social qui, lui, n'est plus qu'un souvenir un peu artificiel et sans grande importance.

L'autre sexe

Les productions pornographiques demeurent toujours le reflet plus ou moins distordu de la société qui les produit, et il n'y a aucune raison de croire que les idées dominantes de la culture n'y trouveront pas l'occasion de s'exprimer et d'occuper, là comme ailleurs, toute la place. D'un côté, le poids de deux millénaires de christianisme, de l'autre, le sentiment de repartir à zéro dans la candeur libérée de l'individu rêveur. La pornographie n'est finalement rien d'autre qu'un bricolage de thèmes connus autour de personnages familiers, de stéréotypes faciles et de notions bien établies. Ni plus ni moins que l'économie, que l'art ou que le design, la pornographie n'invente pas beaucoup. Et il ne faut pas sous-estimer la capacité de survie des constructions anciennes ou s'étonner de constater que les contenus de la pornographie ne font que reproduire des notions et des images mille fois vues dans d'autres contextes. Ce qui est parfois moins évident, c'est à quel point ces mêmes idées ont aussi servi aux analyses de la pornographie.

Un premier exemple a déjà été mentionné: presque toutes les discussions ou les débats sur la question préfèrent ignorer l'existence pourtant très visible d'une pornographie homosexuelle (pour l'un et l'autre sexe), comme si la culture avait décrété qu'il était approprié de penser le sexe dans les termes exclusifs d'un rapport entre femmes et hommes. Second cas encore plus évident: les analyses et leurs conclusions tendent à emprunter des voies divergentes (au point de ne jamais se rejoindre) selon que la perspective adoptée privilégie la condition des femmes-spectacles ou celle des hommes-voyeurs. D'une part, on parle de femmes réduites au rang d'objets de contemplation au service du bon plaisir des mâles, et, de l'autre, on montre les hommes comme des victimes crédules et naïves d'une remarquable manipulation. Ces deux lectures sont moins contradictoires que complémentaires et doivent être brièvement revues, ne serait-ce que pour noter combien la modernité peut dans les faits être comprise et vécue très différemment par les femmes et les hommes de cette même société.

L'image d'une danseuse nue face à son spectateur demeure un cas classique de pornographie. Elle, mouvante et active, qui se révèle en faisant tomber les limites de son intimité. Lui, immobile et contemplatif, son principal signe de vie discrètement dissimulé dans son pantalon trop étroit. Le rapport entre les deux constitue un échange commercial tout à fait courant dans un lieu social restreint et précis où les deux sexes se rejoignent. Alors qu'ailleurs les luttes contre le sexisme tendent à atténuer la distinction sexuelle, la pornographie veut au contraire réaffirmer que chaque sexe existe incontestablement et — surtout — qu'il existe pour faire le bonheur de l'autre. En se limitant à ce seul exemple, on voit ici le corps de la femme qui s'offre en spectacle bienfaisant. Le corps de l'homme, de l'autre côté, n'a pas le droit de bouger. Et l'on doit conclure que l'un et l'autre sexes se trouvent alors dans une situation précaire qui peut raisonnablement être ressentie par chacune des deux personnes comme une aliénation; par là, il ne s'agit pas de dire qu'il faut «être fou pour faire ça», mais plutôt que chacun devient étranger à lui-même, ne s'appartient plus et cesse d'être son propre maître en devenant l'esclave d'une force extérieure. La raison pour laquelle les analyses divergent pour ne plus jamais se rejoindre tient au fait que, à partir de cette même scène pornographique, l'aliénation de la danseuse et celle de son voyeur cheminent en des directions opposées.

Il serait banal de répéter que le rôle de la danseuse a pour principale fonction de répondre aux besoins de son client. Son comportement, son allure, ses gestes et tout ce qui la rend sexy et désirable sont presque entièrement définis par ce que le voyeur pourra y comprendre, par ce qu'il veut et espère. La chose est connue: la danseuse fait figure de femme réduite au rang d'objet sexuel pour le seul plaisir du client. Si ce n'était que cela et s'il n'y avait que le plaisir procuré par le sexe opposé, on trouverait probablement lieu de se réjouir d'une telle célébration et toute critique pourrait être taxée de puritanisme. Mais cette réduction est aussi ressentie comme méprisante: la création d'un être servile qui est toujours disponible, qui chaque fois obéit et qui en plus exprime l'essentiel de lui-même en exhibant son sexe. Et on comprend facilement que l'objet sexuel inventé par la pornographie ressemble en fait à cette même femme qui, ailleurs dans la société, risque le harcèlement, le viol, la violence conjugale, l'inégalité salariale et, dans le meilleur des cas, la condescendance paternaliste. Il y a donc, à première vue, le droit choquant des hommes à représenter les femmes comme bon leur semble, toutes nues et gentilles, comme les animaux du zoo ou comme des *bunnies* que l'on croirait fraîches sorties des studios Disney. En un mot, la pornographie réussit en une image simple et toute crue à résumer ce que les femmes craignent être l'essentiel de la manière dont les hommes les regardent.

Au pire, les voyeurs paraissent inquiets, incertains et agressifs. La pornographie, pense Nancy Huston[23], est en dernier recours une revanche contre le corps de la mère, la plus sacrée des féminités. Susan Griffin[24] affirmait que la définition des femmes comme des êtres différents, à la fois inférieurs et menaçants, doit être reconnue à sa juste valeur, c'est-à-dire comme une des constantes de la pensée juive, de la tradition chrétienne et de la civilisation grecque, et donc comme une des notions les plus fondamentales de la culture occidentale. En affirmant que «nous», les hommes, maîtres de la culture, occupons le centre de l'univers, et en déclarant dans un même souffle que les femmes demeurent plus proches de la nature (parce qu'elles saignent, parce qu'elles enfantent, parce qu'elles suivent la lune... les raisons particulières importent peu), la culture invente un ordre qui fera des rapports entre les sexes l'expression d'un projet cosmologique. Quand les relations entre hommes et femmes deviennent traduisibles dans les termes d'un rapport entre l'*esprit* et le *corps*, ou entre la *culture* et *dame nature*, l'enjeu devient considérable. Érotisme et christianisme ne sont pas obligatoirement antagonistes, mais toute la tradition chrétienne demeure néanmoins axée sur la domination de la nature par l'être humain et sur le contrôle des passions du corps par l'esprit. Peu importe la raison, dès que la femme est dite plus «naturelle» ou plus «corporelle», elle peut être logiquement transformée en une menace dont il faudra se méfier. Elle peut remettre en question la bonne marche des choses, et c'est donc une menace contre laquelle la violence deviendra légitime. Depuis Ève la séductrice, et sans qu'il soit besoin de citer les textes obsessionnels de l'apôtre Paul ou les propos misogynes de saint Jérôme, de saint Augustin et d'une longue série de papes, il est incontestable que la notion est très ancienne; la Bible se répète abondamment là-dessus et — trait significatif — on cite souvent ce passage de L'Ecclésiaste, VII, 26:

> Et j'ai trouvé plus amère que la mort
> la femme dont le cœur est un piège et un filet,
> et dont les mains sont des liens;
> celui qui est agréable à Dieu lui échappe,
> mais le pécheur est enlacé par elle.

Par de tels jugements, les femmes peuvent être exclues du centre de l'univers, de la hiérarchie de l'Église et du monde des affaires. Tandis que les hommes doivent vivre sous la menace:

> N'arrête pas ton regard sur une jeune fille
> de peur d'avoir à subir des châtiments à cause d'elle.
>
> (L'Ecclésiaste IX, 5)

Il faudrait même s'étonner que la pornographie ne soit pas beaucoup plus violente. D'abord, parce qu'elle appartient à une culture qui permet à la violence de s'exprimer très librement dans des domaines aussi divers que le sport, la religion, l'industrie et le divertissement; ce n'est pas la pornographie qui devient à l'occasion violente, mais bien la violence qui prend aussi parfois une forme sexuelle, dans notre culture qui est engagée dans une exploration des limites de l'expérience humaine et qui entend aller vérifier le bout des choses, dans notre société qui s'est donné tant de confort qu'elle en arrive à valoriser la douleur et la violence. D'autre part, comme le rappelait Georges

Bataille[25], il ne faut pas s'étonner de la violence parce que toute exploration de la vie conduit inévitablement à la découverte que celle-ci mène à la mort; la pornographie là-dessus encore n'est pas très originale, puisqu'il s'agit de l'un des grands thèmes de la littérature, que l'on rencontre chez Kafka, Proust, Baudelaire et surtout dans ce que Bataille appelle «la plus profondément violente des histoires d'amour», *Les Hauts de Hurlevent* d'Emily Brontë (d'autres préféreraient sans doute *Macbeth, La Guerre des Gaules,* l'*Évangile selon saint Jean* ou l'œuvre complète de la comtesse de Ségur). Par ailleurs, il serait aussi compréhensible que la pornographie soit violente dans un contexte où le sexe est défini comme un péché qu'il faut expier, une faute qui mérite punition et qui appelle un rachat par la souffrance. Tout cela dans une culture qui exprime couramment sa violence à l'aide d'expressions à connotation sexuelle: «être baisé», «va te faire foutre!», «*fuck you!*», «enculé!», etc.

Et pourtant, on dira probablement un jour que la pornographie de notre époque était étonnamment simpliste, naïve et douce. Car la production actuelle n'est pas sadique, il suffit pour s'en convaincre de lire les œuvres du marquis de Sade (et le sadisme d'expression courante n'est pas pornographique ni même sexuel), tandis que les raisons de haïr les femmes sont claires et bien enseignées. Les analyses d'Anne-Marie Dardigna, de Susanne Kappeler, d'Andrée Matteau[26] et de combien d'autres paraissent convaincantes: il importe de maîtriser les femmes et souvent même de les dominer jusqu'à les faire disparaître. Ce qui a parfois mené à conclure que la pornographie était un club privé où les hommes parlent de femmes et où ils tiennent entre eux rien de plus qu'un long dialogue échangiste, une conversation dans laquelle la femme n'est qu'un instrument commode.

On a déjà dit que cette interprétation n'avait jamais réussi à convaincre ni à unifier l'ensemble du mouvement féministe, et il semble qu'elle ne soit pas satisfaisante d'abord parce qu'elle est incomplète. On sent que la pornographie n'est pas si univoque (sans ajouter qu'aucune culture ne pourrait ériger un tel modèle des rapports entre les sexes et espérer survivre). En termes très généraux, il faudrait pousser plus loin l'analyse en expliquant pourquoi la domination des femmes, si profondément inscrite dans la tradition culturelle, est dans les faits beaucoup moins violente et destructrice que celle de la forêt tropicale, des espèces animales et de la nature en général. Simone de Beauvoir disait bien que si les libertins avaient l'autorisation de maltraiter les prostituées avec impunité, la prostitution deviendrait un métier si dangereux que personne ne voudrait l'exercer[27]. Dans le cas plus limité qui nous concerne, c'est à la fois la participation de femmes à l'industrie pornographique qu'il nous reste à comprendre et la fascination du voyeur immobile qui contemple la danseuse.

Il faut cependant ouvrir une brève parenthèse sur le regard. On répète assez couramment que la pornographie transforme l'être humain, la femme le plus souvent, en objet. Robert Hatch disait même qu'on ne peut photographier que le sexe dégradé, puisque la photographie dégrade. Et c'est insulter cruellement quelqu'un que de l'inviter à aller «se faire voir». Mais cela est souvent dit sans préciser la nature exacte de la différence entre regarder une danseuse nue et regarder quelqu'un faisant autre chose. Si la personne regardée devient un objet à cause de son silence et de son insignifiance, ou parce qu'elle est réduite aux plus superficielles apparences, alors il faudrait dénoncer les gardes du palais, la souris Miquette et tous les sous-diacres. La société offre de trop nombreux exemples de personnes qui ne sont que regardées et dont la fonction officielle consiste à être vues. Il faudrait être aveugle pour ne pas reconnaître que le regard est en soi invariant: tout ce qui est vu devient objet, ou rien du tout. Bien sûr, la pornographie moderne est profondément marquée par le visuel et, en cela, elle témoigne certainement d'une culture qui néglige les autres sens et qui communique beaucoup par les yeux (on pense évidemment aux arts, ou même à la musique qui est aujourd'hui en train de devenir télévisée, et sans oublier l'importance toute centrale de la lecture). Mais il faut être plus explicite et préciser que ce qui confère son pouvoir au sujet et qui transforme les autres en objets de son divertissement, ce n'est pas le coup d'œil lui-même, mais la capacité et le pouvoir de regarder n'importe quoi et de tout voir. La permission de contempler tous les côtés, toutes les facettes et sous tous les angles, comme bon nous semble, comme on examine un objet dans la paume de la main. C'est la violation qui importe. La puissance dominatrice de la pornographie ne vient pas du regard mais du pouvoir de pénétrer à volonté des intimités qui se voulaient secrètes et d'y regarder ce que l'on veut bien y voir. Le regard marque, au contraire, une limite, établit une distance qui interdit de toucher. Et en fait, c'est le regard qui marque la fin du pouvoir de la pornographie. Mais cela n'apparaît que si l'on adopte l'autre point de vue et que l'on considère l'autre moitié du phénomène.

Tout cela nous ramène évidemment au Moyen Âge. La position du spectateur moderne rappelle celle du troubadour soumis aux épreuves de l'amour courtois qui devait sans cesse prouver sa valeur à travers de multiples épreuves, dont celle de contempler impassiblement la nudité de la belle qu'il convoitait depuis des mois.

S'inspirant principalement des travaux de Georges Duby et de René Nelli sur le Moyen Âge, Dominique Grisoni a décrit à quel point l'apparition de ce troubadour courtois représentait une réduction de la masculinité[28]. Et son récit prend l'allure de la découverte d'un complot. Il faut d'abord rappeler qu'autrefois la figure du chevalier non seulement exprimait l'homme féodal par excellence, mais constituait un modèle absolu d'humanité: parfaitement courageux, loyal et sans reproche, d'une bravoure et d'une fidélité sans faille, lui dont on entend le froissement de l'armure avant d'apercevoir le heaume, il incarne la rectitude et l'honneur et n'est rien de moins que celui par qui toute valeur sociale et toute vie sont mesurées, celui à qui chacun est lié et à qui chacun se compare. Le chevalier est au centre de l'univers et tout converge vers lui et ses comparses de la table ronde: ce qu'il veut, il le prend, et celles qu'il désire, il les viole ou les achète. Il ne connaît d'autre crainte que le chevalier ennemi ou la colère des dieux. Il se nomme Perceval ou Lancelot, il appartient au groupe des sept samouraïs ou des «Magnificent Seven». Il incarne la virilité qui, disait Nicole Loraux, «se lit à corps ouvert, comme si les blessures du guerrier plaidaient pour la qualité du citoyen[29]». Les femmes, évaluées selon les mêmes critères de vigueur ou de taille des muscles paraissent évidemment moins fortes et moins valeureuses. Rien ne peut combler leur déficit; Grisoni parle de misogynie absolue.

N'ayant pour rôle spécifique que l'enfantement et le divertissement qu'elles pouvaient offrir au guerrier, les femmes (cette fois selon Duby) apprirent alors à broder, à chanter, à danser, et surtout, de plus en plus, elles apprirent à lire. Elles inventèrent en somme de nouveaux moyens pour mieux délasser les guerriers, tout en se rendant intéressantes et même indispensables. À travers la servitude, la femme se forgeait progressivement une existence autonome. En remplissant au mieux sa fonction d'épouse soumise, elle devenait *cette femme-là* et pas n'importe quelle autre. En contrepartie, le chevalier devrait inspirer l'amour absolu à cette épouse, car il ne pouvait plus simplement réclamer son dû et elle avait entre-temps gagné le pouvoir de «se donner» à son mari. Par surcroît, apparaît en même temps dans cette histoire le personnage nouveau du troubadour: plus jeune que le mari-chevalier et bien plus séduisant, il étonne l'épouse qui ne croyait pas que les hommes pussent tant aimer. Elle exige des preuves, elle veut savoir jusqu'où il lui est possible d'aller. Et elle ne se lasse pas d'entendre les louanges du troubadour qui lui confèrent un pouvoir qui compense la rudesse du grossier chevalier qui la traite comme un bien. Elle s'amuse à vérifier sa passion en lui imposant des épreuves. Elle fabrique peu à peu un prisonnier, un amant dominé, elle capture son désir pour transformer le troubadour en marionnette dont elle s'amuse à tirer méthodiquement chaque ficelle. Les hommes deviennent humbles dans leur disposition à rencontrer tous les caprices de la belle dame et arrivent même à considérer comme un privilège les humiliations qu'elle leur fait subir. La stratégie réussit: elle obtient un mâle soumis, fidèle et dont l'admiration paraît sans limite. En s'offrant comme objet de son désir, en devenant despote de l'amour, la femme acquiert un pouvoir considérable, et le complot finit par réduire le chevalier au rang de troubadour courtois. Ce qui donnera quelques-unes des plus belles pages de l'histoire de la poésie.

Le chevalier qui se suffisait à lui-même avec ses amis de la table idéalement ronde découvre qu'il n'a d'autre recours que de se soumettre, et il se transforme donc tant bien que mal en un troubadour qui doit maintenant prouver sa valeur autrement qu'en pourfendant les dragons. Désormais, séduire la femme devient une étape nécessaire et cruciale dans la démonstration de la masculinité. Car c'est maintenant elle qui lui confirmera sa valeur. Assis, quelques siècles plus tard, face à la danseuse nue, en se donnant des airs mi-chevalier mi-troubadour, le voyeur vient lui aussi vérifier la portée de sa propre existence. Avec, pour devise, le mot de Ferdinando Camon: «Il est difficile d'être une femme, toutes s'en plaignent. Il est impossible d'être un homme, aucun n'y parvient[30].»

De tout cela, bien sûr, rien n'est vrai. Dans le sens qu'aucun homme ne fut jamais pleinement chevalier et aucune femme ne put être réduite à son seul sexe. L'important, c'est qu'il soit parfaitement possible, légitime et facile de se laisser prendre et de croire en de tels modèles abstraits et réducteurs, qui font toujours le jeu de la culture et dont le rôle consiste justement à imposer un ordre parmi les choses du monde afin de plaquer sur la vie un minimum de sens. Les modèles sont seulement ce vers quoi il est permis de tendre, mais ce minimum suffit à animer les débats publics. Qu'il songe au chevalier déchu, au pouvoir de la femme et à l'emprise de la courtoisie, ou plutôt qu'il songe à son propre pouvoir sur elle, à sa capacité de la déshabiller pour la voir toute et la soumettre à son bon plaisir, le voyeur vivra de la tristesse, une pâmoison, du mépris ou la satisfaction, selon qu'il se percevra prisonnier du sexe ou maître du monde. La danseuse aura pour sa part toutes les raisons de se croire soit honteusement humiliée en tant qu'être humain et en tant que femme, soit l'invincible dompteuse de quelques grands fauves. Les conclusions sont contradictoires, mais chacune trouve les preuves qui suffisent à la rendre plausible et qui permettent ainsi à chaque sexe de se persuader que l'autre a le meilleur rôle et détient le plus grand privilège. Mais les cheminements qui conduisent à l'ambiguïté du spectacle pornographique maintiennent leur radicale différence: la danseuse nue a réussi à se sortir de l'insignifiance par le pouvoir de ses attraits, tandis que le voyeur impuissant demeure un héros diminué. Le spectacle de la danseuse nue pourrait être réjouissant pour une femme par opposition au viol, c'est-à-dire la misère potentielle de la condition féminine. Tandis que le voyeur mâle se réjouit du même spectacle en le comparant à l'imperfection et à l'impuissance de son pouvoir de séduction dans la vie ordinaire, donc en le comparant à la misère réelle de la condition masculine. De la même façon, il devient désespérant pour qui s'inquiète de la condition féminine de voir que des femmes sont réduites à participer à un tel fantasme qui devrait normalement être inconcevable, tandis qu'un homme ne peut que se lamenter de la perte de son pouvoir chevaleresque de violer. Sous-jacent à ces combinaisons, le dénominateur commun est révélateur: le point de référence féminin est la misère de la nullité, celui du mâle est la puissance incontestée. Les points de départ sont infiniment éloignés l'un de l'autre.

Il y a un écart entre la danseuse et le voyeur que la critique jugera selon le chemin parcouru. Soit que la pornographie éloigne les êtres en limitant leurs rapports au seul regard, et l'on dira alors que c'est un exemple de sexe minimal, détestable et inhumain parce que trop partiel et restrictif. Soit que la pornographie rapproche des gens qui savent qu'ils ne pourront par ailleurs jamais devenir plus intimes, et elle devient alors la preuve du pouvoir maximal de séduction des laids, des vieux et des repoussants[31]. Dans un cas, on regrette que l'amour soit réduit au spectacle. Dans l'autre, on constate que c'est déjà beaucoup et que «un tiens» vaut mieux que rien, car il n'y a ici aucun «tu l'auras».

Par crainte d'être mal compris, nous devons peut-être répéter que cette représentation particulière des rapports entre la danseuse et le voyeur n'est que le constat d'une construction culturelle, et que les chevaliers, les trouba-

dours et tout l'amour courtois de leurs descendants demeurent des créations largement imaginaires bien que l'on
puisse les reconnaître dans l'histoire à certains moments
précis. Rien ne semble immuable et nous sommes sans
doute encore loin de la nature humaine. Les inventions et
les façons de voir très différentes d'autres sociétés le
prouvent, mais plus près de nous il ne faut pas oublier les
efforts constants — et sûrement beaucoup plus anciens que
l'on croit — pour échapper à l'impéralisme de modèles
culturels aussi simples; il y a presque toujours eu plusieurs
sexes et bien des nuances. Il ne faut donc pas tomber dans
le piège déjà dénoncé en oubliant de préciser que les
mêmes rapports de séduction et de pouvoir entre le
spectacle et son public peuvent être reproduits, tout aussi
bien, dans le contexte d'un auditoire féminin comme dans
une pornographie strictement homosexuelle.

Toutefois, il reste qu'au sein de cette tradition culturelle particulière la pornographie a été et demeure une production très majoritairement destinée à des mâles hétérosexuels à qui l'on a enseigné qu'il est dans la nature des
femmes de fasciner et qu'aussi il faut s'en méfier. Elles
représentent la tentation à la porte du ciel et à la veille
d'un match important, elles portent la responsabilité de la
faute originelle, de la chute de Samson et de la mort de
Jean-Baptiste. Les preuves des périls qu'elles font courir aux
hommes abondent[32]. Par contre, comme il est rare que l'on
explique vraiment pourquoi ces femmes devraient être si
inquiétantes et qu'on ne précise pas non plus où trouver la
source profonde de leur pouvoir, cela laisse le champ libre
à toutes les interprétations, de la plus simple à la plus
déroutante, de la superstition à la sociobiologie, lesquelles
deviennent ensuite traduisibles en sentiments divers sur
l'éventail complet des possibles, depuis l'émerveillement
béat et respectueux, jusqu'à la haine apparemment sans

bornes. Le voyeur aux pieds de la danseuse peut rêver d'être lui-même femme tandis que son voisin souhaiterait la faire mourir, et ces deux attitudes extrêmes laissent entendre unanimement que la féminité est investie d'une force peut-être supérieure à celle de la masculinité et qui, en tout cas, la rend menaçante. C'est dans cette perspective que la pornographie sexiste mérite d'être vue comme une élaboration sur le thème élémentaire de la vengeance.

D'abord, la frustration de l'injustice que fait subir aux hommes un amour trop courtois envers des femmes parfaitement en contrôle de leur sexe, froides et sans désirs, et que ces derniers doivent courtiser sans relâche, pour l'éternité. De là, dit-on, les inventions perverses du marquis de Sade qui servent d'antidote à l'oppression de la courtoisie[33]. Puis, il y a aussi les frustrations inquiètes causées par l'affirmation d'une puissance masculine mensongère face à une sexualité féminine qui n'a en réalité besoin (tout éleveur le sait!) que d'un étalon occasionnel et qui, si elle devait un jour se manifester pleinement et prendre le contrôle, réussirait au plus en quelques heures à épuiser tous les mâles[34]. Il faut ajouter ensuite la frustration du scandale: examiner de très près le sexe de la femme qui fascine depuis des siècles parce qu'on avait cru qu'il cachait le mystère suprême et la vérité la plus profonde, pour finalement découvrir qu'il n'y a là rien à voir[35].

Les frustrations sont de tout ordre et les mots pour les dire changent, mais chaque fois ils témoignent d'une mise en ordre du monde qui souffre d'être trop facile, trop mensongère et trop illusoire. La féminité devient la victime d'une lecture simpliste de la condition humaine. Prétendre que la nature est distincte de nous et qu'il faut la dominer, c'est du même coup devoir admettre la notion terrifiante que la lutte sera à jamais inégale et qu'elle en sortira toujours gagnante[36]. C'est nourrir la frustration devant l'inévi-

table. Et on dirait qu'en Occident ces questions fondamentales ont trouvé leur meilleure expression dans ce qui
touche la notion de mère. C'est sur son ventre que tout a
été dit. Parce que le père était absent, inconnu, trop faible
ou trop distant, c'est sur maman que tout le blâme retombe.
Nous lui tiendrions rancune de nous avoir expulsés, de
nous avoir sevrés, de nous avoir obligés à devenir mâles et
donc à nous éloigner d'elle. Ou encore, si l'on préfère, de
l'affront de nous avoir trahis en couchant avec papa. Pis
encore, nous en arrivions à espérer pouvoir un jour nous
venger d'une mère dont l'ultime promesse fut de nous
donner la mort[37].

En somme, les idées ne manquent pas. Leur exposition
moderne prend l'allure d'une spirale philosophique probablement sans fin, ce qui permet d'ajouter chaque fois
quelque nouveau détail aux interprétations de la pornographie. Mais l'essentiel dans tout cela n'est pas moderne, car
la pornographie traditionnelle ne fait que bricoler de vieux
matériaux, et ses discours ne font le plus souvent que
reprendre quelques postulats élémentaires d'une très vieille
culture qui croit que les femmes sont distinctes des
hommes, qu'elles détiennent un certain secret de la vie,
qu'en leur sein l'être humain atteint le confort total et la
sécurité parfaite, que le sexe est passionnant, que les
femmes sont séduisantes, que la jeunesse est belle, et ainsi
de suite, selon la mémoire et le talent des auteurs. Assurément, l'innovation doit être ailleurs. Car ce qui est
vraiment nouveau et apparemment unique, c'est l'existence même de la pornographie et le fait que, depuis
quelques décennies, ces questions éternelles peuvent être
exposées crûment sur la place publique, apparemment sans
réserve aucune, sans limites et dans tous les sens. Comme
si le secret et le privé étaient maintenant devenus inutiles.
Et comme s'il était sans conséquences d'explorer et de per-

mettre les images de la multiplicité des possibles, de construire et de démonter tous les arguments et de réinventer plus librement que jamais tous les mondes, sous le seul prétexte d'effacer les contraintes trop oppressantes d'un modèle bourgeois.

La liberté

Le dernier de ces plaisirs vient tempérer la plupart des notions courantes de modernité. Le livre d'Alan Soble fait figure d'antidote contre la dépression et constitue une exception à tout ce qui a été dit jusqu'à maintenant de l'absence d'une défense de la pornographie[38]. Soble aime la pornographie, la trouve malheureusement encore trop imparfaite, aimerait l'améliorer pour la rendre plus acceptable, et tout cela parce qu'il n'y a pas de raison qu'elle ne puisse devenir agréable. Parce que le sexe est bon et que la vie est belle.

Son vocabulaire est malheureusement emprunté à un marxisme désuet, mais la thèse demeure traduisible. Premièrement, il faut critiquer la pornographie actuelle, évidemment sexiste et surtout misérable, mais qui n'est que le reflet de la misère du travail, de l'ennui et de l'aliénation du citoyen moderne. Pour Soble, les critiques habituelles de la pornographie sont irrecevables parce qu'elles se limitent à contester une forme particulière qui prend sens dans ce moment de l'histoire et parce qu'elles ne répondent guère à la question de savoir s'il faut lui préserver un avenir.

Engels n'en savait rien, car il croyait impossible de prédire la société idéale: la révolution aurait des conséquences insoupçonnables. Reich répondait clairement que la pornographie mourrait bientôt parce qu'elle n'était à ses yeux qu'une réponse futile et passagère à la répression sexuelle et que la révolution abolirait le besoin de ce genre de compensation grotesque. Au contraire, Soble pense que la pornographie, belle et de bon goût, serait certainement possible au sein d'une société où les rapports sociaux seraient devenus plus respectueux et plus égalitaires. La pornographie deviendrait alors un produit de plaisir, sans gêne ni contrainte ni obsession, une célébration du sexe où il ne serait question ni d'aliénation ni surtout de commercialisation vulgaire. Une pornographie qui ne serait plus jamais un découpage irréel de l'expérience humaine et qui ne deviendrait ni plus ni moins déshumanisante qu'une visite chez le dentiste ou une compétition sportive.

Bien sûr, Soble veut partager son rêve utopique. Mais sa réflexion sert à comprendre combien les analyses modernes de la pornographie, les critiques comme les commentaires, demeurent étroitement attachées à la figure historique particulière de la production pornographique occidentale du XXe siècle. Pour Soble, les modes de rapport entre les sexes, la définition courante de la sexualité, même l'isolement confortable que procure la modernité et la fin du social, tous ces détails paraissent modifiables et corrigibles. D'où sa bonne humeur. Et il fallait le garder pour la fin parce qu'il semblait utile, au moment d'arriver au traitement plus anthropologique de la question, de voir un auteur adopter un regard un peu plus large et rêver d'une société aussi exotique que le communisme futur. Le reste de cet ouvrage peut donc s'attacher à montrer comment d'autres sociétés tout aussi éloignées ont déjà traité ces mêmes questions et à essayer de voir comment on a, ailleurs, compris les conséquences du rêve de Soble et donc les véritables enjeux de la pornographie.

TROISIÈME PARTIE

VERS LE DEGRÉ ZÉRO

CHAPITRE 6

L'INDE, OU L'«ENCASTRATION» DU SEXE

Au XIIIᵉ siècle, au moment même où Thomas d'Aquino réfléchissait à l'homogénéité fondamentale de l'âme et de la matière et que Roger Bacon proclamait l'importance de connaître la nature par expérimentation, à l'autre bout du monde médiéval, c'est-à-dire sur la côte ouest de ce qui est aujourd'hui l'Inde, le roi Narasimha I (1238-1264) faisait construire le plus beau des temples afin de célébrer dignement sa récente victoire militaire sur les Yavanas musulmans et de marquer pour la postérité toute l'importance de l'événement. Le temple devait être vaste, splendide, glorieux et admirablement décoré. En douze ans, le roi y investit la totalité de ses revenus et une armée de travailleurs s'attaqua au projet. On imagine facilement le vaste chantier où un sculpteur, tout aussi anonyme que ceux qui eurent pour tâche de décorer l'ensemble des façades du temple, fit appel à tout son génie créateur pour ciseler une première figure dans la pierre: l'image d'un homme courbé qui pose ses lèvres sur le sexe d'une femme étendue sur le dos et qui suce son pénis, pendant que, debout à côté, celle qui semble être une servante lui enfonce un doigt dans l'anus.

Une fois achevé, ce relief ne sera qu'un détail parmi les dizaines de sculptures érotiques qui ornent le temple de Surya à Konarak et qui proposent d'exposer la sexualité humaine sous des formes variant de l'exhibitionnisme solitaire à l'orgie et qui mettent en scène hommes, femmes et quelques animaux, dans des positions parfois simples, parfois acrobatiques. Le temple lui-même n'est qu'un édifice dans l'ensemble des temples de Konarak, tous aussi richement décorés, et la région, quoique reconnue comme un haut lieu de l'architecture médiévale indienne, n'est pas la seule à avoir manifesté son intérêt aux représentations sexuelles. Car c'est l'Inde entière qui, pendant environ cinq siècles (en gros, de 900 à 1400), construit des temples ornés de sculptures érotiques. Non seulement on montre les images du sexe à tous les publics et dans presque toutes ses variations, mais on les a par surcroît mises aux meilleurs endroits, sur les murs du temple, là où il n'y a de place que pour le sacré et le vénérable. Le sexe était central et devait être ostentatoire.

En suivant les descriptions et les analyses de Devangana Desai[1], on comprend à quel point l'exemple de l'Inde peut être éclairant. D'une part, parce qu'on a affaire à un traitement de la sexualité qui contraste avec celui qu'en a proposé l'Occident, mais surtout parce que ces mêmes temples deviendront, plus tard, pornographiques: des attraits touristiques pour une société puritaine qui y trouve matière à titillation et à scandale. Aussi, il faut apprécier ce type d'ornementation à thème si crûment sexuel qui constituait somme toute une réponse originale aux mêmes questions qui préoccupaient si justement Thomas d'Aquino.

L'ancien...

S'il était nécessaire de fixer le début de cette histoire, on le trouverait peut-être dans le climat et l'écologie d'une péninsule où il y a tout lieu de s'inquiéter de la fertilité. Bien sûr, tout ce qui entoure la fertilité des plantes et des animaux intéresse toujours les sociétés rurales, mais l'équilibre paraît souvent moins fragile ailleurs qu'en Inde où le risque est grand de précipitations, trop fortes ou trop faibles, aux conséquences désastreuses. Quelles qu'en soient les racines profondes, une certaine inquiétude de la fertilité constitue un des principaux thèmes de la culture hindoue. C'est du moins ce que prétend l'archéologie chaque fois qu'il lui faut expliquer les premières représentations d'actes sexuels trouvées sur des amulettes du VIIe siècle avant notre ère ou les illustrations de scènes d'orgies produites quelque cinq siècles plus tard[2]. Il faudrait y voir les instruments d'un culte centré non pas sur le sexe mais sur la fertilité. Toutefois, on parle là de cette merveilleuse «nuit des temps» qui a précédé les premières religions védiques.

Toute religion fonctionne comme une machine à préserver la vie: elle veut la favoriser, l'aider, comme elle veut aussi écarter les forces négatives qui pourraient la menacer. Et lorsque cette précieuse «vie» est comprise comme la puissance de la fertilité, la force créatrice d'un perpétuel renouvellement, ce qui fait croître les plantes et les animaux et ce qui fait naître tout ce qui vient remplacer l'épuisé et l'inerte, la fertilité acquiert le statut de principe canonique. Elle devient essentielle à la survie et la seule façon concevable d'échapper à la finalité de la condition humaine. Du coup, la fertilité devient aussi l'indispensable assurance du bien-être collectif. Reste encore à l'exprimer, à l'affirmer et à l'enseigner en répétant combien sont importants la pluie qui fertilise la semence et le soleil qui fait pousser la plante. De là naissent les symboles et les rites: depuis le mariage rituel du Soleil et de la Terre, jusqu'au couple paysan qui s'unit dans le champ qu'il vient d'ensemencer. Non seulement la religion propose d'interpréter le monde, mais elle doit aussi définir les objectifs à poursuivre et surtout les meilleurs moyens de les atteindre. Dans le cas indien, elle invente donc les moyens d'assurer la fertilité: des prières, des incantations et des litanies, des comportements et des disciplines, des hymnes et des célébrations. La logique de la magie religieuse se développera par la suite en spirale: faire ce qui est exigé est promesse de succès, l'omettre peut entraîner le contraire, et, si prier amène la grâce et le bonheur, ne pas prier risque d'attirer malheurs et châtiments. L'enjeu est prometteur mais risqué, car en voulant se donner les moyens d'assurer la pluie fertilisante on peut tout autant, par omission, se rendre responsable de la sécheresse.

Il est évidemment plus facile de célébrer la fertilité en prenant pour symbole immédiat la sexualité et la reproduction humaine que d'essayer de maîtriser la pluie ou le soleil. Le sexe peut être célébré comme un hymne à la fertilité; les religions de l'Inde ancienne imposaient ainsi des rites et des cérémonies qui comprenaient le spectacle ou l'accomplissement d'actes sexuels. On précisait par surcroît que la copulation proche d'un temple avait des effets particulièrement puissants, et que toute femme devait faire l'amour à l'intérieur d'un temple au moins une fois au cours de sa vie. Selon la même logique, l'indécence et le langage obscène pouvaient être prescrits et obligatoires lors de cérémonies religieuses afin de stimuler les pouvoirs générateurs de la nature; car on affirmait souvent que les dieux aiment «le son de l'obscénité». Et puis, il y avait les divers moyens de se protéger des menaces, soit en portant des amulettes contre le «mauvais œil» ou des talismans porte-bonheur qui représentaient des organes sexuels. De là aussi la pratique efficace et relativement facile de traduire cette célébration de la fertilité dans sa représentation artistique et de remplacer l'acte sexuel par son abstraction; avec le résultat qu'un temple bien décoré de motifs obscènes sera mieux écouté des dieux et aussi mieux protégé contre les mauvais esprits de la foudre et du tonnerre.

La culture et la religion hindoues seraient héritières de cette ancienne tradition de croyances et de pratiques liées à l'agriculture et à la fertilité, laquelle devait offrir, comme toute bonne tradition religieuse, un mélange plus ou moins réussi de spiritualité abstraite et de concepts philosophiques, de goût du spectacle et de rites, de fêtes et de pèlerinages. Le courant s'est apparemment toujours maintenu à travers les fluctuations de l'histoire des religions. Vers le Ve siècle apparaît le tantrisme (sous une forme suffisamment repérable), qui vient redire l'existence d'un lien primaire entre le sexe et la religion et qui va bientôt devenir fort populaire et influencer assez profondément à la fois l'hindouisme, le bouddhisme et le jaïnisme, bref, toute la culture de l'Inde. Originaire des régions plus reculées de la péninsule où les religions plus officielles étaient peut-être moins bien établies et où les croyances anciennes restaient vivaces, le tantrisme propose d'abord ce que tout bon bouddhiste ou hindou connaît déjà, l'union ultime avec l'être suprême, la jonction finale et parfaite des deux identités. L'objectif est de retrouver l'état d'unité originale et finale du monde en réussissant l'union du Négatif et du Positif, du Repos et de l'Action, de Chiva et de Chakti, de la Méthode et du Savoir. Tout cela peut, dans le monde matériel dans lequel nous sommes, être représenté par l'union des principes Femelle et Mâle. C'est la totalité de cette quête religieuse et cosmologique qui est en jeu dans le rapport sexuel tantrique. L'union sexuelle est un acte sacré qui unit les dieux et qui rapproche de l'accord suprême avec le monde. Cependant, c'est ailleurs que le tantrisme innove. D'abord, par sa méthode originale d'atteindre plus facile- ment des objectifs que le bouddhisme et l'hindouisme ne laissaient espérer qu'à la suite d'une longue discipline et de mortifications menant au véritable ascétisme. Le tantrisme propose en quelque sorte des raccourcis vers la libération, qui reste le but de toute vie: des prières et des incantations, des amulettes, des gestes et des dessins, en somme des outils qui seront souvent par la suite adoptés par les autres reli- gions. Dès lors, la pensée religieuse mise davantage sur l'efficacité de la magie. De nouveau, on peut constater un effet double, quand les offrandes deviennent utiles: il est requis d'offrir aux dieux de la viande, du riz, du poisson et des accouplements, et malheur à ceux qui ne s'acquitte- raient pas de ces obligations. D'un autre côté, les illustra- tions gagnent en pouvoir et en importance, et elles dépas- sent largement la simple représentation, car elles sont maintenant capables de produire d'elles-mêmes un effet. Les images touchent les dieux, elles transmettent des mes- sages et chassent les esprits malins. En somme, l'influence du tantrisme aura été de reprendre la tradition et de relancer la dynamique de l'efficacité magique du sexe. Il est donc plausible que les ornements érotiques des temples aient été conçus comme autant d'offrandes à des dieux qui exigeaient une célébration du sexe et leur lot d'obscénités, des dieux à qui l'on attribuait le pouvoir de devenir très menaçants.

Voilà très rapidement exposée une des conditions qui expliqueraient l'apparition de tous ces temples ornés de motifs sexuels au sein d'une culture hindoue que tant d'observateurs ont pourtant caractérisée par sa spiritualité et sa passion pour l'éthéré et le sublime. Une culture qui a souvent eu tendance à considérer la sexualité comme une distraction marginale, sinon comme un obstacle à la pleine réalisation de l'être. Mais une telle conclusion ne serait pas suffisante. Premièrement, parce que l'idée d'exposer à la vue de tous un intérêt rituel pour le sexe semble tout à fait contraire au tantrisme qui a toujours voulu demeurer discret et qui insiste pour réserver ses rites aux seuls initiés, qui doivent les pratiquer à la faveur de la nuit et loin des regards indiscrets. Il est concevable que le besoin ou l'obligation de faire appel à la magie religieuse aient été pressants, mais en général le tantrisme ne pousse pas à illustrer la morale dans la pierre. Ensuite, selon Desai, l'idée de vouloir créer une image de la non-dualité d'une réalité mystique et supérieure cadre mal avec la grossière indécence de plusieurs illustrations qui ornent les temples; en d'autres termes, l'union matérielle des principes Mâle et Femelle comme symbole de l'unité fondamentale de l'univers explique mal l'image de la servante qui enfonce son doigt dans l'anus du baiseur. De plus, il ne faut pas oublier que la sexualité, pour autant qu'elle ait été centrale dans l'ordre cosmologique, était immanquablement soumise à des règles strictes et à un code moral qui proscrivait l'orgie, le sexe oral et bien d'autres pratiques encore qui se trouvent pourtant couramment illustrées sur les murs des temples. Enfin, Desai explique pourquoi certaines hypothèses plus anciennes doivent aussi être rejetées et affirme que ces sculptures ne servaient pas de manuels d'éducation sexuelle, ni qu'il ne peut s'agir là d'un test de la force

morale des fidèles ou d'un séparateur entre l'extérieur profane et charnel et l'intérieur du temple plus chaste et pur[3].
Ces hypothèses inadéquates nous amènent, d'une part,
à rappeler qu'il y avait de toute évidence d'autres détermi-
nismes que la religion. Par exemple, le style des temples
traduit moins la secte religieuse que l'influence de la mode
artistique régionale. Les temples sont décorés dans le style
de la région. Les artistes y ont intégrés des motifs ou des
thèmes qui y étaient populaires sans trop s'inquiéter des
distinctions particulières qu'apportaient les religions ou les
sectes; comme si le message religieux était repris à son
propre compte par un artiste qui se serait permis d'y introduire divers éléments extérieurs à la religion, parce que
pour lui c'était aussi l'art qui donnait son sens au geste
d'une décoration. D'autre part, il semble qu'à cette même
époque l'érotisme trouvât mille façons de s'exprimer dans
un art séculier qui n'avait apparemment aucun lien avec la
vie religieuse (mais dont nous savons très peu, à part la
littérature, puisque les maisons et meubles ainsi décorés
étaient surtout faits de bois, évidemment périssable). En
somme, il y aurait eu deux courants, religieux et artistique,
à la fois autonomes et reliés, et qui valorisaient l'illustration franche de la sexualité. Plus important sans doute, ces
temples n'ont pu être construits que dans un monde qui
tolérait et même qui encourageait l'exposition publique de
toutes les facettes de la sexualité humaine. Car il fallait
nécessairement que ces efforts fussent fondés sur un intérêt
culturel pour la sexualité et qu'ils fussent en même temps
cautionnés par des autorités religieuses et civiles qui permettaient de telles expressions. Mais il fallait premièrement avoir des raisons et les moyens pour construire ces
temples.

Pour comprendre ces raisons, nous devons faire un
saut assez considérable. La chute de l'Empire romain, qui

paraît pourtant bien loin de ce qui nous occupe, a profondément bouleversé l'ensemble du monde. L'événement n'a pas été sans conséquence sur la sculpture érotique. On sait que l'Inde avait toujours entretenu des rapports commerciaux (généralement très profitables) avec l'Empire romain, et sa société s'était ajustée à ce commerce au point d'en être dépendante; d'ailleurs, les principaux ports de l'Inde étaient en contact avec Rome, la Chine et probablement tout ce qui constituait le monde depuis au moins les Ve ou IVe siècles avant notre ère. On rapporte même l'existence d'un trafic international d'objets érotiques fabriqués en Inde (dont on a trouvé un exemple dans les ruines de Pompéi), ce qui tendrait à démontrer ou bien que les marins de tous les temps s'ennuient, ou bien que les voyageurs antiques servaient déjà à échapper à la censure locale. Donc, la chute de l'Empire romain constitua pour l'Inde la perte d'un important partenaire commercial et la fin d'une époque. Le commerce extérieur diminua considérablement en se déplaçant vers Byzance, la Chine et le monde arabe; en Inde même, ce nouveau commerce extérieur passait sous le contrôle de marchands arabes et chinois qui remplacèrent progressivement toute la classe marchande autochtone. La déstabilisation de l'ordre social traditionnel prit alors la forme d'un vaste mouvement de décentralisation. La structure politique pyramidale s'écroulait; le pouvoir politique central se fragmentait au profit de petites puissances régionales de plus en plus autonomes; la réorientation de l'économie profita aux régions, et des secteurs aussi cruciaux que l'irrigation passèrent aux mains des autorités locales; les activités commerciales ralentirent partout. Bref, les régions se fermaient sur elles-mêmes, et l'on comprend facilement que certains historiens parlent d'un «féodalisme» indien, malgré toutes les controverses qu'une telle analogie suscite.

En marge de l'apparition de ces autonomies politiques, l'Inde connut une croissance marquée des conflits entre régions et l'émergence d'une classe militaire importante, qui vint en quelque sorte remplacer celle des marchands dans la hiérarchie du pouvoir. Non seulement les militaires faisaient la guerre, mais ils détenaient de plus en plus le pouvoir de décider si et quand elle était nécessaire. Ce qui évidemment rendait la vie des paysans encore plus difficile: les impôts augmentaient et ils se voyaient obligés de travailler pour les autorités régionales et de nourrir l'armée chaque fois qu'elle passait (souvent) dans le village. En même temps, apparut une nouvelle idéologie guerrière qui, d'une part, semblait valoriser la gloire militaire (en plus, apparemment, de toujours rechercher la querelle et le conflit) et qui, d'autre part, introduisait l'extraordinaire notion de la fierté de servir et de mourir au champ d'honneur. Les historiens notent aussi que les esprits devinrent «étroits»: les préoccupations principales se régionalisent au même rythme et dans le même sens que le pouvoir, donnant naissance à ce que l'on nomme, là où il y a église, «l'esprit de clocher». Ce mouvement se traduisit par la création de toutes sortes de modes régionales, de styles, d'accents et de mille autres façons de faire qui distinguent les voisins des étrangers.

Les autorités locales récemment parvenues au pouvoir prenaient des allures de nouveaux riches et les leaders manquaient encore d'assurance. Souvent non hindous, ils cherchaient à magnifier leurs origines incertaines et à asseoir leur pouvoir sur une base plus solide et crédible que la simple force d'une armée. L'astrologie devint alors très populaire, et la littérature de cette nouvelle classe dominante puisait très librement au répertoire des superstitions. Mais, surtout, il lui fallait se fonder sur quelque valeur traditionnelle incontestable. Comme il est facile de ne pas innover en demeurant conservateur, les nouvelles élites recherchèrent l'approbation des brahmanes qui, à titre de gens de culture, leur inspiraient le plus grand respect. Et comme seule la sanction des brahmanes pouvait vraiment légitimer et confirmer le statut social de ces nouveaux riches, il importait de bien respecter les enseignements de la religion, lesquels se traduisaient concrètement par l'obligation de faire des dons charitables. Payer pour la construction d'un temple constituait un don exemplaire, un témoignage impressionnant de foi et de générosité, et, comme l'affirment clairement les textes religieux officiels, un des meilleurs moyens d'atteindre rapidement la libération ultime. En somme, la construction d'un temple faisait d'un édifice en pierre trois coups: satisfaisant le besoin ostentatoire d'affirmer sa propre grandeur, le temple respectait les exigences de l'ordre religieux et social supérieur, tout en calmant les inquiétudes d'une croyance profonde en l'efficacité de la magie religieuse au sein d'une société qui appréciait plus que jamais les incertitudes de la guerre.

Mieux encore, ces nouveaux riches avaient beaucoup d'argent. Parce que le pays était prospère et que les paysans travaillaient dur, mais aussi parce qu'il y avait trop d'obstacles et de barrières au commerce, les économies locales engendraient des surplus qui étaient ensuite le plus souvent réinvestis dans la consommation ostentatoire et qui se retrouvaient ainsi transformés en prestige. Cette société offre ainsi un exemple très classique de l'émergence d'un groupe restreint d'individus qui, très littéralement, ne savent plus comment dépenser leur bonne fortune. Et comme tous les membres des aristocraties locales (de même que la plupart de ceux qui appartenaient à l'ancienne classe de marchands maintenant recyclés dans le modèle féodal) possédaient des terres, quelques territoires ou même plusieurs villages où il était possible de construire, les temples se sont vite multipliés. Et comme l'entreprise demeurait forcément compétitive, car il s'agissait le plus souvent de faire mieux que son ancêtre ou que son voisin, on construisit des temples de plus en plus imposants, ce qui facilitait la tâche des sculpteurs à qui on offrait ainsi de plus grandes surfaces de travail.

La capacité de dépenser sans réserve pousse toujours vers le luxe qui, par définition, doit se maintenir hors de prix. Dans le cas indien, cette poursuite tourna au goût du sexe et de la luxure. Respectueuse des anciennes traditions, toute une classe aisée décida qu'il n'y avait pas de meilleurs moyens de prouver sa valeur que la guerre et l'amour. L'aristocratie trouva pour s'occuper le plaisir de jouer les mécènes, et le sexe fut alors élevé au rang d'art qui mérite grande attention, une activité qu'il fallait cultiver et étudier avec minutie. Les riches disposaient des moyens qui leur permettaient d'y consacrer beaucoup d'énergie. Le sexe avait été transformé en source de prestige et l'on était convaincu qu'il serait bien inutile d'être compétent et de conquérir le monde, si l'on ignorait comment bien faire l'amour. Les savants rédigèrent alors des manuels qui cherchaient à dire tout ce qu'il faut savoir pour comprendre le sexe, et leurs lecteurs se mirent très vite à redouter l'ennui, ce qui stimula l'invention de nombreux aphrodisiaques et donna naissance à un vaste marché de produits de lutte contre la saturation.

En somme, on pourrait résumer en disant que l'ancienne tradition religieuse s'est trouvée dégradée dans le processus de régionalisation et que ses enseignements furent sécularisés au point de se transformer en un hédonisme sans limites et sans gêne. La notion de retenue, pourtant si essentielle au tantrisme et à toutes les autres religions de l'Inde, avait cédé la place à une culture nouveau riche de la sexualité, qui laissa une marque profonde dans l'architecture, l'ameublement, les menus objets, la littérature et dans quasiment tous les arts de cette longue période entre les Xᵉ et le XVᵉ siècles. Les gens qui finançaient la construction de tous ces temples étaient sans doute influencés par le tantrisme, mais ils ont surtout traduit ses enseignements et ses doctrines dans des termes beaucoup plus profanes. Des notions cosmologiques de fertilité et de renouvellement perpétuel, on passe facilement à la question de la puissance sexuelle et aux aphrodisiaques. Ce qui était au départ une notion métaphysique devient un commerce de luxure; le précepte religieux de la préservation de la semence et du contrôle du sperme qui ne doit pas être éjaculé se transforme en son corollaire, une inquiétude sur l'épuisement, qui se change à son tour en crainte de l'impuissance, laquelle donne naissance ensuite à un commerce lucratif de tout ce qui peut passer pour aphrodisiaque. Le canon religieux se sécularise et le sexe comme moyen d'atteindre l'Absolu se transforme en jeu divertissant pour une classe suffisamment oisive et riche pour ne plus s'inquiéter que de son ennui et des limites de sa puissance sexuelle[4].

Pendant ce temps, les fonctions sociales des temples changeaient en se diversifiant. Conçus comme les cadeaux de généreux donateurs soucieux de gloire et de salut, les temples permirent d'abord l'engagement de quelques prêtres, astrologues et ascètes. Par la suite, tous ces gens entreprirent de rendre leur temple attrayant pour une clientèle potentielle de pèlerins et de touristes prête à venir y dépenser son argent. L'accueil de ces pèlerins exigea alors la création d'aires de service autour des temples où s'installèrent encore plus de prêtres et de devins, mais aussi de nombreux barbiers, des musiciens et des vendeurs de souvenirs, et enfin des vendeurs de tout et de rien. On y trouvait parfois une école et des auberges. Les meilleurs sites étaient reconnus pour la splendeur et la puissance rituelle de leur temple, mais aussi parce que la fête y était perpétuelle et que les concerts s'y succédaient sans interruption. Dans certains cas, le temple représentait même le seul endroit sûr où le citoyen pût déposer ses épargnes en toute sécurité. La somme de tout cela montre que les temples étaient devenus d'importantes sources d'emploi et le centre d'activités fort diverses. De plus, comme il y avait taxes sur le pèlerinage et sur le travail des barbiers et de quelques autres professions, les temples constituaient par surcroît une source importante de revenu pour les administrations locales. Et dans les cas où le territoire consacré au culte était assez grand pour que l'on puisse y offrir tous ces services, l'autonomie administrative des responsables du temple faisait du lieu et de sa «communauté» un véritable fief féodal, indépendant et parfois très riche.

Par ailleurs, chaque temple devait entretenir une troupe de danseuses et de prostituées sacrées dont le rôle original semble avoir été d'offrir un spectacle vivant qui correspondait en quelque sorte aux illustrations érotiques ornant les murs. Comme il était particulièrement propice aux rites de fertilité que les plus grands ascètes aient des rapports sexuels en un lieu aussi proche des dieux, il leur fallait donc pouvoir y trouver des partenaires. Toutefois, cette prostitution «sacrée» semble avoir progressivement quelque peu négligé son adjectif: les temples donnaient des spectacles «lascifs» qui cherchaient à illustrer les variations de la sexualité humaine, mais dont le sens philosophique et la fonction religieuse devenaient de plus en plus obscurs et secondaires. Pendant qu'à côté certaines auberges reliées aux temples servaient de gîte mais aussi de bordel pour pèlerins et touristes.

En somme, il serait futile de vouloir ici distinguer à tout prix le religieux du profane. Non seulement les images

de sexe se retrouvent sur les plus grands et célèbres temples
de Khajuraho, Konarak ou Bhubaneswar, mais elles sont
aussi gravées sur à peu près tous les murs de tous les temples
construits en Inde à l'époque médiévale. Il est évident que
leur rôle social et culturel excédait largement les besoins de
la pratique religieuse. Ce que nous retenons et que nous
croyons comprendre des quelques témoignages de cette
période mène à conclure qu'il y eut conjonction d'une
religion qui permettait l'érotisme et qui en faisait un usage
teinté par la magie avec une tradition culturelle qui valo-
risait la sexualité et qui encourageait le goût de l'ornementation, tout cela au cœur d'une société suffisamment riche
et dominée par une classe aristocratique qui n'avait pas
vraiment d'autres projets que de construire des temples et
de vivre agréablement.

... et le moderne

Cinq cents ans plus tard, ces mêmes temples sont
généralement déclarés pornographiques. La rencontre
(brutale) de l'ascétisme hindou et du colonialisme victo-
rien a produit une symbiose remarquablement puritaine, et
les grandes œuvres de la période médiévale ont parfois
contrarié les plus éminents citoyens de l'Inde moderne. La
rumeur veut que parmi les innombrables secrets des
archives administratives de New Delhi seraient cachées des
lettres où Mahatma Gandhi proposait de dissimuler les
sculptures et même de plâtrer les temples de Khajuraho. Le
projet aurait été abandonné sous la recommandation de
Nehru, sans doute plus libéral, qui proposait au contraire
d'ouvrir ces régions au tourisme international[5]. Depuis le
milieu du siècle, les visites touristiques augmentent sans
cesse et les visiteurs y viennent en se fiant, entre autres, au

célèbre guide *Fodor* qui, dans un même souffle, avertit que les sculptures sont «trop explicites et trop provocantes pour les délicats», pour ensuite promettre que «l'adulte véritable jugera sans doute le voyage très satisfaisant[6]». La plupart de ces adultes rapportent un quelconque souvenir sous forme d'une réplique de sculptures érotiques en plâtre, en bois, en cuivre ou simplement quelques cartes postales (la photographie n'est pas autorisée). Les visites aux temples restent brèves et on n'y rencontre plus ni musiciens ni prostituées sacrées. Les souvenirs seront probablement placés au fond d'un tiroir ou sur le rayon le plus élevé de la bibliothèque, pour être ensuite montrés à quelques amis ricaneurs ou intimidés. En somme, nous retrouvons le petit monde de la pornographie.

Où situer la différence entre l'Inde médiévale et l'âge moderne sans dresser la liste banale des nombreux détails qui les caractérisent? Et sans redire simplement que les notions occidentales de modestie, d'obscénité et de scandale s'accommodent mal de ce qui est compris comme l'extravagance débauchée des sculptures érotiques? L'insistance du cinéma pornographique à montrer des plans d'éjaculation est très évidemment contraire à toute la vision tantriste de la sexualité.

Sans vouloir ici poursuivre davantage la comparaison entre deux cultures et des sociétés certainement très éloignées, il faudrait suggérer à quiconque recherche le contraste le plus fondamental, ce dont tout le reste découle, de considérer d'abord le concept philosophique d'individu. Dans la tradition de l'Inde, l'individu demeure par définition un être incomplet qui doit s'unir à l'autre afin de se réaliser pleinement. Alors que, pour la philosophie occidentale, l'individu est devenu un être entier qui doit souvent se méfier des autres. Dans le premier cas, l'acte sexuel est nécessaire et propice à la pleine réalisation de soi. Dans le second, le sexe représente essentiellement un risque et une menace à l'intégrité de l'être. Les premiers l'encouragent, les seconds s'en méfient.

Néanmoins, cette opposition fondamentale ne suffit pas à expliquer la naissance de la pornographie ni en quoi le cas de l'Inde offre un bon exemple du contraste entre l'époque moderne et toutes les autres sociétés connues où l'on ne rencontre jamais de véritable équivalent de la pornographie actuelle. Il ne suffit pas d'invoquer le relativisme culturel et de prétendre que les traits apparemment comparables ne sont jamais vraiment semblables parce qu'extraits de contextes sociaux et historiques trop différents. Encore faut-il essayer de comprendre pourquoi certaines similitudes ne sont qu'apparentes, tandis que les différences cachent souvent quelque dénominateur commun.

Les contenus peuvent être non seulement comparables mais identiques, et bien d'autres sociétés ont illustré le sexe très exactement de la même manière que la pornographie moderne. L'ethnographie mondiale connaît de nombreux exemples de dessins et de sculptures érotiques, de chants et de danses lascives, de récits grivois et d'humour osé, d'exploits sexuels et d'orgies publiques, et, dans la plupart de ces cas, malgré toute la couleur locale inscrite sur les corps et en raison des limites de la sexualité humaine, ce qui est fait, dit ou montré demeure très précisément identique aux images que proposent les œuvres de l'industrie pornographique actuelle (un auteur peu inspiré disait que «la redondance commence aux environs de la 69e variation»). Sur ce point, l'exemple de l'Inde est instructif: des décorations qui pouvaient il y a cinq siècles être encouragées, financées, regardées, admirées et peut-être même vénérées par tous se transforment plus tard en objets de scandale ou de honte. Les illustrations n'ont pourtant pas changé. Elles ont plutôt été simplement déplacées dans le contexte social, de sorte que l'espace culturel qu'elles occupent aujourd'hui n'est plus du tout le même. Pour être pornographique, il faut d'abord pouvoir devenir marginal. Ne plus appartenir qu'au monde du loisir frivole et de la distraction oiseuse, souvent malsaine et grossière. Les sculptures érotiques de l'Inde médiévale étaient, elles, inséparables de la religion et de l'économie. Le lieu qu'elles décoraient était à la fois un temple et une banque et cela n'empêchait nullement l'endroit d'être copieusement illustré de motifs scabreux et de tolérer le langage obscène et d'y encourager l'acte sexuel à titre de rituel bénéfique. L'érotisme avait là sa place parmi les choses sérieuses de la vie: l'argent et le salut de l'âme. Et c'est justement cette caractéristique que l'on retrouve aussi ailleurs dans d'autres sociétés qui, sans avoir connu l'exceptionnelle omniprésence de la sexualité de l'Inde ancienne, ont cependant désigné des moments de l'année, des lieux et des occasions où le spectacle du sexe était permis sinon obligatoire. Dans tous ces cas, le discours sexuel, souvent ponctuel et exceptionnel, demeure en même temps une déclaration politique, un geste social, une prière rituelle et un commentaire cosmologique. Le spectacle appartient à la vie normale de la communauté et témoigne des valeurs centrales de la culture; même si, comme c'est parfois le cas, l'orgie obligatoire sert d'enseignement par le mauvais exemple en montrant ce qui est défini justement comme le contraire du bons sens et de l'ordre normal. Tandis que la pornographie reste marginale, et il ne faut ici jamais confondre l'obscénité sexuelle et la politique, la religion ou les affaires bancaires. La pornographie serait en somme comparable à une forme de marginalité sexuelle que les ethnographes ont rencontré dans presque toutes les sociétés humaines: le cas de l'obsédé qui ne parle que de cul ou celui de l'idiot qui se masturbe apparemment sans relâche sous le grand arbre à l'entrée du village. Tout le monde reconnaît qu'il s'agit là d'écarts de conduite étranges et secondaires et que la vraie vie sociale est ailleurs. La seule différence viendrait de l'ampleur du phénomène, c'est-à-dire du fait que la société moderne encourage cette marginalité et permet d'y gagner grassement sa vie.

À son tour, une telle marginalité paraît impensable sans la création de genres distincts et largement autonomes. Avant d'être poussée vers la marge, la sexualité devait d'abord être reconnue comme un domaine distinct, ce qui devait permettre aux artistes de travailler dans un genre particulier. Tant que l'art demeure obligatoirement à la fois religieux, politique, économique, social, etc., inutile d'espérer lancer une production aussi spécifique et unidimensionnelle que la pornographie. Il était nécessaire de créer les genres («politique», «économique», «social», «sportif», «médical», etc.) car il fallait distinguer et séparer avant de pouvoir dire qu'un geste, un objet ou une parole pouvait être ça et rien d'autre. On ne pouvait isoler le sexe de la religion et de la finance sans en même temps isoler religion et finance, l'autonomie est acquise en groupe et tous les genres se sont créés dans un même mouvement. Il fallait pouvoir parler de sexe sans autre référence au contexte social et culturel, puisque c'est justement ce qui engendre la pornographie et ce qui la rend obscène.

Pour cela, il fallait donc que le sexe puisse devenir abstrait et intellectualisé, une façon de voir qui semble avoir commencé à la Renaissance. Il fallait que la révolution industrielle classe les genres en catégories distinctes et largement autonomes. Il fallait enfin la conviction toute moderne qu'il est possible de se lancer corps et âme dans un détail très partiel de l'expérience humaine et d'y consacrer la totalité d'une vie. Voilà précisément ce que seule la société moderne semble avoir pleinement réussi et ce qui fait qu'aujourd'hui, en Inde et ailleurs, il est devenu facile de tenir un discours religieux ou financier qui sera reconnu comme un genre particulier. Il est donc probable que le même processus stimule aussi l'émergence d'un discours sexuel spécifique, qui n'a plus à s'occuper du reste. Alors que l'Inde médiévale n'avait pas à s'inquiéter du partiel et de la totalité, aux yeux des modernes, elle se permettait de mélanger l'Église, l'État et le Sexe, tous les genres sans distinctions, dans une confusion qui est récemment devenue franchement intolérable. Alors que l'Inde médiévale dirait que c'est plutôt la séparation qui est étonnante.

CHAPITRE 7

LA RAISON DU SERPENT

(ou comment l'immodestie est liée à la croissance fulgurante du nombre des étrangers)

Les habitants d'une ville occidentale
moderne ont peu d'espace,
mais ils ont la plomberie.

BARRINGTON MOORE JR.
Privacy, Studies in Social and Cultural History

En dépit de la très mauvaise réputation du Diable, s'il fallait se fier aux toutes premières paroles que Dieu adresse à Adam et à Ève, c'est plutôt lui qui paraîtrait menteur et malin. Car, en parlant du fruit de l'arbre qui est au milieu du jardin, Dieu leur dit très clairement: «le jour où tu en mangeras, tu mourras certainement» (Genèse II,17); «Vous n'en mangerez point et vous n'y toucherez point, de peur que vous ne mourriez» (III,3). Le serpent prétend, au contraire, qu'il s'agit d'une fausse menace, du mensonge d'un avare inquiet: «Non, vous ne mourrez point, mais Dieu sait que, le jour où vous en mangerez, vos yeux s'ouvriront et vous serez comme Dieu, connaissant le bien et le mal» (III,4-5). Or, tout le monde sait qu'Ève et ensuite Adam succombent à la tentation. Mais on a peut-être moins souvent noté que tout ce qui s'ensuit tend à confirmer très exactement les prédictions du serpent: «Leurs yeux... s'ouvrirent» (III,7) et, loin de mourir sur-le-champ, Adam vécut jusqu'à l'âge fort respectable de 930 ans (V,5). Dieu dut finalement lui-même le reconnaître: «L'homme est devenu comme l'un de nous, pour la connaissance du bien et du mal. Maintenant, qu'il n'avance pas sa main, qu'il ne prenne pas aussi de l'arbre de vie, pour en manger et vivre éternellement» (II,22). En somme, il semble que Dieu leur ait effectivement menti et que le serpent ait eu raison. En effet, loin de se voir immédiatement foudroyés par la justice divine, Adam et Ève étaient au contraire rendus au point où il leur suffisait tout juste d'étendre le bras pour atteindre l'autre arbre défendu et la vie éternelle.

Plus étonnant encore, toute cette transformation s'exprime par la nudité. Avant leur désobéissance, «ils étaient nus tous deux, l'homme et sa femme, sans en avoir honte» (II,25). Dès qu'ils mangent du fruit de l'arbre défendu, «leurs yeux à tous deux s'ouvrirent et ils connurent qu'ils étaient nus; et, ayant cousu des feuilles de figuier, ils s'en firent des ceintures» (III,7). Le texte raconte ensuite qu'ils se cachent parce que Dieu se dirige vers eux, et sa toute première question est: «Qui t'a appris que tu es nu?» (III,11).

On ne pourra jamais trop répéter l'importance de l'incident. On parle là de la faute originelle, un thème central à une des grandes religions de l'humanité, une tare fondamentale de la condition humaine, une faute dont le rachat constitue la cause première de la venue de Jésus-Christ et de tous ses disciples, une désobéissance à un Dieu qui vient de démontrer son pouvoir de créer l'univers entier en six jours. D'aucuns diraient qu'on raconte là l'événement le plus important de l'histoire. On aurait pu craindre que le ciel s'obscurcisse, que les mers se séparent, que les voiles du sanctuaire se déchirent ou que la terre tremble. Du moins, Dieu avait bien prédit qu'ils en mourraient... Mais il n'en est rien, seulement deux êtres qui découvrent soudain qu'ils sont nus et qui s'empressent de fabriquer des ceintures.

Certains exégètes qui consacrent leur vie à l'examen attentif des textes bibliques ont parfois soutenu que cette mention de la nudité marquait simplement la perte d'une certaine innocence originelle[1]. Adam et Ève auraient ainsi été dépouillés d'une vertu quelconque (la «gloire divine», la «justice», ou autre chose) qui leur permettait d'ignorer leur nudité; une vertu qui brouillait leur vue, car le texte dit bien que leurs yeux s'ouvrirent. Et la preuve en est qu'ailleurs dans la Bible divers personnages couramment se «vêtent» et se «revêtent» de gloire, de justice, d'équité, de jugement sincère, et d'à peu près n'importe quelle autre vertu reconnue. Toutefois, il faudrait prévenir ces exégètes que leur interprétation ose contredire Dieu lui-même, qui ne dit jamais qu'Adam et Ève ont perdu quoi que ce soit, mais qui affirme au contraire que les fauteurs sont maintenant devenus «comme l'un de nous». On ne peut à la fois perdre une vertu et devenir davantage semblable à Dieu. De plus, cette théorie de la perte n'explique pas pourquoi, parmi les centaines de conséquences imaginables de l'acte crucial de manger le fruit de l'arbre défendu, la Bible a très précisément choisi de parler de modestie. Et quand Adam et Ève se fabriquent un vêtement, ce n'est ni des souliers ni des chapeaux, mais bien des «ceintures», que

tous les exégètes s'accordent à décrire comme des vêtements servant à cacher les organes sexuels.

Adam et Ève devaient évidemment subir une transformation; on nous avait promis leur mort, leur apprentissage du bien et du mal, leur accession à la divinité. Et les
deux découvrent rien de plus que la pudeur. Alors qu'ils
étaient auparavant totalement «sans honte» malgré leur
nudité, les voici tout à coup devenus mal à l'aise, prudes,
modestes et discrets. La suite du récit met le monde dans
l'ordre que nous lui connaissons en définissant l'essentiel:
les hommes assureront la production à la sueur de leur front
et les femmes la reproduction dans les douleurs de l'accouchement. Mais il leur fallait d'abord connaître la modestie,
sans laquelle l'ordre du monde serait impossible, et sans
laquelle il n'y aurait ni reproduction ni production, donc
pas de société.

D'autres exégètes présentent une interprétation assez
différente et disent que les yeux d'Adam et Ève étaient
plutôt fermés à la sensualité, car ils vivaient au paradis dans
un état d'innocence assez comparable à l'enfance. En
découvrant la sexualité, ils deviennent immédiatement
conscients de l'impudeur de leur nudité, de la même
manière qu'un enfant qui grandit et qui découvre le sexe.
Les nombreux disciples de Jean Piaget retiendraient peut-
être une telle interprétation, mais il n'est pas évident que
la Bible se limite à offrir un traité analogique sur le développement de l'enfant. Et il semble assez incroyable que
cette soudaine découverte de la sexualité puisse rendre
Adam et Ève davantage semblables à Dieu, un personnage
nulle part reconnu pour ses besoins sexuels. On doit pouvoir interpréter de manière plus respectueuse le texte
biblique.

Dans leur béatitude paradisiaque, ce qui fait surtout
défaut à Adam et à Ève, ce manque qui les distingue de

Dieu et qu'ils réussissent à combler en mangeant du fruit de l'arbre défendu, n'est peut-être rien de moins que la capacité de créer. Il leur fallait acquérir une partie de ce pouvoir qui appartenait très évidemment à l'infinie puissance divine. Devenir capable de créer en travaillant la terre pour s'en nourrir, mais surtout devenir soi-même capable de créer des êtres vivants. Devenir davantage semblable à Dieu, c'est aussi acquérir l'autonomie et se distinguer de celui qui, jusque-là dans cette histoire, a tout construit absolument seul. La vie paradisiaque, comme celle du ciel qui nous attend, se résumait au bonheur de la contemplation idéale et parfaitement invariable: là où rien ne se perd et rien ne se gagne pour l'éternité. Ève et Adam brisent cette béatitude stérile et apprennent à connaître le désir et le besoin, le bien et le mal. Dorénavant, ils vont pouvoir créer des choses, de la même manière que ce Dieu qui a tout d'un coup décidé d'inventer le monde, parce qu'il en avait envie, parce que ça lui semblait une bonne idée, ou encore parce qu'il s'ennuyait et qu'il décida, un matin qui n'existait pas encore, qu'il serait distrayant de tout changer. Tout le reste est histoire.

Cependant, il est essentiel que la Bible demeure prudente et rappelle un peu soudainement dans les derniers versets du chapitre (versets qu'on oublie très souvent) l'existence d'un deuxième arbre au milieu du jardin. De manière à conclure l'épisode en précisant qu'Adam et Ève, quoique maintenant devenus créateurs, n'ont toujours pas atteint l'autre arbre qui leur aurait en plus procuré la vie éternelle et qui les aurait alors rendus parfaitement identiques à Dieu. Bref, ils pourront se reproduire, mais sans échapper à la mort. Leur seule immortalité sera celle de leurs œuvres et de leur descendance, leur plus grande gloire viendra d'une abondante progéniture et de la splendeur de leurs contributions au progrès de l'humanité, mais eux-mêmes devront mourir. En ce sens, Dieu n'avait pas menti.

L'intérêt ici, c'est que cet épisode de l'histoire est relaté (avec une économie caractéristique de la Genèse) par l'exemple de la pudeur et de la modestie. Comme si tous les lecteurs devaient nécessairement comprendre que la seule mention de «leurs yeux à tous deux s'ouvrirent et ils connurent qu'ils étaient nus» suffit à exprimer qu'Adam et Ève ont maintenant accès à la sexualité créatrice, qu'un contrat social devra s'établir car la vie en société est maintenant devenue nécessaire, que les humains auront dorénavant la liberté de décider et d'assumer leur propre avenir, et que le prix de cette nouvelle autonomie sera la mort. Il faut que la notion de modestie soit riche, puissante et, littéralement, fondamentale, car la Genèse dit clairement que c'est par là que tout commence. Et on ne peut comprendre la pornographie sans apprécier l'importance de la modestie, ni expliquer pourquoi les Touareg se voilent le visage.

La modestie

La modestie va bien au-delà du sexe. Il y a aussi cette phrase que l'on ne saurait entendre, cette odeur que l'on ne saurait percevoir ou ce bras qui ne saurait être touché. C'est en fait toute la culture qui s'en trouve marquée et qui se sert de la modestie comme d'une charte du comportement social ou comme un ciment social dont l'élément actif seraient la bienséance et le savoir-vivre. Inutile donc de répéter que certaines sociétés ou certains groupes sociaux paraissent remarquablement prudes, alors que d'autres le sont beaucoup moins. L'essentiel est qu'aucune société n'y échappe et que chacune d'elles doit nécessairement définir et imposer la forme que prendra la modestie. Freud disait qu'elle était le fondement de la civilisation, et il est normal et raisonnable que les moralistes de tout acabit proclament si souvent que les manques à la modestie entraîneront la catastrophe et la désintégration sociale. C'est la menace du ciment qui s'effrite. La modestie, comme l'érotisme, est une affaire de bon goût et de culture[2], il serait simpliste de la limiter à une question d'obscénité sexuelle, car l'enjeu a toujours été beaucoup plus considérable.

À moins de chercher désespérément un sujet de conversation pour quelque soirée mondaine, on peut se permettre de négliger à peu près tous les détails de l'ethnologie comparative de la modestie, tant il est flagrant que ses formes ont toujours paru très malléables[3]. Puisque la modestie témoigne de la bienséance, des bonnes mœurs et de la convenance, de la politesse et du savoir-vivre en bonne compagnie, il est assuré que la forme particulière qu'elle revêt dans une société et à une époque données évoluera constamment, ce qui permettra toujours des comparaisons aussi variées que contrastées. Dans telle société, ce sont les femmes âgées qui monopolisent les plaisanteries obscènes qui ont toujours pour objet les organes sexuels masculins, ailleurs il serait grossier d'offrir à une dame une cuisse de poulet et préférable de couvrir les pattes de son piano. Alors que les jeunes femmes Zulu de la classe d'âge des vierges pouvaient se dévêtir afin de témoigner publiquement de leur incontestable pureté, ici la nudité en public connote généralement la vertu contraire. Pendant que les Américains entretiennent une fixation sur l'ampleur des seins de leurs héroïnes, les hommes de l'île de Mangaia disent que cette partie du corps féminin ne peut avoir d'intérêt que pour des nourrissons affamés. Là où quasiment toutes les parties du corps sont entièrement dissimulées par le vêtement, on s'inquiétera souvent de l'obscénité de certains regards, et les gens qui vivent entièrement nus imposent la modestie dans les façons de s'asseoir et dans la subtilité des mouvements du corps. Et ainsi de suite encore longtemps, car la liste semble interminable: la modestie est partout modulée selon l'occasion et les circonstances, selon le moment et le lieu, l'âge et le sexe, les liens de parenté et de politique, bref, selon les distinctions culturelles et la nature des rapports sociaux. Son sens et son expression varient donc entre les cultures comme entre les époques:

> Quel mot venait à l'esprit quand on voyait passer un homme ou une femme nus? Au Moyen Âge, on pensait «hérésie»; au XVIIIᵉ siècle, «débauche». Au XIXᵉ, on pensera «folie» et, au XXᵉ, «provocation»[4].

Le cas de la société touareg offre un exemple privilégié de l'importance du rôle social de la modestie parce qu'elle y prend une forme facilement discernable, mais aussi parce que Robert Murphy en a fait une analyse éclairante[5]. Tout le monde sait que les Touareg vivent en pasteurs nomades et parcourent le Sahara d'oasis en oasis avec leurs chameaux et leur bétail, que ces gens ont souvent touché l'imaginaire occidental par leur costume bleu indigo et surtout par le turban porté par les hommes et qui se termine en un voile couvrant à peu près tout le visage hormis les yeux. Ce qui est peut-être moins connu, c'est que le voile ne signifie pas seulement le respect d'une mode traditionnelle et qu'il n'est pas une simple protection contre le sable du désert. Ce qui importe surtout, c'est de comprendre que ce voile ne sert pas d'abord à se cacher de ses ennemis ou à se dissimuler des étrangers: devant ces derniers les Touareg sont souvent très ouverts et découverts, c'est entre amis très proches et au sein de leur propre famille qu'ils se voilent avec plus d'attention. En d'autres termes, les Touareg font ouvertement le contraire de ce qui généralement tombe sous notre sens commun et qu'on enseigne aux enfants: demeurer discret et plus réservé surtout avec les étrangers, réserver certains sujets et la plupart des indiscrétions aux intimes, se montrer prudent et méfiant dans la même mesure que la distance sociale augmente et savoir toujours se retenir face aux gens que l'on connaît mal, pour accorder une plus grande confiance à ses meilleurs amis. À travers l'usage du voile, les Touareg affirment, au contraire, que la modestie et la réserve sont particulièrement importantes au contact des gens avec qui nous entretenons les rapports les plus étroits.

À partir de cet exemple, Robert Murphy a reconstruit une théorie générale des rapports sociaux[6] très librement inspirée par les travaux de Georg Simmel, George Herbert Mead et Irving Goffman. Selon cette thèse, la modestie inhérente à tout rapport social se situe entre le déjà vu et l'imprévisible. D'un côté, il n'y aurait pas d'interaction sociale possible si les autres nous étaient déjà entièrement connus: la vie en société ne présenterait alors aucun intérêt puisque tout le monde saurait tout de tous; non seulement il n'y aurait plus aucun mystère, aucune attirance vers l'inconnu, mais aucune distinction et aucune différence, et il deviendrait donc trop facile d'abandonner l'autre sans même prendre la peine de le séduire. À l'autre extrême, la vie sociale serait tout aussi impensable si elle était fondée sur une totale ignorance: si chaque rencontre constituait une expérience entièrement nouvelle et si chaque personne demeurait unique et mystérieuse, l'interaction sociale serait chaque fois trop imprévisible, souvent trop risquée ou du moins trop onéreuse, car il faudrait chaque fois repartir à zéro et réinventer le monde. Donc, la seule vie sociale possible doit nécessairement se maintenir entre ces deux limites. D'un point de vue légèrement différent, la même thèse signifie que l'individu doit toujours conserver une certaine réserve afin d'assurer son identité personnelle et son autonomie qui seules lui permettent d'agir d'une manière qui n'est pas l'obéissance d'un robot dominé et programmé. Mais il faut que cet individu puisse en même temps se révéler aux autres en leur découvrant ce qui risque de les intéresser et de les attirer, en leur offrant en somme des indices de ce qui chez lui pourrait servir de monnaie de cet échange. Goffman disait bien qu'une rencontre sociale «consiste donc élémentairement à revendiquer un moi acceptable, et à confirmer de semblables demandes de la part des autres. C'est là-dessus que chacun dirige et assoit sa contribution[7].» Aux deux extrêmes (habituellement reliés à la pathologie), il y a soit la trop grande discrétion et le refus de révéler quoi que ce soit et de rencontrer les autres, jusqu'à l'autisme de l'ermite rompant tous ses liens avec la société, soit le dévoilement trop entier qui mène à la résiliation aliénée de toute identité autonome. Dans ce dernier cas l'individu se trouve anéanti sous la pression sociale, dans le premier c'est la société elle-même qui disparaît. Entre ces extrêmes, la vie sociale normale propose comme idéal la capacité d'agir tout en étant parfaitement à l'aise au cœur de l'ambiguïté et de l'ambivalence; la capacité de préserver un soi solide malgré l'obligation de jouer des rôles sociaux très souvent contradictoires, et la capacité de se rendre intéressant tout en ménageant ses réserves.

> Les négociations, les menaces, les promesses, que ce soit en matière de commerce, de diplomatie, de guerre, de cartes ou de relations personnelles, sont autant d'occasions où chacun des opposants peut mettre aux prises son habileté à déguiser ses intentions et ses ressources avec la capacité des autres de le percer à jour, par violence ou par flatterie. Quand des individus font ou exigent des excuses, pré-

sentent ou reçoivent des compliments, causent ou essuient un affront, c'est souvent à qui saura le mieux se maîtriser[8].

En ce sens, tout rapport social mène directement à la connaissance du bien et du mal. L'individu se crée, obtient son droit à une existence autonome et à une identité personnelle seulement à travers ses rapports avec les autres. De là vient l'apparent paradoxe de l'individu comme invention sociale. En pratique, la vie représente une négociation permanente où toute interaction sociale est à la fois stimulante et créatrice d'identité personnelle, mais aussi une pénétration de soi, une invasion et une menace constante pour cette même identité. Ce jeu fondamental de toute relation sociale est donc inévitable, essentiel et dangereux, et c'est toujours de lui que témoigne la modestie.

L'exemple des Touareg sert à faire comprendre d'abord que la modestie est un outil de réglage de la distanciation sociale dont les usages particuliers montrent bien comment on classe les «autres» et comment on distingue parents ou amis proches et éloignés, depuis les intimes jusqu'aux parfaits étrangers. Ensuite, et contrairement aux apparences trop courantes, les Touareg ajoutent que ce n'est pas parce que l'autre nous est moins connu qu'il importe de conserver la plus grande réserve, sous le prétexte familier que le résultat de l'interaction en serait d'autant imprévisible. Au contraire, la modestie paraît surtout nécessaire avec les proches et les plus intimes, c'est-à-dire avec des gens qui en savent déjà beaucoup sur notre compte et qui de ce fait sont mieux placés pour atteindre et menacer l'identité personnelle. En d'autres termes, les Touareg (qui ne seraient probablement pas très surpris d'apprendre qu'il existe ailleurs une crise du mariage et de la plupart des rapports sociaux intimes) affirment que la difficulté naîtra précisément au point où le droit de tout savoir atteint son sommet, mais se heurte au besoin tout aussi puissant de respecter le secret de l'autre; le point précis où une relation devient la plus intime de toutes et où il y a, de ce fait, le plus grand risque de destruction de soi ou de l'autre.

Quand la pénétration de l'intimité est une menace et quand la sexualité se trouve définie comme intime, le sexe doit demeurer prudent: plusieurs sociétés, des Navahos jusqu'au cabinet britannique auquel appartenait John Profumo, ont prétendu que tous les secrets sont inévitablement révélés au moment de faire l'amour; car, après l'amour, il n'y a plus de défense possible et même les ultimes réserves prennent un air de gêne maladroite et de fausse invulnérabilité.

Le voile des Touareg devient ainsi le détail exotique par lequel passe un fait social inévitable. Et même leur exotisme prend un air très connu en utilisant les yeux et la bouche comme marqueurs de distance sociale, car, pour toute communication et relation humaine, la bouche et les yeux constituent sans doute les premiers outils et les meilleurs moyens pour codifier la modestie[9]; dans d'autres contextes culturels, un bal masqué permettrait la débauche du seul fait que les yeux soient cachés, on ferait le geste pudique de couvrir sa bouche d'une main ou d'un éventail, on baisserait les yeux par gêne ou on regarderait l'autre «froidement» par défi, ou — marque suprême de la discrétion — on porterait des lunettes de soleil tandis qu'on est entièrement nu.

La modestie est en somme une arme et le champ d'un combat incessant. Son ambiguïté est inscrite au sein de toute relation sociale et représente le résultat mouvant d'un rapport de force où chacun essaie de ne jamais montrer aux autres ni trop ni trop peu de sa force et de ses faiblesses. Dans un contexte de marivaudage sexuel, on en parle souvent comme d'un jeu: dévoiler un peu plus et aller un peu plus loin afin d'attirer l'attention, de capter et de maintenir l'intérêt de l'être désirable, ou plutôt vouloir se dissimuler et se réserver davantage dans le but de repousser les importuns. En société comme en politique, on dira que c'est une affaire de marchandage et de stratégie: faire quelques confidences qui mettent en confiance, tout en conservant la plus grande marge de manœuvre. En termes religieux, on prétend «approcher» de Dieu en lui confessant toutes ses fautes ou s'en «éloigner» en refusant de lui ouvrir le fond de son âme. Dans une perspective marxiste, c'est la lutte entre l'hermétisme de la conscience de classe et le besoin de pénétrer et comprendre l'idéologie dominante. Et ainsi de suite. Il s'agit toujours de la même équation délicate: se révéler dans l'action, laquelle demeure impossible sans l'autonomie créée par la réserve.

La modestie appartient donc à la forme élémentaire du pouvoir. Au commencement, dit la Genèse, Dieu fit tout. Et sa toute-puissance s'accommode admirablement du fait qu'il nous donne l'exemple d'une infinie modestie. On ne sait à peu près rien de Dieu. Le texte se limite à raconter qu'au commencement il créa le ciel et la terre, puis passe tout de suite à la description de cette terre sans décrire davantage le personnage qui demeurera éternellement un mystère théologique:

> Comment Dieu a-t-il créé le ciel et la terre? Dieu a créé de rien le ciel et la terre par sa seule parole, c'est-à-dire par un seul acte de sa volonté toute-puissante.
>
> Pourquoi Dieu a-t-il créé toutes les choses que nous voyons? Dieu a créé toutes les choses que nous voyons pour manifester sa puissance, sa sagesse et sa bonté[10].

Alors que Superman, Batman et Zorro sont des héros qui dégagent une partie de leur puissance d'une double identité que tous les méchants de la terre ignorent, personne ne peut prétendre connaître la double identité de Dieu. Il demeure tout-puissant et infiniment modeste. Et on ne saura peut-être jamais si Dieu était lui aussi nu dans le jardin, si c'est vraiment un vieillard à barbe blanche, ou, comme le veut la boutade, s'il s'agit plutôt d'une femme à peau noire. Il était donc logique et prévisible qu'Adam et Ève, au moment même où ils acquéraient par désobéissance une partie de la puissance divine, découvrissent du même coup un peu de sa modestie. Et Dieu, qui a évidemment tout de suite compris, pose sans hésiter la question pertinente: «Qui t'a appris que tu es nu?» (III,11).

La séduction

Selon un dicton populaire utilisé pour mettre les invités à l'aise, «là où il y a de la gêne, il n'y a pas de plaisir», mais on ne compte plus les savants qui sont venus unanimement l'un après l'autre soutenir le contraire. C'est même devenu un lieu commun d'affirmer que, s'il n'y a pas de pudeur, le plaisir diminue. Comme si ce plaisir venait en partie ou principalement d'une transgression. Ce qui porte à croire, par exemple, que la jouissance du sexe peut être secondaire par rapport à celle que procure la conquête et que la jouissance répétitive risque fort de sombrer rapidement dans l'ennui. Il n'y aurait d'enjeu véritable que la séduction à travers tous ces rapports de force et ces luttes de pouvoir.

Que le mot «séduire» soit compris dans le sens de «charmer», de «fasciner», de «plaire», ou plutôt d'«abuser», de «faire dévier» et de «débaucher», il s'agit toujours de réussir à traverser la barrière de la discrétion et à passer au-delà de la modestie pour pénétrer l'intimité de l'autre. Il y a, nul doute, bien des manières douces ou violentes de séduire, mais il s'agit toujours de remporter une victoire sur une modestie qui recule. De la séduction grossière et trop facile par le maître qui depuis toujours détient le pouvoir de dominer son esclave, jusqu'à la séduction tellement improbable du crapaud qui réussit à recevoir un baiser d'une princesse, il y a dans chaque cas un certain rapprochement. Bien d'autres déjà ont peint la fresque allégorique de la vie en société comme une valse d'individus qui avancent et reculent, s'approchent et se repoussent, s'oublient et se reconnaissent, dans l'espoir de rencontres agréables, animés d'un désir partagé et réciproque, dans la crainte du malentendu et de l'agression, du sens unique ou du rejet. Toute vie sociale serait modulée sur ce même mouvement et se résumerait à une longue série d'efforts de rapprochement, en allant vers l'autre ou en l'attirant à soi, et de stratégies d'éloignement par repoussements ou dérobades. Et tout système harmonieux de relations sociales semblait vouloir faire en sorte qu'il n'y ait ni trop peu ni trop de séduction et que les distances ne soient nulle part trop grandes ou trop faibles; mais encore une fois, la société accepterait du même coup le risque des pathologies excessives et contraires: le repoussoir total de l'asocial accompli et, de l'autre côté, l'extrême limite d'un processus de séduction qui, mené au terme de son triomphe sur la modestie de l'autre, entraîne tout à fait logiquement l'extermination meurtrière de celui-ci.

Sans vouloir défendre ni discuter les mérites de cette théorie générale, on peut néanmoins s'en servir pour éclairer certains aspects du phénomène pornographique. D'abord, si le plaisir provient essentiellement de la séduction, on comprend mieux que des consommateurs non seulement regardent une revue (ce qui a du sens), mais qu'ils prennent la peine de s'y abonner (un tout autre

sens). On peut en déduire aussi que le plaisir du séducteur
dépendra de l'ampleur de son triomphe, lequel se transformera sur-le-champ en témoignage louangeur de sa puissance. Si la modestie est une forme élémentaire de puissance, le plaisir sera (souvent vu comme) proportionnel à
la force de résistance de la pudeur vaincue. C'est pourquoi
les héros séducteurs ne devraient s'intéresser qu'aux défis
dignes de leurs forces: les vierges craintives ou la mère
abbesse, le pilote qui ne peut lâcher son volant ou le mil-
lionnaire qui se croit impuissant. C'est à l'ampleur de la
résistance que se mesure l'exploit. Et c'est pourquoi aussi
on a prétendu que la cheville d'une femme vertueuse était
plus excitante que le corps nu d'une prostituée; parce que
le mérite du voyeur n'est pas le même et que c'est bien le
pouvoir au moins autant que le sexe qui est ici en jeu. Les
pauvres que l'on a vus depuis toujours nus sur le pavé sont
nettement moins intéressants à déshabiller que les puissants qui maîtrisent parfaitement les moyens de se dissimuler aux regards des intrus. Dans le conte de H.-C.
Andersen, quand l'empereur se présente complètement nu
devant sa cour, il leur paraît à tous habillé et donc dissimulé par sa seule puissance; tandis que les pauvres, même
habillés, sont dénommés «tout-nus» ou tout au moins
«sans-culottes».

Sans prétendre traiter les multiples dimensions de la
psychologie du voyeurisme, nous pouvons affirmer qu'une
partie importante de l'enjeu comme du plaisir du voyeur
semble provenir d'une capacité de vaincre les efforts protecteurs de la modestie et de réussir à voir ce que l'autre
voulait cacher. Qu'il s'agisse d'un bout de peau aperçu par
mégarde ou grâce à l'observation minutieuse d'un édifice
entier à l'aide d'un puissant télescope, la récompense du
voyeur et son plaisir sont à la mesure de l'indiscrétion qu'il
réussit à commettre. Le triomphe dépend largement de la

pudeur de l'autre et de la conviction que ce dernier n'avait aucune intention de s'exhiber et qu'il serait sincèrement choqué de se savoir observé. Voilà pourquoi, au-delà d'une certaine limite, quand l'effort de séduction devient superflu, quand on découvre que ce qui est vu ne cherchait qu'à se faire voir et quand il aurait dû être évident dès le début que l'intimité révélée n'avait évidemment déjà plus rien d'intime, l'intérêt s'estompe et meurt. Il est donc crucial pour la pornographie d'entretenir et de conserver au moins l'illusion que son produit est une démonstration du pouvoir du consommateur à qui tout au plus on facilite le rôle de voyeur heureux de pénétrer une intimité protégée.

Or, le mensonge est toujours plus facile au sujet des étrangers. Et la pornographie risque moins d'être contredite dans ses spectacles d'illusionnisme dans la mesure où elle présente des personnages inconnus et distants qui sont par ailleurs tout à fait sans importance dans la vie des gens qui les regardent. Dans un premier temps, la pornographie confirme donc l'enseignement des Touareg: l'immodestie face aux étrangers est plus facile, précisément parce qu'elle comporte bien peu de risques et à peu près aucun coût social. En corollaire, l'illusion pornographique serait impensable si elle voulait mettre en cause les proches, les amis et les parents, les gens que l'on connaît vraiment et qui bien sûr viendraient y mettre fin brutalement. On atteint donc le paradoxe parfait dont on a parlé précédemment: comme disent les Touareg, la modestie est essentielle au maintien de la vie sociale et sa défaite ferait tout éclater, mais en contrepartie la pornographie a absolument besoin de trouver quelque modestie à vaincre.

Ainsi, le cercle devient vicieux. Tout être humain est assez complexe pour rester séduisant pendant au moins cent ans et il paraît totalement irréaliste d'espérer pouvoir en épuiser la richesse et atteindre la domination complète, comme pourraient en témoigner les innombrables torturés et martyrs qui n'ont jamais renoncé à leur foi ou à leur dignité. Le seul véritable moyen de séduire (ou être séduit) pleinement exigerait en premier lieu de réduire cette complexité initiale en feignant de croire qu'un individu est effectivement réductible à seulement quelques dimensions, attraits, qualités ou compétences plus facilement comprises. Ce qui, justement, est d'autant plus facile que l'individu est mal connu et que l'on ignore à peu près tout de lui, sauf ce qui nous intéresse directement. Il n'y a vraiment que les étrangers de réductibles ainsi, parce qu'ils sont moins complexes, parce qu'ils correspondent à des stéréotypes plus grossiers qui peuvent être résumés en quelques traits facilement saisissables pour notre plus grande satisfaction. C'est la séduction facile, sans moyen de résistance et donc sans danger. L'ignorance maintient l'illusion du pouvoir et il vaut mieux ne pas connaître davantage les étrangers. Tandis que la courtisane des mille et une nuits qui cesse d'être courtisane pour devenir une admirable conteuse démontre un pouvoir de séduction irrésistible qui assure son salut en marquant la limite de la domination du maître. Dans la meilleure tradition antique, ses récits fabuleux deviennent vite aussi passionnants que son sexe. Et la pornographie échoue chaque fois qu'elle se trouve soudainement obligée de faire face à Shéhérazade.

Les Touareg ont encore raison en ceci que les étrangers ne restent jamais longtemps une preuve suffisante de notre pouvoir. Il faut une intimité à pénétrer pour satisfaire le désir de puissance, mais l'intimité n'est acquise qu'à la suite d'un travail considérable; les vrais intimes le savent, et se hâtent de se couvrir d'un voile afin de se soustraire à toute menace de séduction facile et unilatérale. La pornographie aboutit donc à un paradoxe qui parut un temps insurmontable, car elle se voyait coincée entre le spectacle d'inconnus manipulables mais sans intérêt et celui d'intimes fascinants mais insaisissables; entre le pouvoir infini de conquérir bien peu de chose et le pouvoir limité de séduire l'infini.

La pornographie traditionnelle ne réussit souvent qu'à présenter des personnages si peu crédibles que toute relation avec le pouvoir et toute prétention de séduction paraissent trop évidemment inauthentiques. Il devient vite impossible de prétendre qu'il y avait là modestie et que le spectateur a le droit d'être fier de l'avoir pénétrée. Le piège est trop grossier, on atteint les limites de la naïveté et le sexe devient triste. Le problème ne vient pas de s'être engagé trop loin dans une voie sans issue, mais d'avoir choisi la route la plus facile et la moins intéressante, le monde des étrangers lointains qui manquent d'intérêt parce que trop irréels, inconcevables et sans importance; photos de peuplades aussi nues qu'indigènes, récits de la vie sexuelle des sauvages, spectacles à peine moins exotiques des châteaux, monastères, bordels pour sadiques; le monde des gens trop riches et célèbres.

La relève doit venir d'ailleurs. Puisque le pouvoir s'imite mal et que le mensonge ne dure jamais, mieux vaut s'attaquer franchement à la vérité. Voilà pourquoi la pornographie privée ordinaire et sans artifice exerce une telle fascination: le consommateur qui regarde un vidéo «maison» ou qui communique par Minitel croit atteindre ainsi des êtres humains véritables, des gens dont on imagine facilement la modestie et qui offrent donc une preuve tangible et satisfaisante de la réussite de sa séduction. Mieux encore, l'acte lui-même devient plus crédible quand le spectateur habituellement passif se transforme lui-même en un égal, en quelqu'un qui pourrait bien à son tour faire la même chose. Il s'agit d'approcher le vrai jeu de la séduction et de se révéler en découvrant les autres pour s'en faire des intimes. C'est exactement ce que les Touareg veulent faire comprendre: les proches sont beaucoup plus fascinants, précisément parce qu'ils nous connaissent mieux et nous touchent de plus près, et aussi parce que, malgré les menaces de viol ou de meurtre impersonnels perpétrés par des étrangers, dans la vie ordinaire l'enjeu ne devient sérieux qu'avec les proches. Non seulement la plupart des violeurs et des meurtriers se recrutent parmi les amis, mais seuls les proches sont capables de vaincre notre modestie pour pénétrer notre intimité. Inversement, c'est sur ces gens-là qu'il devient agréable d'assurer son propre pouvoir.

Il est cependant tout aussi important de lire la leçon des Touareg en sens contraire: si la modestie est une exigence de toute vie sociale, l'immodestie ne sera permise qu'à la suite de l'effritement de la sociabilité. Si la pornographie menace l'ordre social, il faut expliquer la tolérance sociale d'une telle menace par la dissolution de cet ordre ou encore par une réduction de la menace. Si la crainte s'estompait, c'est qu'il y aurait moins à menacer, ou moins de sociabilité du genre de celle que les Touareg veulent protéger.

Alors que l'immodestie n'était tolérable qu'à l'endroit des inconnus et des étrangers, sa limite se rapproche progressivement et même les gens les plus ordinaires, nos voisins immédiats, semblent plus que jamais disposés à tout révéler. Simplement, diraient les Touareg, parce que nos voisins nous sont de plus en plus étrangers et que la modestie devient dès lors moins nécessaire. La sociabilité changeant de forme, les rapports de pouvoir s'atténuent et les voisins cessent d'être des séducteurs qu'il nous faut séduire simultanément et nécessairement. Puisque nous vivons maintenant parmi des étrangers, autant mettre de côté les décences oppressives et les réserves frustrantes et, s'il n'y a plus de raison pour motiver l'inhibition et que l'on a ce genre d'envie, autant s'accorder ces plaisirs.

Tout compte fait, la transformation paraît radicale. Après des siècles de cheminement inverse, la pornographie marquerait un projet culturel de retour vers le paradis terrestre. La plupart des rapports sociaux sont modifiés et prennent un nouveau sens, bouleversant du coup la notion d'identité individuelle qui avait toujours été à la fois créatrice de société et résultat de l'interaction sociale. L'imposition d'une identité individuelle (parfois définie et surtout uniforme) devient de moins en moins nécessaire au bon fonctionnement de la société; d'où la panique actuelle et peut-être passagère de ceux qui se retrouvent seuls, sans aide, sans identité et sans les moyens d'en inventer. Si Adam et Ève avaient besoin de connaître la modestie avant d'acquérir l'identité personnelle qui allait leur permettre d'avoir le rapport sexuel qui devait engendrer l'humanité entière, une société qui ne s'inquiète plus de sa propre survie par la reproduction n'a plus besoin de modestie ni d'identité individuelle socialement sanctionnée. Le changement d'orientation promet d'être absolu et une nouvelle Genèse rédigée dans le style ancien dirait que, bientôt, il ne sera plus nécessaire de travailler à la sueur de son front ni d'enfanter dans la douleur, et que, au moment où les gens deviendront de moins en moins semblables à Dieu en cessant de créer des enfants, la modestie paraîtra superflue, et le retour au paradis accompli quand «leurs yeux se fermeront et qu'ils ne connaîtront plus qu'ils étaient nus».

Il serait toutefois erroné de croire que ce renversement de parcours ramènerait au paradis connu. C'est-à-dire là où il n'y avait que douceur, paix et harmonie parce qu'Adam et Ève, encore sans identité propre et donc sans autonomie, vivaient dans la plénitude du projet divin et demeuraient entièrement voués à la cause supérieure, sans ressentir le moindre besoin d'acquérir une vie privée. Ceux qui rêvent de recréer la «communauté» humaine ou de réussir une quelconque mobilisation politique doivent s'inquiéter du projet pornographique, qui change radicalement de registre en proposant non pas une transformation de la sociabilité et son changement de direction vers le modèle paradisiaque, mais rien de moins que son abolition. La pornographie affirme qu'il suffit de regarder. Que parler de sexe en n'offrant que des images spectaculaires ne constitue pas un mensonge. Que tous les autres sens demeurent secondaires et que la réalisation active de tous nos fantasmes sexuels non seulement serait socialement, psychologiquement et médicalement beaucoup trop risquée, mais probablement aussi guère plus satisfaisante. On arrive donc aux plaisirs solitaires. Comme disait Gérard Bonnet:

> Le voyeurisme a beaucoup à nous apprendre sur cette possibilité constatée chez l'être humain de renoncer au plaisir de l'orgasme hétérosexuel pour un autre plaisir qui s'appellera selon les lieux, les objets et le discours, la contemplation, la vision béatifique ou l'hallucination[11].

Alors que la sociabilité avait des failles et qu'il était toujours possible d'échapper à la vie publique en rentrant à la maison, ou de fuir la tyrannie domestique en trouvant refuge dans le travail, d'être plus à l'aise entre femmes, entre hommes, parmi les jeunes ou ailleurs, la pornographie propose l'évasion complète. À cet instant disparaît le social tel que nous l'avons toujours connu et c'est sans doute ce qui rendrait les Touareg incrédules.

CHAPITRE 8

LA GESTE D'ONAN

Juda prit pour Her, son premier-né, une
femme nommée Thamar. Her, premier-né
de Juda, fut méchant aux yeux de Yahweh et
Yahweh le fit mourir. Alors Juda dit à Onan:
«Va vers la femme de ton frère, remplis ton devoir
de beau-frère et suscite une postérité à ton frère.»
Mais Onan savait que cette postérité ne serait
pas à lui et, lorsqu'il alla vers la femme de son
frère, il se souillait à terre afin de ne pas donner
de postérité à son frère. Son action déplut au
Seigneur, qui le fit aussi mourir.

(Genèse XXXVIII: 6-10)

Masturbation is a waste of fucking time

NIGEL REES
Graffiti 3

Les sociétés humaines tolèrent plutôt mal la masturbation. Elles semblent unanimes à la déclarer forme élémentaire et minimale de la sexualité et à la considérer comme
un exutoire plus ou moins désespéré pour quelques indi-

vidus qui ne disposent malheureusement pas de moyens de
s'exprimer autrement. Bien sûr, cette réprobation prend
différentes formes, mais en général on pense que les gens
qui se masturbent manquent de quelque chose: le fou dont
rit tout le village, les adolescents à qui le mariage n'est pas
encore permis, ou la veuve qui n'a plus d'autre consolation.
Chez les peuples dont les mœurs sexuelles nous ont parfois
semblé relativement libres[1] (on donne souvent pour exemple les Siriono, les Crows, les Lepchas ou les Navahos), on
prétend que la masturbation n'existe même pas ou
qu'il s'agit d'une pratique tout à fait ridicule et risible;
Malinowski rapportait par exemple que les Trobriandais
disent qu'il faut être bien laid, albinos, imbécile ou bègue
pour recourir à la masturbation. Le plus souvent, la pratique est tolérée précisément parce qu'il s'agit d'enfants ou
d'adolescents. Elle paraît alors acceptable, typique d'une
phase brève qui, comme l'acné et l'amour-passion, devrait
mener aux attitudes plus mûres et plus raisonnables de l'âge
adulte. Parfois, la masturbation est synonyme de célibat, un
état souvent jugé inacceptable et méprisable: une
condition sociale que les Babyloniens considéraient comme
un péché, que les Mandéans d'Irak et d'Iran disent être une
raison suffisante de se voir interdire l'accès au paradis, que
les Andamanais trouvent «mauvaise», qui rend vagabond
chez les Chukchee, pauvre et délaissé chez les Bororos, qui
pousse les Kachins à inverser les danses funéraires, et qui
fait rigoler les Pygmées[2]. Célibat et masturbation sont des
anomalies qui vont très bien ensemble. Par ce même raisonnement, la masturbation des enfants devient tolérable
sinon acceptable justement parce qu'il s'agit d'une forme
infantile de sexualité; c'est ainsi qu'aux îles Marquises
(encore une fois au grand étonnement des autorités colo-
niales européennes), les parents pouvaient très bien endormir leurs enfants en les masturbant doucement; tandis

qu'ici un sexologue de la première vague affirmait sans hésitation que «tous les psychanalystes et sexologues s'accordent aujourd'hui pour définir l'auto-érotisme par le caractère infantile, sous-développé de la sexualité dans ses phases premières[3]».

Certaines sociétés tolèrent, d'autres réprouvent sévèrement la masturbation. Mais il reste tout de même un dénominateur commun au-delà du contraste évident entre la tolérance amusée et l'interdit farouche: toutes les sociétés s'accordent pour dire qu'en matière de sexe il y a mieux.

L'idée maîtresse se résume à croire qu'il faut être en difficulté pour se masturber: on pense au marquis de Sade en prison, on se moque des moines et des nonnes qui ont fait vœu de chasteté, et la science a un temps cru pouvoir démontrer que les restrictions sexuelles et les contraintes sociales poussaient à la masturbation individuelle[4]. Manque de contrôle condamnable ou geste anodin, naturel et accepté, la masturbation se définit ici et là comme une soupape. Et si un vaste monde sépare le Croisé qui impose à son épouse une ceinture de chasteté du Samourai qui offre à ses concubines des boules *rin-no-tama* qui assureront leur plaisir en son absence, dans les deux cas on organise l'absence, en choisissant deux modes opposés de concevoir et de traiter la sexualité des solitaires. Au retour du Croisé comme du Samourai, la question ne se posera plus: il y aura mieux à faire que de se masturber. Tout le monde s'entend là-dessus.

Il s'ensuit logiquement que la masturbation dans des circonstances où l'on dispose d'autres solutions devient particulièrement inconcevable et prend très certainement la forme d'une offense. Quand Yahweh se plaint de l'infidélité de Jérusalem, à qui il dit avoir pourtant beaucoup donné, il précise, parmi les nombreuses fautes de cette nation qu'il appelle «épouse»: «Tu as pris tes bijoux, faits de mon or et de mon argent que je t'avais donné, et tu t'en es fait des images d'hommes, auxquelles tu t'es prostituée.» (Ezéchiel, XVI,17). L'acte devient l'infidélité la plus offensante.

La réaction de n'importe quelle société à la masturbation correspond toujours à son attitude face à la sexualité, puisqu'il s'agit en fait d'une pratique parmi d'autres qui doivent former un ensemble cohérent. Il peut être utile de rappeler cependant que la masturbation comme usage du corps demeurerait incompréhensible sans son rapport aux conceptions culturelles de la physiologie et de la reproduction humaine. Par exemple, la sanction sociale de la masturbation paraît inséparable de la réponse aux questions posées par l'avortement et l'infanticide. Si au Ve siècle, le Talmud de Babylone punissait la masturbation masculine par la peine de mort, ce n'était pas par puritanisme radical de la religion judaïque. Le châtiment témoignait simplement d'une réponse particulière au problème universel, aussi inévitable qu'insoluble, d'établir avec précision le moment où débute la vie. De la même manière qu'en déclarant l'embryon être vivant on doit forcément conclure que tout avortement constitue un meurtre, si l'on recule un peu plus tôt l'instant originel, on arrive à concevoir le sperme comme déjà vivant et tout gaspillage de sperme devient un homicide punissable de mort. Dans la mesure où l'homme n'est que le dépositaire, le transmetteur ou le messager d'un sperme qui de droit appartient d'abord à la collectivité, parce qu'il représente sa seule chance de survie, le masturbateur devient un criminel. Si l'on conçoit que ce sperme est l'essence même de la vie, l'essence éternelle qui dépasse largement l'insignifiance de chacun, le masturbateur apparaît comme une menace à l'ordre du monde et il devient dès lors raisonnable de l'exterminer afin de protéger la société.

Le sperme a été fréquemment pris au sérieux. Aristote en faisait une sorte de substance de l'âme. Au premier siècle, Galien reprenait la notion antique de la femme incubatrice et parlait d'un ensemencement comparable à celui de la terre. Son contemporain Clément d'Alexandrie le décrivait comme s'il s'agissait déjà presque d'un embryon humain. La tradition hindoue maintient qu'il est difficile à produire, donc précieux, et qu'il témoigne de l'état général de santé. Les anciens Chinois et les Indiens Mehinaku du Brésil croyaient que toute perte de sperme entraînait un affaiblissement général et, bref, que le sperme est rare et le sexe précieux. Les sociétés qui insistent beaucoup sur l'importance du sperme auront tendance à contrôler étroitement la masturbation masculine, alors que la même pratique par les femmes sera impensable, inexistante (nul doute par ignorance), ou tout à fait tolérée parce que sans conséquence pour la reproduction.

D'autres sociétés en revanche insistent moins sur le sperme et orientent plutôt leurs discours concernant la reproduction du côté des menstrues et de leur interruption. La différence pour notre propos tient à ce que la masturbation masculine est très directement liée au sperme, qui n'a pas d'équivalent féminin aussi visible. Néanmoins, il est évidemment aussi possible de lier la masturbation féminine et la reproduction: dans un des grands mythes fondateurs de la culture Navaho, le premier mari accuse la première épouse d'être obsédée par le sexe, ce qui entraîne leur séparation, car la femme veut démontrer que les femmes peuvent facilement se passer des hommes; par la suite, les femmes se masturbent, en deviennent enceintes et donnent naissance à des monstres, tandis que de l'autre côté de la rivière qui sépare les sexes, les hommes se masturbent eux aussi mais sans autre conséquence[5].

Cela étant dit, plutôt que de se lancer dans un survol de la diversité impressionnante des conceptions du sperme, de la reproduction humaine et des attitudes face à la masturbation, il faut revenir au dénominateur commun: pour toutes les sociétés connues, la masturbation est une pratique condamnable, déviante, marginale, passagère, ridicule ou tout au moins risible. Il y a toutefois une exception, vers laquelle évidemment nous nous dirigeons.

C'est bien connu, l'interdit de l'inceste a depuis toujours fasciné autant l'anthropologie que la psychologie. D'une part, parce qu'à la fin du XIXe siècle, qui a donné naissance à ces sciences modernes, les Européens commençaient à habiter des logements de plus en plus petits dans lesquels la famille nouvellement promue au rang de pivot social et de seul lieu d'expression des sentiments amoureux se retrouvait plus brutalement que jamais face au paradoxe d'être à la fois là où le sexe est acceptable, là où tous les membres du groupe doivent s'aimer et en même temps là où il faut interdire tous les rapports sexuels sauf un. La question de l'inceste se posait donc avec une acuité toute nouvelle. D'autre part, c'est aussi parce que bien au-delà des préoccupations étroites du siècle dernier, l'interdit de l'inceste fut vite reconnu comme l'une des très rares caractéristiques communes à l'humanité entière; toute société déclare que certains de ses membres, qui peuvent varier selon les groupes, ne doivent jamais avoir de rapports sexuels entre eux. Pour Claude Lévi-Strauss[6] (comme pour d'autres avant lui et à peu près tous les anthropologues par la suite), cette règle élémentaire de contrôle social du mariage et de la sexualité constitue une des pierres angulaires de toute société humaine et un jalon fondamental de son évolution: par la prohibition de l'inceste, qui interdit le mariage entre proches, on oblige la création de liens et d'unions durables avec d'autres et, en s'appuyant sur ces échanges réciproques, on peut construire tous les mondes. Pour Lévi-Strauss, c'est par l'interdit de l'inceste que l'être humain quitte l'ordre biologique pour se hisser au rang de véritable créateur de société.

Le raisonnement est irréfutable, mais en même temps incomplet, au moins dans un sens, qui nous intéresse. L'inceste n'appartient pas au niveau le plus élémentaire, et la toute première règle ne peut pas encore énoncer son interdit. Car le véritable «atome» de parenté, c'est-à-dire l'acte premier, consiste à interdire la masturbation. Avant de s'inquiéter des relations au sein du groupe social, il faut d'abord savoir si l'individu aura vraiment envie d'une relation avec autrui. Pour Lévi-Strauss, il n'y a pas de question préalable: les hommes ont envie des femmes! (Il ajoutera même que les hommes ont profondément envie de plusieurs femmes et que, partout, comme le dit la chanson, le gibier manque et les femmes sont rares puisque malheureusement elles peuvent souvent être abondantes sans être toujours également désirables[7].) Le modèle n'admet pas qu'il puisse être préférable de se masturber, et qu'avant d'interdire l'inceste il aurait fallu aussi enseigner que la masturbation est une pratique socialement inadmissible. Personne n'en parle, tout simplement parce que cela semble l'évidence même: la société masturbatoire s'éteindrait rapidement. Mais c'est pourtant la règle que les sociétés ont toujours pris la peine d'imposer, de mille façons différentes, par la douceur ou par la violence, dans des styles et par des mesures qui reflètent toutes les attitudes possibles et toutes les définitions connues de la sexualité humaine. Mais le message demeure immuable: la masturbation est une pratique condamnable parce qu'il est normal, donc «naturel» et inscrit dans l'ordre invariable des choses, que l'être humain désire et recherche une union sexuelle avec quelqu'un d'autre. La société en dépend, elle en a même fait un instinct.

Genèse d'une anomalie

Il existe cependant une glorieuse exception à cette condamnation unanime de la masturbation. Pour y arriver, il faut revenir brièvement à l'histoire.

Au début du Moyen Âge, la masturbation semble avoir été considérée par les confesseurs comme une faute très secondaire:

> Le péché le plus souvent confessé, celui d'émission de sperme, n'était sanctionné que par sept jours de jeûne si elle était involontaire; vingt jours si provoquée manuellement. Un moine se masturbant dans une église n'était même puni que de trente jours de jeûne, et un évêque de cinquante. Cette indulgence provenait du fait qu'il s'agissait d'un acte solitaire[8].

Alors que tous les actes sexuels entre partenaires qui allaient à l'encontre de la procréation (sans besoin d'énumérer, tout ce qui n'est pas pénétration et éjaculation à l'intérieur du vagin) constituaient des crimes punis beaucoup plus sévèrement par plusieurs années de pénitence. Il semble que la masturbation soit longtemps demeurée une faute relativement bénigne. Selon Flandrin[9], c'est à travers les renaissances théologiques du Moyen Âge que la masturbation deviendra une faute plus sérieuse. Les théologiens la rangeront parmi les crimes contre la nature, mais ce n'est que beaucoup plus tard, entre le XIVᵉ et le XVIᵉ siècle, que les confesseurs adopteront à son égard, progressivement et presque à rebours, la sévérité que la nouvelle morale exigeait.

En deux cents ans, les XVIIe et XVIIIe siècles allaient radicalement modifier cette attitude et, d'insignifiante, la masturbation allait devenir une véritable obsession. Il y eut d'abord l'apparition de ces nouvelles institutions, les collèges d'éducation qui avaient pour double effet de prolonger l'adolescence et de séparer les sexes. On se met alors à croire et à raconter que la masturbation y est pratique coutumière, on s'amuse ou on s'inquiète de voir des jeunes rendus incapables de trouver satisfaction ailleurs et d'une manière qui paraîtrait plus normale[10]. Progressivement, les choses se gâtent: la masturbation dérange de plus en plus et devient un crime tout à fait sérieux. Au moment où se prépare la révolution française, lorsque Dieu est à l'agonie et que la religion doit être remplacée par la science, au moment où le nouvel ordre social est déjà en construction, le discours officiel sur la masturbation change de ton et devient implacable. Ce qui était un péché se transforme en maladie.

Une impressionnante liste d'auteurs, pour la plupart médecins plutôt que moralistes, depuis le fameux Tissot en 1760 jusqu'à la Deuxième Guerre mondiale, viendront dire et redire les multiples méfaits de la masturbation[11]. Le célèbre ouvrage de Tissot, *L'Onanisme, dissertation sur les maladies produites par la masturbation*, expose les raisons scientifiques d'interdire le gaspillage du sperme, lesquelles correspondent essentiellement à ce que disent aussi les Indiens Mehinakus: il ne faut pas affaiblir l'organisme pour éviter de le rendre vulnérable aux agents pathogènes. On assiste à la naissance de l'esprit scientifique et Tissot évalue avec beaucoup de rigueur que la perte d'une once de sperme affaiblit autant que la perte de quarante onces de sang. Aux États-Unis, le révérend John Todd faisait campagne contre la masturbation qui affaiblissait les hommes au point de les féminiser, ce qui risquait donc de diminuer leur force de caractère et par le fait même compromettre la conquête d'un continent[12]. En Europe, le médecin Rozier, auteur de *Habitudes secrètes ou des maladies produites par l'onanisme chez les femmes* (1825), parle de pâleur, d'essoufflement et de faiblesse, de maigreur et de paresse, de fourmis qui descendent le long de l'épine dorsale, d'abrutissement et de stupidité, de vieillissement et de paralysie. Le père Debreyne, dans son *Essai sur la théologie morale considérée dans ses rapports avec la physiologie et la médecine* (1842), mentionne les vertiges et les crampes, l'engourdissement et les maux de tête, les convulsions et l'épilepsie. Le docteur Bouglé, auteur de *Les Vices du peuple* (1888), fait allusion aux traits fanés et aux regards éteints de gens qu'il décrit comme des cadavres ou des spectres sortis de leurs tombeaux.

Les traitements médicaux correspondent à la gravité de la maladie. Dans un article rapidement devenu célèbre et par la suite préservé comme un objet de curiosité perverse[13], le docteur Démétrius Zambaco raconte la progression de ses techniques d'intervention auprès de deux jeunes filles. D'abord la parole, la douceur et la piété religieuse, puis les admonestations et les menaces, ensuite les médicaments, les douches et les bains, suivis par les sangles et «la ceinture de moralisation» (bandage pubien), puis la camisole de force, le fouet et les décharges électriques. Finalement, le docteur Zambaco rencontra le docteur Jules Guérin lors d'un congrès médical international tenu à Londres et, dit-il, cet «éminent confrère» lui confia la clef de ses propres succès en la matière: il suffit de brûler le clitoris au fer rouge. Zambaco adopte la technique et conclut à son efficacité puisque, dit-il encore, la cautérisation abolit la sensibilité du clitoris et, en devenant le siège d'une inflammation intense, toute la région vulvaire cesse d'être un lieu de plaisir. À tout cela, il ajoute le fait indubitable que «la frayeur éprouvée à la vue du supplice et l'influence que le fer rouge exerce sur l'imagination des enfants doivent aussi être comptées parmi les actions bienfaisantes de la cautérisation transcurrente[14]». Le nom de Zambaco nous est resté, mais il semble que la brutalité des traitements était typique de l'époque. Le père Lallemand[15], auteur d'une somme probablement unique dans toute l'histoire de la médecine, un traité en trois volumes et 1784 pages sur les «pertes séminales involontaires», arrive à la conclusion qu'après avoir essayé de «manger très froid» et après les applications de glace sur le corps, en dernière instance, il faut cautériser «la portion prostatique du canal de l'urètre au moyen de nitrate d'argent». Donc, le traitement n'est pas sexiste, c'est avant tout une attaque contre la sexualité des jeunes et contre le plaisir solitaire:

> Les moyens les plus barbares sont utilisés contre les adolescents rebelles dès le début du XIXe siècle: on attache les bras des jeunes derrière leur dos pendant la nuit afin qu'ils ne puissent se toucher les organes génitaux. On inflige aux garçons des brûlures du gland et des infibulations: anneaux perçant le prépuce de part en part et empêchant douloureusement toute érection. Pour les filles, on effectue des brûlures du clitoris et des clitoridectomies, on va parfois jusqu'à coudre les lèvres de la vulve. Ces pratiques existent encore pour les filles dans certaines sociétés, mais notre bourgeoisie occidentale, qui a la mémoire courte, les dénonce aujourd'hui comme signe de barbarie[16].

Il y a là un acharnement et une furie à traiter de la masturbation dont on ne connaît ailleurs aucun équivalent. En suivant l'analyse de Jacques Solé (avec quelques modifications), on comprend comment la masturbation représentait l'antithèse exemplaire de l'idéologie bourgeoise.

Elle est perçue comme une dépense d'énergie qui n'a d'autre but que le plaisir, une dépense gratuite et totalement superflue. C'est tout le contraire de l'effort réfléchi, du contrôle profitable et de l'épargne. Le geste est en lui-même insignifiant, mais le principe demeure. Comme le disait à peu près la reine Victoria, nous ne sommes pas ici pour nous amuser. Et en disant cela, la bourgeoisie du XIXe ne faisait qu'inverser ce qu'elle croyait avoir été un des crimes d'une aristocratie qui n'avait pensé qu'à la luxure et à la dépense, dans le plus grand mépris des besoins du peuple et du progrès de l'humanité.

Il paraît raisonnable que cette question soit devenue particulièrement pressante au cours de cette période qui réprima plus que jamais la sexualité infantile et qui enleva au corps beaucoup de sa valeur de spectacle, ce dont témoignent admirablement les transformations du costume entre 1850 et 1950. En confinant le corps au domaine privé et même au plus grand secret, en faisant de l'homme nouveau un être prude et chaste et en ne valorisant que la sexualité efficace et reproductrice, il est fort probable que l'on a du même coup fortement encouragé la masturbation.

En somme, la furie antimasturbatoire résultait de la jonction puissante de deux courants idéologiques. D'une part, la réaction bourgeoise contre la gratuité et le superflu. De l'autre, la notion universelle et beaucoup plus riche, qui réussit à traverser toutes les révolutions et qui affirme que la masturbation peut être comprise comme une pratique des plus dangereuse pour le corps social. Le petit livre du docteur Georges Surbled, *Le Vice conjugal* (qui, en 1925, en était à sa quatrième édition[17]), explique longuement qu'il ne faut pas limiter l'onanisme à la seule masturbation, car tout ce qui détourne la semence de son but est un crime, tout ce qui s'oppose à la génération est interdit et qu'il est impérieux de proscrire tout ce qui veut «satisfaire la passion au détriment du devoir». Mais il ne s'agit pas ici seulement de plaisir sensuel ou de superflu. L'auteur parle plutôt de démographie et des risques de la dénatalité. Dans une Europe qui se crée, se transforme et trop souvent s'entredéchire, cela devient une question patriotique. Surbled reprend l'aphorisme de Proudhon selon lequel «les malthusiens soutiennent la moralité de l'onanisme», et, par là, tout ce qui limite les naissances. À travers les nombreux rappels des grandes vertus de la chasteté chrétienne, il ne cache pas que son inquiétude première demeure l'avenir de la France menacée par la décroissance de sa population; il annonce d'abord «à bref délai la déchéance, la ruine», pour ensuite ajouter (sans toutefois l'expliciter) que la menace finale viendra d'ailleurs: «Quant aux peuples païens et sauvages, s'ils ont bien des vices, ils n'ont pas celui que nous stigmatisons», car *leur* nombre augmente.

En somme, Surbled condamne le «vice conjugal» pour les mêmes raisons que les Navahos trouvent absurde la masturbation et que Yahweh fit mourir Onan. La masturbation risque trop d'entraver la reproduction et une société ne peut tolérer le refus de la natalité qu'à son propre péril. Puis, il est toujours commode d'imaginer quelques inquiétants barbares qui guettent à la frontière notre déchéance. Pourtant, même les nations qui n'auraient rien à craindre de ce côté peuvent s'inquiéter de la masturbation, et parfois au nom de la ferveur révolutionnaire: le journal *Le Monde* rapportait qu'en Chine, on affirme, dans une dépêche du 9 juillet 1975, que «l'étude approfondie des œuvres de Marx, Lénine et Mao Zedong doit permettre de prévenir les tendances à l'onanisme[18]».

Il a suffi de quarante ans pour modifier profondément cette vision pourtant très ancienne. Depuis les toutes premières recherches cliniques de Kinsey, la sexologie moderne s'est efforcée de faire comprendre que, oui, la masturbation existe et qu'elle est même très répandue, et que, non, elle ne cause pas l'acné ni le délirium tremens, et que son principal effet négatif vient de la culpabilité qui trop souvent l'accompagne. La sexologie luttait contre la prédication de tous les disciples de Tissot et contre les sentiments de gêne et de culpabilité nourris par une culture qui décrète que les masturbateurs ressemblent à des puceaux et que les plaisirs offerts par le clitoris sont plus infantiles que ceux offerts par le vagin. Néanmoins, la sexologie à ses débuts soutenait encore que la masturbation était preuve d'une certaine immaturité sexuelle, qu'elle pouvait engendrer de la frustration et nuire à la pleine gratification émotive et qu'à la limite, en devenant obses-sionnelle, elle pouvait même empêcher les relations plus normales pour causer l'impuissance et la frigidité. Donc, même si ce n'était plus un crime horrible et que la société se devait d'adopter une attitude plus libérale à son endroit, la masturbation demeurait quand même marginale et inférieure[19]. Mais dans la mesure où elle faisait partie d'une vie sexuelle variée et bien remplie, elle paraissait accep-table, et la sexologie ne voyait pas lieu de s'en inquiéter.

Il s'est produit par la suite un glissement encore plus radical et la sexologie (américaine surtout) s'est mise à chanter les louanges de la masturbation. En introduction à un ouvrage publié en 1979, tout à fait sérieux et entière-ment consacré au sujet[20], le sexologue et thérapeute Albert Ellis trace la liste des cinquante principaux avantages de la masturbation, lesquels vont de l'expérience du plaisir le plus pur et le moins distrait, jusqu'à la flexibilité de l'horaire et de la fréquence, en passant par la réduction du stress et une amélioration du sommeil, la diminution des risques d'infection et enfin le fait qu'il s'agit d'une habitude très peu dispendieuse. Plus loin dans le même ouvrage, le chapitre rédigé par Morton Hunt résume l'évolution récente des mentalités faisant de la masturbation une activité sexuelle acceptée par une majorité grandissante et pratiquée par un nombre d'hommes, mais surtout de femmes, qui est beaucoup plus répandue depuis trente ans. Le glissement est progressif et la masturbation, considérée comme une pratique marginale mais tolérable, se transforme en expérience sexuelle par excellence. Elle devient le meilleur moyen et le but recherché.

> L'auto-érotisme peut même prendre une place privilégiée aux yeux de thérapeutes de tous bords. Ne voit-on pas aux États-Unis actuellement fleurir les cours ou les groupes de masturbation collective? Après l'orgasme obligatoire, la masturbation devient indispensable pour être dans la normalité[21].

> On peut se demander si la masturbation ne va pas être de plus en plus vécue et interprétée comme le socle, l'infrastructure de toute l'activité sexuelle, celle-ci ayant d'autant plus de chances d'être «satisfaisante» que son socle est plus solide. Différentes enquêtes de sociographie de la sexualité mettent, en tout cas, en évidence un renforcement généralisé de ce socle (frappant, surtout, en ce qui concerne les femmes, les hommes ayant, dans ce domaine, «pris de l'avance»). Une telle évolution serait bien dans le style d'une civilisation du self-service[22].

À la même époque, paraissent aux États-Unis les premiers rapports de Shere Hite sur la sexualité féminine et masculine, rapidement devenus de grands succès d'édition, qui concluaient que, tant pour les femmes que pour les hommes, la masturbation représente aujourd'hui l'activité sexuelle la plus satisfaisante. Autres grands succès de librairie, les livres de Nancy Friday (*My Secret Garden*, *Men in Love*, etc.) offraient une collection des divers fantasmes qui accompagnent et aident l'un et l'autre sexe dans ses activités solitaires. Que ces auteures soient dignes de confiance ou non n'a ici aucune importance. Ce qui est significatif, c'est davantage leur réussite populaire qui marque la naissance d'une nouvelle mentalité, s'il est vrai comme on le dit que les gens n'écoutent et surtout n'achètent que les discours qui tombent à point et qui disent bien ce qu'on voulait déjà entendre. Et à la même époque, le très populaire Woody Allen affirmait que se masturber, c'était faire l'amour à quelqu'un que l'on aime vraiment.

Comme le montre André Béjin[23], c'est en grande partie aux travaux de la célèbre clinique de William Masters et Virginia Johnson que l'on doit la formulation de cette théorie nouvelle de la sexualité. William Masters affirmait qu'«un instant de réflexion suffit pour voir clairement que l'orgasme, du mâle comme celui de la femelle est une affaire totalement égocentrique» et que toute relation sexuelle est en fait «une manière de vous donner pour obtenir quelque chose *en échange* de votre partenaire[24]». L'orgasme est un acte égoïste parce qu'il est inné. Il ne peut donc pas venir d'un partenaire, dont le rôle se limite à le favoriser et à le rendre facile, agréable et fréquent. Le partenaire devient ainsi un catalyseur, et le meilleur sera celui qui permettra la plus complète expression de soi. Et comme il n'a qu'un rôle de catalyseur, le partenaire ne peut être blâmé, puisqu'il n'est jamais le principal responsable de ce qui se passe. Mais on devrait pouvoir plus facilement en changer et devenir aussi beaucoup plus tolérant face aux incarnations les plus variées de la sexualité (homosexualité, bestialité, fétichisme, et le reste) puisque l'humain ne recherche toujours qu'une seule et même expression pleine et entière de son potentiel sexuel; il n'y a donc plus de différences fondamentales entre l'homo et l'hétérosexualité, entre tous les catalyseurs possibles. À ce moment, dit encore Béjin, la masturbation devient canonique et l'acte sexuel n'est plus que la conjonction de deux actes égoïstes et de deux plaisirs solitaires. La seule vérité profonde est l'autosexualité et tout le reste devient accessoire:

> Quel que soit l'acte sexuel auquel vous vous adonnez, il s'agit fondamentalement d'une relation avec vous-mêmes; vous vous concentrez sur ce qui *vous* excite, sur *vos* sensations. Comme le faisait judicieusement remarquer le docteur Lonnie Meyer, cela se révèle particulièrement juste à l'approche de l'orgasme. Au départ, votre attention est dirigée vers votre partenaire, et c'est surtout à elle que vous pensez. Mais à mesure que vous montez vers l'orgasme, vos propres sensations prennent le dessus, vous perdez temporairement la véritable *intimité* avec votre partenaire, et vous ne pourriez vraisemblablement atteindre la jouissance si vous n'étiez presque exclusivement accaparé par vos propres sensations au moins durant les derniers moments qui précèdent l'orgasme. Dans cette perspective, le sexe avec une partenaire ne diffère pas de façon significative de la masturbation; ceux qui prétendent le contraire sont dans l'erreur[25].

La théorie n'est évidemment pas limitée aux techniques de l'acte sexuel. Les psychologues Suzanne et Irving Sarnoff[26] considèrent la masturbation comme une voie exemplaire menant à la compréhension et à l'acceptation de soi. Betty Dodson parle de la masturbation comme d'une technique de «méditation» sur l'amour de soi et comme d'un moyen de combattre le manque de confiance, l'auto-dépréciation, le mépris de soi:

> Je vous suggère de vivre une intense histoire d'amour avec vous-mêmes... Regardez-vous dans le miroir et dites-vous, à voix haute: «Je t'aime». Répétez-le plusieurs fois. Souriez. Dites: «Je t'aime» en faisant suivre cette déclaration de votre nom. (...) Il s'agit d'un exercice visant à vous apprendre à aimer. On ne peut donner ou recevoir de l'amour que si l'on en ressent pour soi-même et que l'on se sent bien, sinon il est impossible de se défaire de besoins négatifs

générés par la haine de soi. (...) Choisissez un miroir que vous n'êtes pas obligée de tenir, afin que vos deux mains soient libres. Trouvez une position confortable, un bon éclairage. Regardez vos organes génitaux. Avec de l'huile, massez-les amoureusement. Écartez les lèvres, regardez à l'intérieur, exposez votre clitoris, caressez-le doucement, promenez vos doigts partout. Explorez vos organes génitaux avec autant d'intérêt que vous en avez toujours manifesté pour examiner votre visage. Apprenez à connaître leur forme, leur odeur, leur goût. Ils constituent une des plus belles parties de votre corps. Saluez la source de votre plaisir[27].

Probablement qu'en se masturbant nu(e) devant son miroir on s'inquiète assez peu et on ne songe même plus à l'avenir de la nation ou au déclin de la France.

Cela résumerait une transformation qui nous a fait passer d'une condamnation féroce de la masturbation au nom de l'intérêt supérieur de la communauté à sa défense vigoureuse, au nom des droits de l'individu. Cette nouvelle attitude ne pouvait que faciliter l'émergence de la pornographie, mais il faut dire que nous ne sommes pas encore arrivés à la fin de l'histoire.

La réserve

Pour plusieurs commentateurs, ces jugements très contrastés sur la masturbation illustrent une tendance générale et montrent bien le virage radical que notre société a amorcé dans tous les domaines touchant de près ou de loin à la sexualité. C'est un épisode parmi bien d'autres dans la conversion d'une société autrefois prude et contraignante, intolérante et largement ignorante, à une ouverture d'esprit plus moderne, une meilleure information, des attitudes plus libertaires et des pratiques sexuelles plus nombreuses et plus satisfaisantes. Si, pour certains, le monde occidental donne l'impression de vouloir en quelque sorte sauter d'un extrême à l'autre, la plupart des commentateurs pensent que les attitudes sociales à l'égard de la sexualité appartiennent à un continuum qui va de la restriction sévère à la plus belle débauche. Les exemples les plus flagrants de cette manière de concevoir l'éventail des possibilités sont parfois empruntés, d'une part, aux villages de pêcheurs irlandais catholiques où le coït n'est possible qu'entre gens mariés et ne durerait qu'un instant, où l'ignorance des faits de la sexualité humaine est souvent étonnante et où la gêne fait que les gens laissent s'aggraver leurs maladies par crainte de devoir se dévêtir devant l'infirmière, et, à l'opposé, aux villages de pêcheurs polynésiens où l'initiation des jeunes gens aux mains d'une femme d'expérience vise à leur apprendre comment multiplier les orgasmes de leurs futures amantes et où les adolescents font l'amour en ne se touchant que des organes sexuels et en refusant de s'embrasser sous prétexte qu'après tout «on se connaît à peine[28]». Le contraste est frappant, les modèles culturels paraissent opposés, et d'interminables discussions peuvent s'engager sur les mérites relatifs de chaque attitude et sur le fait que l'un et l'autre modèles sont susceptibles de choquer et d'être déclarés obscènes.

Toutefois, ces deux façons de concevoir la sexualité et les deux attitudes, ancienne et nouvelle, pour traiter de la masturbation ont en commun de tenir pour acquis et d'affirmer souvent bien haut que le sexe est important et primordial. Soit parce qu'il est le lieu privilégié du péché et de la perdition, l'empire du malin qui sait combien la chair est faible, soit parce qu'il représente l'essentiel, l'instinct puissant, le socle de l'identité et le lieu de la plus profonde des jouissances. Le véritable scandale pour la plupart des gens engagés dans ce débat serait de croire que le sexe n'est pas très important, que son rôle est exagéré et que l'on pourrait très bien s'en passer. Du coup on déprécierait au moins la moitié de la tradition artistique occidentale et un pan considérable de la psychologie moderne, sans compter toute l'industrie du sexe.

En adoptant une telle position, on arriverait à croire que ce qui caractérise notre société n'est pas tant le mouvement pendulaire entre conservatisme et libéralisme, mais plutôt sa préoccupation pour le sexe qui est tout aussi profondément judaïque que chrétienne. Les Dani de Nouvelle-Guinée sont bien loin de partager cette préoccupation[29]. En respectant diverses contraintes culturelles liées au mariage, à la grossesse et à l'accouchement, les Dani s'imposent des périodes d'abstinence sexuelle qui peuvent durer entre quatre et six ans. Mais ce qui en a surtout étonné plusieurs a été d'apprendre que ces gens ne disposent pas d'autres exutoires sexuels et ne trahissent ni frustration ni tension particulières. Comme si les Dani n'avaient pas les mêmes besoins à soulager ou à sublimer. Ou plutôt comme si le niveau d'énergie sexuelle n'était pas nécessairement inné et universel, mais davantage le résultat d'un apprentissage culturel. L'idée paraissait choquante et la première réaction de plusieurs a été de douter du rapport de l'ethnographe. Pourtant, la proposition est tout à fait logique et il était même prévisible qu'elle apparût aussi en Occident.

Les premières dénonciations de l'importance apparemment excessive accordée à la sexualité ont aux États-Unis pris la forme (certains diraient immanquablement) de manuels destinés à enseigner comment réussir sa vie sans sexe. En Grande-Bretagne, on a beaucoup discuté de la constitution d'unions matrimoniales durables, mais qui excluent tout rapport sexuel[30]. En France, tout le courant est résumé dans le livre de Yan de Kerorguen, *Le Plaisir chaste*[31], qui décrit la fin du sexe libre, la fin de la fête, le nouveau célibat et la libération d'une chasteté trop longtemps réprimée, la sexualité dite «branchée» (et anglophile) du «*no sex*», et la découverte, «statistiques à l'appui», de l'ampleur de la progression du manque d'appétit sexuel qui affecterait maintenant 40 pour 100 des femmes et 28 pour 100 des hommes. Aux États-Unis encore, la célèbre chroniqueuse Ann Landers prétend que parmi ses 70 millions de lecteurs habituels, 72 pour 100 des femmes disent qu'elles se passeraient volontiers de l'acte sexuel[32]. Il ne s'agit pas d'un retour au dégoût du sexe affiché par saint Augustin et saint Paul, mais d'une indifférence de bon ton, d'une envie toute postmoderne de l'ère du vide.

Revenons à l'essentiel. Il importe finalement assez peu que l'Occident ait récemment exploré, souvent dans la plus grande confusion, quelques variantes idéologiques des principaux modèles de la sexualité déjà connus ailleurs. Il importe peu qu'au-delà du binôme de la répression et de la libération nous ayons d'un coup découvert que la sexualité pouvait aussi être réduite et minimisée. Tout cela, les Dani le savaient depuis longtemps. La différence et la nouveauté viennent de ce que ces explorations récentes paraissent de moins en moins rattachées au social. La répression sexuelle irlandaise, le libertinage polynésien et l'indifférence des Dani appartiennent à un système social chaque fois cohérent et unifié qui fait bien sentir qu'au-delà des envies et des opinions individuelles il y a une société contraignante qui assure sa propre survie. C'est la culture qui encourage et impose la frustration, le libertinage ou l'abstinence. Tandis qu'ici la démarche est devenue anarchique et le discours envahissant déclare qu'il faut d'abord détruire la société:

Nous ne pourrons aimer un autre être qu'à la condition de ·
nous aimer totalement nous-mêmes au point de nous
masturber véritablement, c'est-à-dire jusqu'à l'orgasme. Il
faut s'être masturbé au moins une fois dans la joie... Nous
irons vers les autres quand nous serons prêts[33].

Il est approprié que cette citation de D. Cooper soit
extraite d'un livre qui a pour titre *Mort de la famille*. La
proposition de Cooper nous ramène au véritable âge de
l'atome de la sociabilité, en deçà du tabou de l'inceste et
avant même l'institution de l'échange réciproque, à un état
qui serait en quelque sorte antérieur au contrat social. C'est
la promesse d'un état de grâce encore inconnu dans lequel
l'individu pourrait être enfin débarrassé des contraintes
sociales qui l'ont toujours opprimé et qui l'ont souvent
conduit à l'aliénation. Pour la première fois de l'histoire,
une telle liberté devient concevable et on peut s'en faire un
objectif personnel ou l'ériger en programme politique.

Cependant, le rêve n'était réalisable qu'à deux conditions. Premièrement, il fallait être capable de dissocier la
sexualité de la fécondité, ce qui avait sans doute déjà été
essayé ailleurs mais jamais de manière aussi radicale. Il
fallait pouvoir faire l'amour sans craindre la grossesse et
pouvoir parler de sexe pendant des heures sans faire la
moindre mention de la reproduction. Ce qui laisse supposer
soit que la société accepte d'agoniser et de s'éteindre, soit
qu'elle invente d'autres moyens d'assurer sa survie, par
quelque nouvelle technique de reproduction ou en modi-
fiant ses politiques d'immigration. Seconde condition
essentielle, l'atteinte de cette liberté individuelle exigerait en plus que l'on soit enfin capable de se dissocier des
autres. Pouvoir se libérer de tous ces autres qui imposent et
exigent toujours beaucoup de compromis et de concessions
et vers lesquels, pour reprendre les termes de Cooper, nous

ne sommes pas encore prêts à aller, et qui de toute manière ne nous servent plus que de catalyseurs.

De tous les effets recherchés et soupçonnés de la pornographie, le plus immédiat et le plus évident reste probablement celui qui entraîne les plus lourdes conséquences. La pornographie libère l'imaginaire et fait découvrir la richesse de l'autosexualité.

Plaisir du solitaire, geste de solitude qui fait que tu te suffis à toi-même, possédant les autres intimement, qui servent ton plaisir sans qu'ils s'en doutent, plaisir qui donne, même quand tu veilles, à tes moindres gestes cet air d'indifférence suprême à l'égard de tous et aussi cette allure maladroite telle que, si un jour tu couches dans ton lit un garçon, tu crois t'être cogné le front à une dalle de granit[34].

Albert Ellis[35] passait très précisément juste à côté de la question principale en affirmant qu'il était aussi ridicule de croire la masturbation asociale que de penser le cinéma plus sain que la télévision, ou dire que les lecteurs en chambre sont socialement moins sains que ceux qui fréquentent les bibliothèques. Car, s'il est la plupart du temps impossible de déceler ce qui est plus ou moins sain, il faut néanmoins reconnaître que nous nous trouvons en face d'un type nouveau de société si radicalement différente de toutes les autres qu'elle se rend parfois difficilement comparable. Une société qui n'est plus préoccupée par les conditions primaires de la production et de la reproduction et qui peut donc se permettre d'encourager la masturbation, parce qu'elle prétend avoir réussi à échapper aux contraintes grossières qui opprimaient la société ancienne, revendication qui donne à tout ce qui précède 1960 des allures de préhistoire.

En fait, la sexualité humaine n'a probablement pas beaucoup changé. C'est plutôt son lien à la reproduction de l'espèce qui s'est progressivement modifié, et c'est surtout la nature même du contrat social qui semble avoir été transformée. Puisque la sexualité que l'on enseigne doit être autant que possible ajustée aux contraintes et aux obligations sociales, une société qui arrive à promouvoir la masturbation comme pratique sexuelle idéale croit avoir vaincu les contraintes qui avaient toujours inquiété nos ancêtres. Il y a apparemment de bonnes raisons de penser que, dans un sens, cette société a tout à fait raison, mais qu'elle se dirige en même temps vers une terrible désillusion.

CHAPITRE 9

LE JAGUAR ET LE TAMANOIR
(conseils aux investisseurs)

> L'homme, on le sait, tend vers l'absolu. Vers la plénitude. Vers la vérité, vers Dieu, vers la maturité totale... Tout saisir, se réaliser entièrement, tel est son impératif. Or, dans *la Pornographie* se manifeste, il me semble, un autre but de l'homme, plus secret sans doute, en quelque sorte illégal: son besoin du Non-achevé... de l'Imperfection... de l'Infériorité... de la Jeunesse...
>
> WITOLD GOMBROWICZ
> *La Pornographie*

Le choix

Au moment d'une naissance, chez les Indiens Sherente du Brésil central, la mère conserve très précieusement le cordon ombilical afin d'assurer que quatre ou cinq ans plus tard l'enfant pourra aller lui-même le déposer sur un nid de termites. Il s'agit d'un petit rituel lointain, à caractère privé et bien anodin, mais il touche presque le degré zéro de la pornographie. Parce que, bien que ce lien entre cordon ombilical et termites n'ait pour nous aucun sens, les Sherente expriment très clairement à travers lui leur réponse à quelques questions essentielles sur les rapports entre la vie et la mort, et parce que cette réponse indique bien ce qui au fond constitue le véritable enjeu de la pornographie. Il n'est pas nécessaire pour s'en convaincre d'étudier l'ensemble de la culture Sherente, il suffit de reprendre quelques pages de l'ethnographe C. Nimuendaju et de résumer l'analyse qu'en fit T. Portante en s'inspirant des travaux de Lévi-Strauss[1].

Les Sherente tiennent occasionnellement une grande cérémonie, appelée *padié*, qui met en présence quelques personnages déguisés en tamanoirs (grands fourmiliers) et d'autres en jaguars. Au début de la cérémonie, les tamanoirs sont introduits dans le village entre une double rangée de célébrants auxquels ils se joignent pour chanter toute la nuit. Un peu plus tard, les participants déguisés en jaguars et armés de massues sortent à leur tour de la forêt, mais sans franchir les limites du village: ils restent à l'écart, en marge de la cérémonie, où ils essaient sans relâche d'attraper quelques jeunes filles. Au lendemain d'une nuit entière de chants rituels sur la place centrale, et pendant que les jaguars créent le plus grand désordre aux limites du village, les tamanoirs se retirent en forêt où ils sont alors symboliquement tués par les célébrants. Enfin, la cérémonie s'achève quand tous se joignent aux jaguars dans une poursuite mutuelle et désordonnée.

Pour trouver un sens à cette cérémonie, il faut d'abord savoir que ces deux animaux sont des chasseurs redoutables, dangereux même, parce que tous deux sont doués d'une très grande force. Mais pour le reste il serait difficile d'imaginer un plus grand contraste que celui qui les oppose l'un à l'autre. Le jaguar est le carnassier par excellence. Très à l'aise sur le sol, mais également bon nageur il est capable de grimper aux arbres, il voit tout, même la nuit; il peut rugir ou demeurer silencieux, il peut s'embusquer des heures pour attendre sa proie ou se lancer à sa poursuite à toute allure; il est agile ou puissant; bref, il est incontestablement le plus grand, le chasseur par excellence. Le tamanoir, quant à lui, porte bien le nom de son ordre, celui des édentés, et la force considérable de ses pattes antérieures, tout comme la longueur impressionnante de ses griffes, ne servent qu'à débusquer les gibiers les plus infimes: larves, fourmis, termites. Par contraste donc, c'est le chasseur minimal. Cela dit, la réputation de chaque animal s'étend tout naturellement à ses habitudes alimentaires: le tamanoir, dit-on, mange très peu, car un rien l'alimente et il possède une extraordinaire capacité de susbister très longtemps sans nourriture; par contre, le jaguar est un grand mangeur qui apprécie autant la quantité que la variété et qui n'aime jamais rester trop longtemps sur sa faim.

Le contraste joue en outre sur quelques caractéristiques qui font du tamanoir un animal à la fois remarquable et unique. D'abord, son long museau se termine par un trou modeste qui n'est pas vraiment une bouche, et son anus est dissimulé par des lèvres qui le cachent complètement; l'animal est donc souvent compris comme «bouché», dans le sens où rien n'y entre et rien n'en sort. De plus, chez le mâle, les lèvres qui couvrent l'anus dissimulent aussi le pénis, minuscule et situé tout juste à côté, et les testicules se trouvent à l'intérieur d'une cavité abdominale, donc invisibles. De sorte que sans autres marques, il est quasiment impossible de déterminer le sexe de l'animal à moins d'un examen minutieux. Enfin, ces organes minuscules semblent sans proportion avec la taille de l'animal. Ainsi, plusieurs habitants des basses terres de l'Amérique du Sud en ont conclu qu'il s'agissait d'un être asexué. Par contre, le jaguar, grand chasseur et bon mangeur, est tout aussi célèbre pour ses appétits sexuels maintes fois racontés dans les mythes, où il apparaît souvent à la poursuite du sexe, ce dont témoigne d'ailleurs son comportement durant la cérémonie du *padié*.

Le tamanoir est un animal assez rare et que l'on voit généralement seul, d'où sa réputation d'animal solitaire. On prétend qu'il vit non seulement sans la compagnie d'autres tamanoirs, mais sans se mêler non plus aux autres animaux, à tel point que les Indiens Toba qui trouvaient des excréments de tamanoir au cours d'une chasse changeaient immédiatement de direction, convaincus de ne pouvoir rencontrer là d'autre gibier[2]. Par ailleurs, le corps de l'animal est couvert de poils noirs avec une bande dorsale grisâtre qui apparaît dès la naissance. Cette couleur grise, ajoutée à l'absence de dents, fait du tamanoir un symbole de vieillesse et plusieurs mythes racontent des incidents où des vieillards se transforment en fourmiliers. Même la zoologie moderne ne semble pas encore en mesure d'évaluer la durée de vie moyenne du tamanoir, d'où la croyance, assez répandue en Amérique du Sud, selon laquelle l'animal serait immortel, ce que prouverait également le fait qu'il se nourrit de ce qui est considéré comme de la putréfaction (termites, larves, fourmis) ou, comme disaient les premiers explorateurs européens, que sa cuisson dégage une odeur infecte et que sa viande est extrêmement coriace et tendineuse.

Tout compte fait, le tamanoir est un être asocial, qui n'a aucune vie sexuelle et qui se nourrit des plus minuscules des gibiers.

Sans entrer dans le détail de l'analyse de T. Portante, on peut résumer sa conclusion première en disant que les Sherente, au cours de la cérémonie du *padié*, définissent d'abord clairement deux modèles de vie, entre lesquels ils choisissent ensuite en déclarant très ouvertement vouloir vivre comme des jaguars. Cet animal, en effet, nous ressemble au point de constituer un idéal de vie active et productive: tout chasseur aimerait être aussi habile que lui, on prétend que toute femme le voudrait pour époux et que tout chaman ne réussira ses miracles que s'il est d'abord capable de se transformer en jaguar. La tamanoir, au contraire, ressemble aux ancêtres et aux vieillards. Il offre l'image d'une petite vie tranquille, où il n'éprouve d'appétit que pour quelques fourmis, une vie peu exigeante, où il ne demande rien aux autres et ne voudrait faire de mal à personne.

Il y a pourtant un autre paradoxe: c'est que le tamanoir est aussi un animal féroce. Certes, il est d'apparence fragile, il se déplace en zigzag, ce qui facilite beaucoup la tâche de qui le poursuit, et on prétend même pouvoir le tuer d'un seul coup de bâton sur le museau. Mais en même temps, la force du tamanoir est considérable. Elle est, pour lui, un moyen de défense particulièrement efficace. On raconte qu'une fois effrayé cet animal plutôt maladroit et peu impressionnant est capable de se lever sur ses pattes de derrière et, d'un seul coup de griffes, de réduire en charpie un crâne humain. La zoologie moderne et tous les chasseurs recommandent de l'approcher avec la plus grande prudence, car son coup de patte peut déchirer les troncs d'arbres et les termitières. Bref, ce tamanoir si paisible et inoffensif demeure néanmoins, pour tous les animaux de la forêt tropicale, un ennemi redoutable.

Même le plus grand des chasseurs devra y prendre garde. Sur une vaste partie des basses terres de l'Amérique du Sud, diverses populations ont inventé des récits et des mythes qui racontent le combat du jaguar et du tamanoir. Parfois, le second réussit simplement à jouer un tour au premier et à le ridiculiser, dans d'autres cas l'affrontement est mortel. Mais chaque fois, le tamanoir sort vainqueur. La plus spectaculaire illustration de ce fait se trouve écrite dans le ciel: selon l'astronomie des Indiens Tukunas[3], deux parties de la Voie lactée représentent le combat des deux animaux. Peu après le coucher du soleil, on voit d'abord le jaguar prendre le dessus puis, progressivement, les positions s'inversent et le tamanoir finit par vaincre juste avant l'aube. Tout bien considéré, ces diverses expressions du mythe montrent toutes qu'en dernière instance c'est le tamanoir qui aura raison du jaguar.

Donc, le choix qui s'offrait aux Sherente ne plaçait pas vraiment tous les avantages du côté du jaguar. Si l'on espère être grand chasseur et bon mangeur, sexué et sociable, il faut du même coup renoncer à la longue vie, sinon à l'immortalité tranquille du tamanoir. En d'autres termes, il faut reconnaître, comme l'ont fait une cohorte impressionnante de commentateurs de la condition humaine tout au long de l'histoire (parmi les plus récents, Joseph Staline et Ingmar Bergman), qu'à la fin c'est toujours la mort qui gagne. Et que la vie longue, la vie prolongée, sinon la vie éternelle, n'est possible que sous la forme d'une existence minimale. Une existence solitaire, sans bouche et sans anus, sans le stress qui fait vieillir et qui ne vient toujours que des autres, une existence qui ne peut faire de mal qu'aux fourmis.

Les Sherente choisissent de vivre allégrement et de mourir. À travers sa conclusion, la cérémonie affirme qu'il vaut mieux écarter les tamanoirs pour se joindre aux jaguars dans une poursuite folle et meurtrière. Avant de mourir, il y aura de la chasse, de la bonne chère, du sexe et surtout il y aura une vie sociale. En d'autres mots, les Sherente choisissent le mode de vie auquel Dieu a condamné Adam et Ève en les expulsant du paradis. Et de la même manière qu'Adam et Ève n'ont pas réussi à atteindre l'autre arbre, celui qui leur aurait assuré la vie éternelle, le choix des Sherente implique que l'immortalité est impossible, que le temps ne sera pas sans effet et que les enfants n'auront jamais comme le tamanoir des cheveux gris dès leur naissance mais que les générations devront se succéder.

En somme, les Sherente affirment à leur manière que le seul espoir d'échapper à l'incontestable puissance de la mort ne peut venir que de la reproduction. Les êtres humains ne deviennent éternels qu'en se succédant. Voilà pourquoi le jaguar est un obsédé sexuel et que le tamanoir a si peu besoin de sexe. La réponse est universelle et chaque société l'exprime à sa manière: Adam et Ève gagnent le pouvoir de procréer en perdant l'immortalité, les Sherente choisissent de se reproduire pour vaincre la mort. Et c'est dans ce même contexte que pourrait être compris le geste d'aller déposer le cordon ombilical d'un enfant sur une termitière. Il y aurait là deux sens qui ne sont contradictoires qu'en apparence. D'une part, l'enfant parvenu à quatre ou cinq ans a échappé aux terribles risques de la mortalité infantile et n'est plus un être dont la vie limitée et minimale ressemblait à celle d'un vieillard démuni. Si le cordon ombilical signifie le sevrage qui marque le début d'une véritable existence sociale, le jeter aux termites est une façon de rappeler le rejet du modèle tamanoir par un jeune membre de la tribu devenu suffisamment autonome pour se nourrir des produits du travail humain et qui n'a donc plus besoin de ce cordon. Par contre, les termites seront ensuite elles-mêmes mangées par le tamanoir, et il serait donc également permis de voir dans ce geste une nouvelle preuve que le lien entre la mère et l'enfant sera finalement détruit et vaincu par le temps et la mort. On pourrait poursuivre et voir dans ce simple geste à la fois une célébration de la vie et un hymne au pouvoir de la mort. Les deux lectures sont rendues possibles par le fait qu'il s'agit d'une condition inévitable de l'existence: vie et mort demeurent indissociables et chacune conserve toujours une trace de l'autre. Il est toujours trop simple de dire que l'une est le contraire de l'autre. En fait, chaque terme ici contient et implique son contraire. Quoique la dégénérescence soit une force constante et bien que la vie tue, la vie n'est pas tuable.

L'équivoque permet toutefois de rêver à l'immortalité de manière légitime. L'être humain est toujours au même instant mortel et éternel et, puisqu'il possède les moyens d'être toujours à la fois tamanoir et jaguar, il lui sera toujours permis de discuter cette ambiguïté et de construire en s'appuyant sur elle. Ainsi, les Sherente doivent de temps à autre représenter la cérémonie du *padié*, parce qu'on ne peut jamais régler la question une fois pour toutes. Ailleurs, des sociétés différentes aborderont autrement cette même ambiguïté et chacune se révélera dans sa manière particulière de résoudre le dilemme. Ainsi, quand Hamlet pose sa question, il témoigne en même temps de sa naïveté égoïste qui lui fait croire qu'il peut choisir et que sa vie éteinte n'ira pas simplement nourrir quelques termites.

L'option

Il y a cinquante ans, dans chaque maison du Québec rural (et peut-être partout ailleurs en Occident), on savait quoi faire d'un cadavre. Les gens mouraient à la maison au milieu de leurs proches, qui se chargeaient aussitôt de préparer le corps pour l'ensevelissement. Mais souvent ces mêmes personnes étaient complètement ignorantes de nombreux aspects de la sexualité humaine. Le sexe demeurait pour eux un acte privé, et les rares experts en ces matières étaient considérés comme des êtres exceptionnels, déviants ou pervers.

Aujourd'hui, la mort n'est plus traitée que par des experts marginaux et inquiétants, alors que les détails des mécanismes du sexe sont à la portée de tout le monde. De publique, la mort est devenue privée, au moment même où le sexe, jusque-là discret, devenait ostentatoire. Le lieu de l'obscénité s'est déplacé du sexe vers la mort. L'expression «Dans la plus stricte intimité», qui convenait naguère aux ébats sexuels, s'applique aujourd'hui aux funérailles. On racontait jadis aux enfants que les bébés naissaient dans les choux; on leur dit maintenant que grand-papa est parti en voyage.

En 1955 déjà, Geoffrey Gorer[4] parlait de la «pornographie de la mort» pour dire combien elle était devenue un sujet de scandale dans la société actuelle. On ne permet plus de pleurer qu'en secret, comme si les sanglots étaient analogues à la masturbation.

Le thème a été souvent repris, entre autres par Philippe Ariès[5], qui a retracé l'histoire de la distanciation moderne à l'égard de la mort: les techniques d'embaumement qui présentent un cadavre plus vivant que jamais, l'exclusion des enfants, le décès dans les bras d'inconnus spécialistes de la santé, le testament réduit à un simple arrangement financier, la disparition des marques du deuil, le lien établi entre la mort et le monde distant et lointain des membres de l'âge d'or et la popularité grandissante de l'incinération, qui répond peut-être moins à l'encombrement des cimetières qu'elle ne permet la disparition la plus radicale du cadavre et l'élimination des rites traditionnels.

Il y a peut-être là un certain effet de balancier, selon lequel toute concession au sexe s'accompagnerait d'un interdit équivalent opposé à la représentation de la mort. Quoi qu'il en soit, les deux phénomènes demeurent liés dans une opposition qui fait de chaque terme la négation de l'autre. En s'appuyant sur ce postulat universel, les sociétés ont échafaudé les hypothèses les plus diverses. Par exemple, on a pu croire, contrairement à toute l'évidence empirique faisant de la reproduction le seul gage de survie, que l'immortalité ne pouvait être atteinte qu'au prix de l'abstinence sexuelle, et que les anges, qu'ils aient ou non un sexe, en tout cas n'en faisaient aucun usage, comme Dieu. Dans ce qui n'est que sous certains aspects un autre contexte, Jacques Ruffié parle de la mort comme de «la rançon obligatoire de la sexualité[6]». Michel Foucault affirme, de son côté, que le sexe est aujourd'hui traversé par l'instinct de mort: le corps a remplacé l'âme, il est devenu l'essentiel, ce qui rend plausible le pacte de Faust, qui veut échanger sa vie entière contre le sexe, parce que le sexe vaut bien la mort[7]. Plus charnel, James Brain soutient que le tabou du sexe vient de la proximité des organes sexuels et de l'anus, fréquemment associé à la putréfaction et donc à la mort[8]. Raisonnement que conteste Warren Shapiro, pour qui l'utérus demeure (du moins dans la tradition judéo-chrétienne) le seul point de jonction, à la fois donneur de vie et de mort[9]. Et ainsi de suite. Les arguments ont beau être sérieux ou chantournés, ils traitent chaque fois du rapport inévitable entre *Eros* et *Thanatos*. Cela se vérifie autant chez Sören Kierkegaard, qui avait très bien compris que le temps est le seul véritable ennemi pouvant empêcher don Juan de gagner la partie, que dans la pornographie populaire — qui n'a probablement pas lu Kierkegaard et qui ne connaît pas les grands explorateurs de l'érotisme macabre — mais qui n'en recourt pas moins avec

une fréquence étonnante à l'attrait séducteur des infirmières et des médecins, lesquels ne sont pas seulement
riches, séduisants et sexy, et pas seulement des travailleurs
du corps, mais aussi des gens qui ont la réputation de flirter
avec la mort[10]. (On pourrait ajouter encore un parallèle: la
mort est souvent comprise comme une séparation de l'âme
qui le quitte et du corps qui est détruit, alors que la pornographie est couramment définie comme un intérêt excessif
et exclusif pour la chair, qui fait bon marché des émotions
et des sentiments profonds de l'âme.)

Cependant, si on avance que l'interdit s'est déplacé du
sexe vers la mort, on devra prendre le temps d'expliquer
pourquoi le spectacle de la mort est aujourd'hui devenu
tout à fait courant. Les informations télévisées, les films
présumément d'aventures, les grands romans populaires,
même les ballades à succès, tout cela de nos jours est jon-
ché de cadavres. Le sujet est tellement à la mode que le
film *Visages de la mort*, un documentaire qui montre froidement la mise à mort véritable, concrète et réelle d'êtres
humains (sur la chaise électrique, par suicide, etc.) et d'animaux (depuis l'abattoir jusqu'au restaurant où l'on tranche
la calotte crânienne de singes dont on mange la cervelle),
s'est vendu, dit-on, en quantités phénoménales, sans
aucune publicité ni effort de mise en marché[11]. On pourrait
presque croire que la mort fascine, comme autrefois le sexe,
du fait qu'elle est maintenant devenue obscène. Mais ce
n'est pas de cette mort-là qu'il est question ici. La mort
télévisée appartient au monde de la connaissance abstraite,
distante, et qui (on l'a déjà dit) se trouve engagée depuis au
moins trois siècles dans une recherche effrénée de l'absolu.
Un reporter de la télévision américaine qui avait été
touché dans une rue de Beyrouth, il y a quelques années,
a étonné l'Amérique en décrivant combien il est doulou-
reux de recevoir une vraie balle dans sa vraie jambe. Il

s'adressait pourtant à un auditoire qui avait probablement vu des centaines de tueries par balles présentées chaque semaine à la télévision. Mais les images habituelles sont trop limitées et trop lointaines pour mériter de devenir inacceptables: elles ne montrent même plus les cadavres anonymes empilés dans la citadelle en guerre ou jetés hors des murs attaqués par la peste, mais bien des personnages dont le caractère parfaitement fictif garantit l'immunité du spectateur. On pourrait même ajouter que ces images se rendent tolérables et divertissantes dans la mesure où la mort privée, immédiate et concrète, y reste inconnue autant qu'invraisemblable. C'est en ce sens-là que les enfants d'aujourd'hui grandissent sans jamais voir la vraie mort alors qu'ils auront maintes fois l'occasion d'examiner tous les détails de tous les jeux du sexe.

Il faut dire aussi qu'on ne meurt plus, ou en tout cas pas comme avant. Comme le disait Ariès, la mort occidentale, entre le XVIᵉ et le XVIIIᵉ siècle, cesse d'être «naturelle». Désormais, les vivants se considèrent comme des agressés et des victimes. La mort guette et la maladie emporte. On ne meurt plus; on est toujours tué par quelque chose.

Plus important peut-être, le sens social de la mort a changé. La destruction d'une existence individuelle, qui avait toujours été un événement public et souvent l'occasion d'un rituel annonçant la renaissance d'un nouvel ancêtre dans l'au-delà[12], s'est transformée en un déplorable incident intime et privé. Alors qu'autrefois la société se devait d'annoncer sur un ton triomphant qu'elle se moquait bien de la mort puisqu'elle-même, la société, demeurait immortelle, le sens de la mort se trouve aujourd'hui réduit au seul niveau de l'individu, si bien qu'elle devient forcément triste et insoutenable. L'obligation d'affirmer que la mort n'a de sens que parce que la vie

continue était un des rôles principaux des grandes cosmologies religieuses, qui voyaient à assurer une telle continuité en promettant le paradis et en menaçant de l'enfer.
Mais quand les croyances faiblissent et que l'existence de
l'au-delà paraît moins probable, la continuité ne peut être
assurée qu'en regardant dans l'autre direction, vers le sexe
et la reproduction, pour y trouver un moyen qui aura, entre
autres avantages, celui d'être plus facile à vérifier empiriquement. En adoptant cette perspective, la morale ne
s'inquiète plus de récompense céleste ou de châtiment
infernal, mais tout juste du monde meilleur que pourraient
connaître ceux qui survivront. C'est en ce sens, notait
Georges Bataille, que la sexualité implique toujours la mort
car elle contient inévitablement l'idée de se reproduire et
de laisser la place à d'autres. À l'inverse, un optimiste peut
dire aussi que l'immortalité est toujours fondée sur la mortalité vaincue. On comprend dès lors pourquoi la religion
et le sexe, également capables d'opposer une réponse à la
mort, ont si souvent été ou bien des alliés solides ou bien
les pires ennemis.

Cependant, il semble y avoir eu rupture du sens de la
continuité et interruption des anciens dialogues entre
morts et vivants, soit parce que les cosmologies religieuses
ont faibli, soit sous l'effet de la menace d'une extermination instantanée de toute vie sur cette planète, soit pour les
mille autres raisons de l'émergence de la société moderne.
Tous les humanistes s'inquiètent de ce que l'individu
moderne semble se désintéresser de ses parents comme des
générations futures. La société, qui avait toujours fonc-
tionné comme une lourde machine à situer l'individu dans
le temps et dans l'espace, laisse maintenant ce dernier libre
de vivre sa subjectivité toute postmoderne et parfaitement
autoséduisante. On meurt donc de plus en plus comme on
a vécu, c'est-à-dire seul, avec l'appui de quelques profes-

sionnelles, en espérant déranger le moins possible et en s'en allant «sur la pointe des pieds». Conclusion : la mort n'a plus de sens. C'est ce que disait Edgar Morin en 1951 déjà, à la suite de Kierkegaard mais avant plusieurs autres, et c'est aussi ce qui nous ramènera au tamanoir:

> Il n'y a donc plus d'universel, plus de culturel. L'individu est seul dans l'irrationalité. *Il n'a plus que lui-même*. Et c'est alors que, chez l'Unique qui s'enlace désespérément lui-même, va se lever la plus formidable angoisse. La rupture des participations renvoie à l'angoisse de la mort, et l'angoisse de la mort renvoie à son tour à la rupture des participations. La solitude appelle la hantise de la mort et la hantise de la mort referme la solitude[13].

La solution

Tout compte fait, les Sherente ont su choisir la seule solution humainement réaliste. Il nous est seulement permis de vivre comme le jaguar, tout bonnement parce que c'est notre unique espoir contre la mort. La proposition peut paraître désolante, elle n'en est pas moins irréfutable. Cela n'empêche nullement la société de rêver du paradis terrestre ou de l'immortalité du tamanoir, d'inventer des univers où tout demeure paisible et permanent, mais c'est uniquement dans l'espoir d'arriver à expliquer pourquoi la vraie vie est autre et que le temps passe. Toute société humaine doit nécessairement résoudre la question de sa propre survie en assurant que ses membres se reproduiront. Elle place donc l'individu dans un temps et dans un espace qui le dépassent tellement qu'il en vient à se convaincre de sa propre insignifiance; il peut disparaître en toute quiétude, le monde lui survivra. Pouvoir mourir en étant confiant que sa vie a été donnée et qu'elle a servi à quelque chose, voilà la contrainte sécurisante de la sociabilité. Laquelle exige en retour que l'on se conforme à la politesse, aux bonnes manières, au respect et à la modestie.

La pornographie, au contraire, opte pour le modèle tamanoir: vivre confortablement dans un isolement protégé et douillet qui permet d'échapper aux contraintes sociales traditionnelles. Inverser le discours communautaire et se convaincre que ce n'est pas l'individu mais la société qui est incertaine et fragile, polluée et éphémère. Douter et refuser les censures, vues comme les contraintes injustifiables d'une culture agonisante. Nier le temps linéaire dans lequel on a voulu nous enfermer et remettre en question la notion de progrès qui n'a servi qu'à imposer des sacrifices ou à justifier des privilèges. Effacer au moins cette partie du sens de la féminité qui autrefois faisait des femmes des êtres de durée, physiologiquement marqués par le temps cyclique. Interdire le changement et protéger l'environnement d'une manière qui rappelle les besoins modestes du tamanoir comparativement aux ravages du jaguar, bête féroce et destructrice. Sortir des espaces sociaux et du temps dans lequel la société nous confine. Devenir d'autant plus libre que la sociabilité se dissout et que l'individu, du même coup, se persuade de l'augmentation de sa propre signifiance. Relancer la notion d'un temps cyclique et d'une évolution qui n'avance plus que vers le bien-être de chacun. Vivre de plus en plus seul, en remplaçant ou en compensant l'absence de rapports sociaux par la technologie et les images devenues de véritables machines à arrêter le temps. Bref, vivre tranquille et heureux comme un tamanoir qui, ne l'oublions jamais, est aussi le vainqueur du jaguar et donc le plus fort de tous les animaux.

L'attrait manifeste d'un tel modèle, qui propose à l'individu la possibilité de se dérober à l'autorité du groupe, quel être humain ne l'a jamais ressenti? Mais les Sherente, comme sans doute les membres de n'importe quelle autre société, comprendraient tout de suite que cette promesse est fondée sur une grossière méprise qui les mènerait très vite à l'extinction. Ils diraient que le modèle tamanoir est absurde car aucune société n'a les moyens de ne pas assurer sa continuité. Ils diraient aussi qu'aucune société ne peut se permettre d'abandonner les règles de la modestie et du respect de la vie privée qui fondent même le plus élémentaire des rapports sociaux. Les Sherente s'inquiéteraient de la disparition de la pudeur qui attise le pouvoir séducteur et la soif d'orgie du jaguar. Ils diraient qu'on ne peut réussir là où Onan a échoué, même si Yaweh nous a quittés, et qu'on ne saurait prétendre que la descendance n'est plus un projet social.

Cependant, il est aussi fort probable que sur ce point les Sherente aient tort. Ou du moins, que leur argumentation ait cessé d'être valable depuis quelques siècles, alors que l'expansion démographique et la surpopulation sont devenues plus inquiétantes que la survie du groupe qui avait si longtemps obsédé les sociétés plus restreintes. Le souci de l'humain de se reproduire, qui en grande partie servait traditionnellement à guider le contrôle social de la sexualité et justifiait l'imposition des interdits sexuels et des prescriptions matrimoniales, est atténué désormais par une technologie bio-médicale qui réduit au minimum les rapports sociaux et fait de ce qu'on nommait hier encore le contrat social un acte notarié. C'est dire, en somme, que la société moderne, qui dispose de nouveaux moyens de répondre à ses besoins de produire et de se reproduire suffisamment pour assurer sa permanence, n'a plus à s'inquiéter du modèle tamanoir. Malgré les doléances nostalgiques et les protestations humanistes, cette société n'a plus à organiser de cérémonie pour dénoncer publiquement ce modèle. Elle peut même tout mettre en œuvre pour assurer que le tamanoir vive un isolement paisible et libérateur. L'individu peut enfin échapper aux contraintes de la programmation culturelle de sa sexualité, sortir des espaces sociaux traditionnels et trouver un lieu qui prenne des allures de niche autosuffisante, peu contraignante et donc très agréable, où il pourra mieux que jamais tout se permettre et satisfaire ses espoirs de plénitude.

Le problème, évidemment, est ailleurs. Là où même la société la plus puissante perd tous ses moyens. Car s'il est maintenant tolérable de détruire de très nombreux espaces sociaux traditionnels, il n'est pas encore possible d'arrêter le temps.

On pourrait, à partir de là, offrir quelques conseils aux investisseurs. J. Waynberg[14] soutient que le phénomène récent de l'exhibition de plus en plus poussée du corps trahit une angoisse du vieillissement. Mais l'inverse est plus vrai encore: le plaisir de la pornographie fait naître la peur du temps. C'est peut-être la seule véritable faille du modèle tamanoir, en même temps que la grande leçon offerte par les Sherente. On peut se convaincre qu'il serait plus agréable d'entretenir avec le monde des rapports réservés, manger peu et faire moins l'amour, vivre seul et déféquer à peine, mais il est absurde d'espérer que le temps modifiera son rythme. L'éternité demeure malheureusement hors d'atteinte, et même don Juan, Bo Derek, Hugh Hefner ou Greta Garbo deviennent un jour des vieillards. Mais leur vieillissement est d'autant plus insupportable qu'ils ont réussi à écarter de leur vie la plupart des contraintes sociales qui auraient eu pour effet de les situer dans le temps et qui ont toujours servi de garde-fou aux angoisses de la condition humaine. Dès que la continuité est rompue, l'être solitaire manque de repères et risque davantage de vieillir mal. Ses envies et ses plaisirs, ses contacts et ses conversations se renouvellent aussi facilement que sa nourriture et se transforment en habitudes, ce qui n'exige aucune permanence. La photographie fige le temps et l'image pornographique peut être invariable, donc immortelle. Or la vie progresse et il n'y a jamais eu que la stabilité pour faire comprendre que rien n'est immuable: regarder pousser sa vigne ou voir grandir ses enfants.

Peu de gens ont osé croire le contraire et c'est pourquoi l'angoisse de la mort obsède la littérature moderne depuis à peu près le milieu du XIXe siècle. Pour les investisseurs, il y aurait donc plus que jamais des fortunes à faire en proposant n'importe quoi qui serve à nourrir l'illusion d'une négation du temps, soit sur le plan le plus épidermique des soins de la santé et des équipements de préservation de la forme physique, soit dans tous ces nobles efforts qui, sur d'autres plans, poursuivent l'immortalité par le don des organes, la construction d'édifices ou la rédaction de longs ouvrages destinés à la postérité. Il y a mille façons plus ou moins dangereuses de vouloir passer à l'histoire et d'affirmer que la vie continue. La difficulté fondamentale du modèle tamanoir vient du fait que, malgré les progrès des techniques qui aujourd'hui permettent de préserver sa voix et son image, sinon de congeler un corps entier ou de le découper en organes qui seront ensuite généreusement offerts aux autres, les solutions modernes sont à ce jour trop artificielles pour espérer remplacer adéquatement le simple fait de créer un enfant.

L'avenir

L'homme, tourmenté par son masque, se fabriquera à son propre usage et en cachette une sorte de sous-culture: un monde construit avec les déchets du monde supérieur de la culture, domaine de la camelote, des mythes impubères, des passions inavouées... domaine secondaire, de compensation. C'est là que naît une certaine poésie honteuse, une certaine beauté compromettante[15]...

Deviner l'avenir de la pornographie ne se ramène pas à prédire la mode. Il ne suffit pas de suivre les progrès de l'individualisme en Occident et de noter la perte de quelques anciennes formes de sociabilité. Il importe finalement assez peu que des gens qui autrefois dansaient le quadrille en groupe, puis le menuet en rangée, puis la valse en couple et enfin le break tout seuls, en viennent un jour à adopter la lambada avec passion. Et il n'y a pas vraiment de lutte à finir entre les charismatiques qui veulent embrasser tout le monde et les *yuppies* qui se procurent le «bébé-vidéo» afin de partager leur appartement avec un poupon télévisé[16]. L'essentiel est que tous ces contrastes coexistent et que la mode se soit multipliée au point où la tolérance de la diversité inclut le droit de se passionner, parmi mille autres sujets, pour les images de sexe. Il paraît inconcevable de retourner en arrière.

Même les défauts de la pornographie actuelle ne réussiront pas à l'étouffer sous la vague d'ennui qu'elle provoque chez l'immense majorité. À long terme, il importe peu qu'elle soit aujourd'hui médiocre, sexiste, obscène, ridicule, grossière ou détestable, car ces défauts sont corrigibles. L'effet continu des nombreuses critiques sera probablement de transformer la pornographie pour la rendre plus attrayante et, enfin, la tailler à la mesure de chaque désir particulier; déjà, certains disent que la pornographie changera vraiment le jour où les hommes apprendront qu'il y a autre chose dans le sexe que les organes, et que les femmes se réconcilieront avec ces mêmes organes; en fait, il est plus probable que le premier changement proviendra de la difficulté croissante qu'il y a à diviser la société en deux genres féminin et masculin.

Les visionnaires optimistes, qui croient encore que l'humanité survivra aux prochains dérèglements climatiques, aux famines et aux mouvements de populations réfugiées, peuvent aussi imaginer que la pornographie deviendra un simple accessoire de la vie future, un divertissement courant et disponible, comparable en quelque sorte au jeu d'échecs auquel certains vouent leur vie entière, alors que d'autres le pratiquent ou le regardent à l'occasion, et que d'autres encore n'y ont jamais trouvé le moindre intérêt. Comme les échecs, la pornographie offrirait alors un univers clos dans lequel il serait parfois agréable de se perdre, mais à la condition de bien y reconnaître le jeu du mensonge et ses limites. À la condition de respecter l'illusion: y trouver du plaisir tout en sachant qu'il ne s'agit pas de vrais fous, de vraies reines ni de vraies tours. Apprendre à jouer avec ses voisins, mais sans réduire à ce jeu l'ensemble de ses relations sociales.

Car les enjeux futurs de la pornographie se décideront par la capacité de bien situer le mensonge. Tant qu'elle nourrit l'imaginaire du jaguar, l'illusion ne peut être que prétention excessive, débordement de désir, cataplasme contre la fatigue et clin d'œil à la vie. Le jaguar comprend que le plaisir aura une fin, il sait reconnaître et apprécier le mensonge. C'est plutôt en se croyant tamanoir, quand la pornographie remplace les ombres au fond de la caverne, que le mensonge devient insoutenable.

Finalement, c'est tout cela que mettrait en jeu la pornographie. Somme toute, rien de vraiment nouveau. Sauf peut-être ce qu'il faut pour vous dire, monsieur le Doyen, à quoi peut parfois servir ce curieux métier qui est le mien.

NOTES

Introduction. De la difficulté du sujet

1. *Le Savoir des anthropologues*, Paris, Herman, Savoir, 1982, p. 47.
2. *Le Traité du Narcisse*, Lausanne, Mermod, 1946, p. 16.
3. Ruth McGaffey, «A Realistic Look at Expert Witnesses in Obscenity Cases», *Northwestern University Law Review*, vol. 69, n° 2, p. 218-232, mai-juin 1974.
4. *Pornography & Politics: The Williams Committee in Retrospect*, Londres, Waterlow Publishers, 1983. A.W.B. Simpson faisait partie du très respectable Home Office Departmental Committee on Obscenity and Film Censorship, mieux connu sous le nom de Commission Williams (du nom de son président Bernard Williams), qui étudia, sans doute avec beaucoup de sérieux et de minutie, toute la question de la gestion politique de la pornographie pour le compte du gouvernement britannique. Institutionnellement, les travaux de ce comité correspondent assez largement aux deux enquêtes patronnées par le bureau du procureur général des États-Unis et à l'enquête canadienne communément appelée Commission Fraser.

5. Cet exemple, qui n'est certainement pas unique, vient de l'émission *Droit de parole*, produite par Radio-Québec et diffusée le 21 novembre 1986.

6. Susan Franzblav, Joyce N. Spafkin et Eli A. Rubinstein, «Sex on TV: A Content Analysis» dans *Journal of Communication*, vol. 27, n° 2, p. 164-170.

7. On en trouvera un exemple dans l'étude menée par André Goyette (*Enquête sur les connaissances sexuelles des étudiant(e)s des CÉGEPs du Saguenay-Lac-St-Jean*, cégep de Chicoutimi,1981), qui montre, entre autres trouvailles souvent étonnantes, que seulement le quart des étudiantes du cégep (c'est-à-dire parmi une clientèle qui n'est déjà plus adolescente et qui est issue des classes sociales les mieux éduquées) comprennent bien leur propre cycle menstruel. Ou encore dans les enquêtes mentionnées par Marie-France Hans et Gilles Lapouge (*Les Femmes, la Pornographie, l'Érotisme*, Paris, Seuil, Actuels, 1978) selon lesquelles 13 pour 100 des Françaises disaient n'avoir jamais touché leur sexe, sauf pour l'essuyer, en partie parce que ce sexe doit en quelque sorte être réservé au mari ou au médecin.

8. Susan Sontag, «The Pornographic Imagination», *Partisan Review*, XXXIV, 2, p. 181-212.

9. Thelma McCormark en a fait la démonstration brève mais convaincante dans son examen de l'apparente contradiction entre le fait de conclure, d'une part, que la pornographie au cinéma ou à la télévision est inoffensive et sans effet, et, d'autre part, que la violence est néfaste et devrait être sévèrement contrôlée. Ce raisonnement a souvent été entendu lors de débats publics, on le trouve même en conclusion de quelques rapports très officiels, et plusieurs y ont vu un bel exemple d'incohérence et de double standard hypocrite. McCormack suggère qu'une telle interprétation est trop simple et sexiste. Il ne s'agit pas là tout bêtement de jugements par des hommes qui auraient moins à craindre de la pornographie que de la violence qui les menace directement et qui ainsi utiliseraient des critères discriminatoires d'évaluation. Pour l'auteure, qui essaie de saisir la

psychologie collective du modèle culturel de la masculinité, il n'y a ni incohérence ni double standard et son interprétation propose autre chose: l'affirmation facile de la puissance virile dans la pornographie serait indissociable de l'anxiété de l'identité sexuelle mâle qui trouve son expression dans une inquiétante violence. Si l'on veut tirer une leçon de cet essai de McCormack, ce n'est pas seulement de reproduire dans nos analyses le sexisme primaire d'une certaine pornographie dont il faudra se méfier, mais d'abord de notre aptitude à en mesurer toute la profondeur sociologique («Machismo in Media Research: A critical Review of Research on Violence and Pornography», *Social Problems*, vol. 25 (5), juin 1978).

10. «The Place of Pornography, Packaging Eros for a Violent Age», *Harper's Magazine*, novembre 1984, p. 31-45.

Chapitre 1. Trois définitions de la pornographie

1. Jacobellis v. Ohio, 378 U.S. 184 (196), p.197. Fréquemment cité.

2. Canada, *La Pornographie et la Prostitution au Canada*, rapport du Comité spécial d'étude de la pornographie et de la prostitution, remis au ministre de la Justice et procureur général du Canada, 1985, vol. I, p. 56.

3. Pascal Bruckner et Alain Finkielkraut, *Le Nouveau Désordre amoureux*, Paris, Points, Seuil, 1977, p. 56.

4. *The Other Victorians: A Study of Sexuality and Pornography in Mid-Nineteenth-Century England*, New York, New American Library, 1974 (2ᵉ éd.), p. 268-271.

5. Le film de Bonnie Klein, produit par l'Office national du Canada, veut dénoncer la pornographie actuelle et résume l'essentiel de cet argument dans son titre, *Not a Love Story*.

6. Dans le même sens, le plus récent rapport remis au procureur général des États-Unis disait très clairement «... toute forme de nudité visant des buts — artistique, scientifique, politique, ou éducatif — autre que la provocation sexuelle est en dehors du champ de notre analyse». Sans nécessairement comprendre ce que les auteurs entendent par l'usage

«politique» de la nudité, on voit comment le sexe inacceptable en lui-même devient tout de suite pardonné dès qu'il
sert un but supérieur. (U.S. Department of Justice, *Attorney
General's Commission on Pornography, Final Report*, juillet
1986, vol. I, p. 119, Washington).

7. Aux États-Unis, la première revue à publier des photos de
nus, longtemps avant *Playboy*, fut le *National Geographic*
qui se trouvait excusé du fait que ses sujets étaient
ethnographiques, exotiques, indigènes et noirs.

8. Voir là-dessus l'article de D. English, «La politique de la
pornographie», *La Vie en Rose*, n° 10, juin-juillet 1980,
p. 24-29 (d'abord publié dans *Mother Jones*, en avril 1980).

9. «Night Words: Human Privacy and High Pornography»,
dans Philip Nobile, (dir.), *The New Eroticism, Theories,
Vogues and Canons*, New York, Random House, 1970,
p. 120-132.

10. Mentionnés par Roger Faligot et Rémi Kauffer, *Porno
business*, Fayard, 1987, p. 117.

11. À moins évidemment de faire de la sexualité un élément
important d'un programme politique, comme cela s'est déjà
vu entre autres aux Pays-Bas et dans le cas d'Ilona Staller,
vedette du cinéma pornographique et apôtre d'une grande
libéralisation des mœurs, élue en 1987 au parlement italien
sous la bannière du parti radical.

12. US Department of Justice, *op. cit.*, entre les pages 1614 et
1645.

13. Malgré plusieurs efforts, il a fallu abandonner l'espoir de
traduire adéquatement ces titres trop ancrés dans l'argot
américain et le jargon de leur petit monde; ils se rapprochent de la poésie et deviennent donc intraduisibles. Les
résumés descriptifs sont une traduction très littérale du
texte du rapport officiel.

14. Peut-être caractéristique des préoccupations sociales et
politiques des Américains, le rapport fournit chaque fois ce
genre d'identification «raciale». Selon la liste, la pornographie présente des «Caucasiens», des «Noirs» et des
«Asiatiques».

15. Agence France Presse, 11 février 1989.

16. La plupart de ces informations proviennent du rapport de la Commission du procureur général des États-Unis, déjà cité, et concernent donc avant tout l'industrie américaine. Malgré les nombreuses critiques méritées par cette enquête, les données que le rapport présente paraissent suffisamment fiables pour tracer un portrait global de la situation de l'industrie américaine de la pornographie. C'est en ce sens aussi que la date de 1985 importe peu, parce que nous nous limitons à en extraire quelques caractéristiques dominantes et les grandes lignes d'une évolution qui n'a depuis apparemment pas vraiment dévié.

17. Agence France Presse, juillet 1987.

18. *Newsweek*, 4 août 1986.

19. En juin 1989, la Cour suprême des États-Unis confirmait cette légalité dans un jugement qui fera probablement les délices de nombreux juristes, car la cour autorisait le Congrès à interdire les appels «obscènes» mais pas les «indécents» et sans la moindre indication de ce que la cour entendait par là (Agence France Presse, 26 juin 1989).

20. Selon l'émission *20/20*, du réseau de télévision ABC, diffusée le 9 octobre 1987.

21. Ce genre de spectacle a aujourd'hui quasiment disparu. En partie parce que l'engouement premier s'est estompé, mais aussi parce que ces *live-shows* coûtaient fort cher et rapportaient trop peu. On n'a qu'à penser qu'un tel spectacle, ne serait-ce que pour des raisons physiologiques, ne peut être aussi répétitif que la projection d'une bande vidéo.

22. *Op. cit.*, p. 217. Le taux de change du yen, selon le *Wall Street Journal*, était, au 30 août 1985, de 0,004188 $.

23. Sans avoir mené une telle enquête comparative, on peut néanmoins noter que si la pornographie américaine est souvent centrée sur l'ampleur des seins et la longueur des pénis, ces thèmes reviennent moins au Japon, où on s'intéresse beaucoup au jeune âge, et en France, fascinée par la sodomie, ou en Angleterre, qui demeure intriguée par les

châtiments scolaires. Il y a là matière à bien des études, mais tout porte à croire qu'un certain «caractère national», aussi caricatural et excessif qu'il soit, s'exprime dans la production pornographique. Par exemple, il serait intéressant de comprendre pourquoi en France on brouille le son plutôt que l'image des émissions pornographiques sur la télévision à péage, tandis qu'au Canada on brouille l'image mais pas vraiment le son.

24. Ces chiffres sont extraits du recueil *The 1981 Media Encyclopedia Working Press of the Nation*, vol. 2, Magazine Directory, National Research Bureau, Chicago. Les chiffres ont quelque peu changé depuis, mais les proportions sont demeurées assez stables malgré la baisse de popularité de *Playboy* depuis 1981, date choisie justement parce que la revue était encore à son apogée.

25. Certains diraient trop en détail pour ne pas être elle-même accusée de devenir pornographique. Voir en particulier *Ordeal*, d'abord publié par Citadel du New Jersey en 1980, puis repris et réimprimé neuf fois jusqu'en 1984 par Berkley Books de New York.

26. Cette nouvelle orientation fit surtout scandale parce qu'elle détenait le contrat publicitaire du savon *Ivory*, reputé pour sa très grande pureté («le savon qui flotte»), ce qui obligea la compagnie à remplacer tous ses emballages où apparaissait le visage de Marilyn Chambers.

27. US Department of Justice, *Attorney General's Commission on Pornography, Final Report*, 1986, p. 870.

28. «Offensive Literature: Decensorship in Britain 1960-1982», *The Guardian*, 9 décembre 1981.

29. Il est assez rare de voir des gens qui se font d'abord connaître par la pornographie réussir ensuite ailleurs. Les directeurs de *Playboy* ont longtemps prétendu que devenir *Playmate* ouvrait une porte vers d'autres succès, mais cela ne s'est pas souvent confirmé depuis Marilyn Monroe. Par contre, les cas de Samantha Fox, maintenant devenue chanteuse populaire, ou de Sylvester Stallone, aujourd'hui multimillionnaire, démontrent surtout qu'il est tout à fait

possible de survivre à des incartades dans l'univers de la pornographie.

30. Il n'y a peut-être que le journalisme sportif qui soit vraiment comparable à l'écriture pornographique, par l'obligation quotidienne d'écrire quelques pages sur des sujets dangereusement répétitifs et pour des journaux et un public très tolérants.

31. Voir entre autres J. Kiedrowski et J. M. Van Dijk, «Pornography and Prostitution in Denmark, France, West Germany, The Netherlands and Sweden», *Working Papers on Pornography and Prostitution, Report # 1*, Ottawa, ministère de la Justice, 1984.

32. Pour de brèves analyses de la psychologie sociale de cette consommation, voir par exemple David A. Karp, «Hiding in Pornographic Bookstores: A Reconsideration of the Nature of Urban Anonymity», *Urban Anthropology*, janvier 1973, p. 427-451; Charles A. Sundholm, «The Pornographic Arcade: Ethnographic Notes on Moral Men in Immoral Places», *Urban Life and Culture*, avril 1973, p. 85-104; Harold Nawy, «In the Pursuit of Happiness?: Consumers of Erotica in San Francisco», *Journal of Social Issues*, v. 29, n° 3, 1973, p.147-161; et Scott MacDonald, «Confessions of a Feminist Porn Watcher», *Film Quarterly*, vol. XXXVI, n° 3, printemps 1983, p. 10-17.

33. Selon Kim, mieux connu sous le nom de «Gangster de l'amour», «les "showers" sont habituellement tellement ennuyants que j'y fais toujours sensation. L'atmosphère est froide lorsque les invitées offrent leurs cadeaux à la future mariée; mais dès que j'arrive, elle se réchauffe et tout le monde s'amuse» (*La Presse*, 2 avril 1985).

34. Linda Williams, *Hard Core: Power, Pleasure, and the «Frenzy of the Visible»*, University of California Press, 1989, cité par Anne McClintock, «Porn in the U.S.A., A Story Without a Climax», *Voice Litterary Supplement*, avril 1990, p.16-17.

35. *King V. Sedley*, 1 Keble 620 (K.B.) mentionné dans le

rapport de la Commission du procureur général des États-Unis, *op. cit.*, 1986.

36. Agence France Presse, mai 1985.

37. Évidemment, on pourrait tout aussi bien donner un exemple de nature géographique plutôt qu'historique. Car ce qui est interdit ici peut très bien être ailleurs toléré. Par exemple, le film de Bonnie Klein, *Not a Love Story*, produit au Québec comme une dénonciation féministe de la pornographie, fut interdit en Ontario parce que trop explicite dans son choix d'exemples.

38. US Department of Justice, *op. cit.*, p. 243.

39. Au début des années 60, quand un sergent de la police des mœurs de la ville de Montréal décida d'interdire la présentation des Ballets Africains parce que les danseuses aux seins nus «bougeaient», il se trouva du coup et bien malgré lui à sanctionner l'ouverture de clubs offrant le spectacle de jeunes femmes nues mais immobiles.

40. Par exemple, en Chine, le *Quotidien des Ouvriers* (*Gongren Ribao*) disait que les cassettes vidéo au contenu pornographique étaient importées en «très grand nombre et inondaient le marché dans certains endroits, provoquant l'inquiétude des masses», alors qu'un des grands succès de ce marché était un film dans lequel avaient été remplacés «les visages des partenaires par ceux de dirigeants politiques chinois connus» (Agence France Presse, juin 1985). En URSS, selon la *Komsomolskaya Pravda*, organe des jeunesses communistes, «dans une ville de Géorgie,... un restaurant en vogue organisait des projections quotidiennes qui faisaient salle comble. Moyennant 50 roubles (75 dollars) (...) des clients triés sur le volet s'y réunissaient chaque soir pour regarder des films pornographiques. (...) On visionnait également des productions occidentales dénigrant la politique» (*Film Exchange*, n° 24, automne 1983, p. 92-93). En Bulgarie, une loi de 1985 interdisait «... l'importation de matériel vidéo dont le contenu contredit l'ordre socialiste ou porte atteinte à la morale socialiste» (American Press, mai 1988). Tandis que la Hongrie,

qui maintenait depuis longtemps une position assez originale au sein de l'alliance, avait autorisé, depuis le premier
septembre 1988, l'importation de cassettes pornographiques
«... à raison d'une cassette vidéo porno par famille»
(American Press, octobre 1988).

41. US Department of Justice, *op. cit.*, p. 85.

Chapitre 2. Les débats

1. Voir à ce sujet l'article de Lysiane Gagnon, «*Penthouse* et
le Goncourt», dans *La Presse* du 15 décembre 1984. L'opinion qui s'y trouve très clairement exprimée résume
l'attitude d'un vaste milieu bien pensant: la pornographie
est détestable, mais il faut craindre davantage encore la
censure, surtout s'il fallait la remettre aux mains des
militants extrémistes de la droite conservatrice ou du
féminisme radical.

2. Signalons le travail de Rama K. Rao, *An Annotated
Bibliography on Pornography: Current Literature, 1980-1986*,
Vance Bibliographies, Pub. Admin. Series: bibliography #P
2094. La compilation est excellente, mais touche presque
exclusivement les États-Unis et, comme cela est souvent le
cas, il faudra consulter d'autres listes pour connaître ce qui
s'est écrit sur le sujet en Uruguay, en Turquie, en Norvège
ou ailleurs. Notons aussi le livre de Gordon Hawkins et
Franklin E. Zimring, *Pornography in a Free Society*, Cambridge, Cambridge University Press, 1988, qui veut couvrir
l'ensemble de la littérature sur le sujet.

3. *Op. cit.* p. 79-80.

4. Eberhard et Phyllis Kronhausen, *Pornography and the Law,
The Psychology of Erotic Realism and Pornography*, New
York, Ballantine Books, 1959.

5. Pour un bref résumé du contraste, voir Thelma
McCormack, «The Censorship of Pornography: Catharsis
or Learning?», *American Journal of Orthopsychiatry*, 5 8(4),
octobre 1988, p. 492-504.

6. Berl Kutchinsky, «The Effect of Easy Availability of
Pornography on the Incidence of Sex Crimes», *Journal of*

Social Issues, 29, p. 163-82, 1973; «Eroticism without Censorship. Sociological Investigations on the Production and Consumption of Pornographic Literature in Denmark». *International Journal of Criminology and Penology*, 1, p. 217-25, 1973; «Pornography in Denmark — A General Survey» dans R. Dhavan et C. Davies (dir.) *Censorship and Obscenity*, London, Martin Robertson, 1978; «Deception and Propaganda», *Transaction Social Science and Modern Society*, vol. 24, n° 5, p. 21-24, juillet-août 1987. R. Ben-Veniste, «Pornography and Sex Crime: The Danish Experience», *Technical Reports of the Commission on Obscenity and Pornography*, vol. 7, Washington (D.C.), U.S. Government Printing Office, 1971.

7.	Harold Nawy, «In the Pursuit of Happiness?: Consumers of Erotica in San Francisco», *Journal of Social Issues*, vol. 29, n° 3, p. 147-161, 1973.

8.	P. Abramson et H. Hayashi, «Pornography in Japan: Cross-Cultural and Theoretical Considerations», dans N. M. Malamuth et E. Donnerstein (dir.), *Pornography and Sexual Aggression*, Orlando, (Florida), Academic Press, 1984. Presque du même souffle, les critiques n'ont pas manqué de noter qu'un sondage indiquait que 90 pour 100 des Japonaises disaient qu'elles ne rapporteraient jamais à la police avoir été victimes de viol (voir dans S. Goldstein et T. Ibaraki, «Japan: Aggression and Aggression Control in Japanese Society», dans A. Goldstein et M. Segall (dir.), *Aggression in Global Perspective*, New York, Pergamon Press, 1978). Par contre, le docteur Martha J. Kirkpatrick disait au congrès de l'American Psychiatric Association, en 1982, que le Japon connaît un taux de viol de 2,4 par 100 000 personnes, comparé à 34,5 pour les États-Unis, alors que le viol de jeunes écolières est un des thèmes favoris de la pornographie japonaise (*Globe and Mail*, 21 mai, 1982, p. 10).

9.	J. MH. Court, «Pornography and Sex Crimes: A Reevaluation in Light of Recent Trends around the World», *International Journal of Criminology and Penology*, 5, p. 129-

157, 1977; «Sex and Violence: A Ripple Effect», dans N. Malamuth et E. Donnerstein (dir.), *Pornography and Sexual Aggression*, New York, Academic Press, 1984.

10. Augustine Brannigan, «Is Obscenity Criminogenic?», *Transaction Social Science and Modern Society*, vol. 24, n° 5, juillet-août 1987, 12-19. L'article apparaît dans une série de commentaires critiques sur le rapport de la Commission Meese publiés dans ce numéro sous le titre de «Commentaries: Pornography and its Discontents».

11. *Op. cit.*, p. 4.

12. *Op. cit.*, p. 952.

13. Pour éviter bien des détours et sauver du temps, on trouvera un résumé de l'état de cette question dans le livre de Edward Donnerstein, Daniel Linz et Steven Penrod, *The Question of Pornography, Research Findings and Policy Implications*, New York, The Free Press, 1987.

14. *Op. cit.*, p. 319.

15. On trouvera référence à ces enquêtes, et à bien d'autres encore, dans Robert Athanasiou, «Pornography: A Review of Research», dans Benjamin B. Worman et John Money (dir.), *Hanbook of Human Sexuality*, Englewood Cliffs (N.J.), Prentice Hall, 1980.

16. Jay Mann, Jack Sidman et Sheldon Starr, «Evaluating Social Consequences of Erotic Films: An Experimental Approach», *Journal of Social Issues*, vol. 29, n° 3, 1975, p. ll3-131.

17. Brannigan, *op. cit.*, p.16-17.

18. D. Byrne, F. Cherry, J. Lamberth et H.E. Mitchell, «Husband-Wife Similarity in Response to Erotic Stimuli», *Journal of Personality*, 41, p. 385-393, 1973. Voir aussi P. Michelson, *The Aesthetics of Pornography*, Herder et Herder, 1971.

19. Plusieurs études traitent des criminels. Les classiques demeurent Michael J. Goldstein, H. Kant et J. J. Hartman, *Pornography and Sexual Deviance*, Berkeley, University of California Press, 1973.

20. *Op. cit*, p. 107.

21. Selon le *Globe and Mail* de Toronto du 24 novembre 1984, un sondage financé par le Canadian Unity Information Office (*sic*) montre que 12 pour 100 de la population canadienne croit qu'il s'agit d'un problème social important et 21 pour 100 en fait un problème quelconque, tandis que 23 pour 100 le dit mineur et 36 pour 100 croit qu'il n'y a là aucun problème. Aux États-Unis, en 1970, seulement 2 pour 100 de la population trouvait la question de la pornographie quelque peu préoccupante, tandis que la Commission Meese ne prend aucun risque et s'appuie sur un sondage Gallup dans lequel la question affirme clairement que la pornographie est un problème et demande aux gens s'ils croient que la société progresse dans ses efforts pour l'atténuer (*op. cit.*, p. 934). Voir aussi le résumé de Doris-Jean Burton, «Public Opinion and Pornography Policy», dans Susan Gubar et Joan Hoff (dir.), *For Adult Users Only, The Dilemma of Violent Pornography*, Bloomington et Indianapolis, Indiana University Press, 1989, p. 133-146.

22. K. T. Strongman, *The Psychology of Emotion*, Chichester *et al.*, John Wiley and Sons, 1978 (2ᵉ éd.), p. 85.

23. S. Gutierres, D.T. Kendrick et L. Goldberg, «Adverse Influence of Exposure to Popular Erotica: Effects on Judgments of Others and Judgment of One's Spouse», texte présenté à la rencontre annuelle de la Midwestern Psychological Association, Chicago, Illinois, 1985, cité dans le rapport de la Commission Meese, *op. cit.*, p. 990. Le même rapport cite aussi une recherche de Hatfield et Sprecher (1983), mais sans en fournir la référence exacte.

24. Irving Kristol, «Pornography, Obscenity, and the Case for Censorship», d'abord publié en 1972, puis repris dans Eleanor S. Morrison, et Vera Borosage (dir.), *Human Sexuality, Contemporary Perspectives*, Mayfield Publishing, 1977 (2ᵉ éd.), p. 363.

25. *Op. cit.*, p. 342.

26. Par contre, on comprend facilement l'intérêt d'un tel argument dans un débat: puisque «l'opinion historique» semble avoir définitivement classé la loi de la prohibition comme

une grossière erreur de politique sociale, il peut suffire d'y associer quelqu'un pour le couvrir de ridicule ou au moins le ranger au rang des ignorants. C'est en gros le raisonnement que rapportent Louis A. Zurcher, R.G. Kirkpatrick, R.G. Cushing and C. K. Bowman, «Ad Hoc Antipornography Organizations and Their Active Members: A Research Summary», *Journal of Social Issues*, vol. 29, n° 3, 1973, p. 69-94, qui résume un «rapport technique» soumis à la commission américaine de 1970.

27. Ma traduction. Cité par W. Cody Wilson, «Facts Versus Fears: Why Should We Worry About Pornography?», dans Eleanor S. Morrison et Vera Borosage (dir.) *Human Sexuality, Contemporary Perspectives*, Mayfield Publishing, 1977 (2ᵉ éd.), p. 340-361.

28. Rousas J. Rushdoony, *The Politics of Pornography*, New Rochelle, Arlington House Publishers, 1974; cité par Richard A. Dienstbier, «Sex and Violence: Can Research Have it Both Ways?», *Journal of Communication*, vol. 27, n° 3, été 1977, p. 176-188.

29. *Op. cit.*, p. 427.

30. Il faut laisser aux spécialistes de la science politique le soin de souligner que c'est là le point où l'extrême droite rejoint l'extrême gauche.

31. Pour le compte de la commission américaine de 1970, *op. cit.*, p. 80.

32. Voir le rapport du Comité Fraser, *op.cit.*, p.111.

33. «Pornography and the Body in the US Sex/Gender System», communication au congrès annuel de l'American Anthropological Association, à Chicago, en novembre 1987. Et dans Carole S. Vance, «The Meese Commission On the Road», *The Nation* 2-9, août 1986.

34. Agence France Presse, American Press, 7 février 1990.

35. Pour ne prendre qu'un exemple très directement lié à notre sujet, voir Fred R. Berger, «Pornography, Sex and Censorship», *Social Theory and Practice*, 4(2), 1977, p. 183-209.

36. Pour une étude de la pornographie comme marchandise et les effets de sa prohibition, voir H. L. Fromkin et T. C.

Brock, «Erotic Materials: a Commodity Theory Analysis of the Enhanced Desirability that May Accompany their Inavailability», *Journal of Applied Social Psychology*, 3, 1973, p. 219-231; et surtout D. A. Zellinger, H. L. Fromkin, D. E. Speller et C. A. Kohn, «A Commodity Theory Analysis of the Effects of Age Restrictions upon Pornographic Materials», *Journal of Applied Psychology*, 60, 1975, p. 94-99.

37. Mais il faudrait vérifier sérieusement si, au-delà des gorges chaudes qui accueillent la nouvelle d'un cardinal mort dans un bordel ou d'un télé-évangéliste infidèle, il existe vraiment un lien entre la consommation de la pornographie et sa condamnation.

38. Institut des Frères des écoles chrétiennes, Cours d'instruction religieuse, *Exposition de la Doctrine Chrétienne, IIᵉ partie — Morale*, Paris, Procure générale des Frères des écoles chrétiennes, 1894, p. 359.

39. Wesley Cragg, *Censure et Pornographie*, Toronto, McGraw-Hill, 1990, p. 96.

40. La question est empruntée à Kenneth Tynan, «Dirty Books Can Stay», dans *Nobile, P., op. cit.*, p. 145.

41. W. Cody Wilson, *op.cit.*, p. 356.

42. Murray S. Davis résume ce contraste par une boutade en disant que le sexe est la seule activité humaine où les professionnels ont un statut social inférieur à celui des amateurs; (dans *Smut, Erotic Reality/Obscene Ideology*, Chicago, University of Chicago Press, 1983, p.136).

43. Au risque d'oublier quelques contributions importantes, les textes les plus influents où cette critique est développée dans ses principaux détails, demeurent: Andrea Dworkin, *Pornography: Men Possessing Women*, New York, Pedigree Books, 1979; Kathleen Barry, *Female Sexual Slavery*, New York, Bantam, 1979; Laura Lederer, (dir.), *Take Back the Night*, New York, William Morrow, 1980; Susan Griffin, *Pornography and Silence*, New York, Harper et Row, 1981; et à ce jour peut-être l'exposé le plus détaillé et le mieux développé, Catherine A. Mackinnon, *Feminism Unmo-*

dified, Discourses on Life and Law, Cambridge, (Mass.), Harvard University Press, 1987; plus localement, Micheline Carrier, *La Pornographie, base idéologique de l'oppression des femmes*, Apostrophe 1, 1983, et l'ouvrage de Richard Poulin et Cécile Coderre, *La Violence pornographique, la Virilité démasquée*, Hull, Asticou, 1986.

44. Le mérite d'avoir en premier exploré ce thème revient peut-être à Paula Johnson et Jacqueline D. Goodchilds dans leur critique originale des rapports techniques de la première commission d'enquête américaine (publiée sous le titre «Comment: Pornography, Sexuality, and Social Psychology», dans *Journal of Social Issues*, vol. 29, n° 3, 1973, p. 231-238). Pour ces auteures, l'inquiétude que soulève la pornographie est moins une question de violence immédiate qu'une réponse douteuse à la transformation des rôles sexuels dans la société.

45. «Pornocratie», *L'actualité*, décembre 1983, p. 101-105.

46. «The Place of Pornography: Packaging Eros for a Violent Age», dans *Harper's Magazine*, novembre 1984, p. 31-45.

47. D'abord un groupe de Femmes contre la violence dans la pornographie, qui devint Femmes contre la pornographie, joint par divers «rassemblements d'hommes contre la pornographie», et enfin par d'autres mouvements sans spécification de sexe et parfois avec l'appui de quelques groupes sociaux, organisations syndicales ou professionelles.

48. La presse locale rapportait l'événement. Par exemple, sous la plume de Claire Harting, dans *Le Journal de Québec*, 8 mars 1988, p. 8.

49. Les exceptions sont rares et mal connues. On pourrait prendre pour exemple le livre d'Yvon Boucher, *La Femme fœtale* (Montréal, Orphée, 1985), dans lequel l'auteur se lance dans une diatribe accusant cette critique féministe de la pornographie de témoigner d'une «véritable névrose du développement sexuel», de correspondre au «stade narcissique, au stade de la latence où la génitalité est totalement exclue» et de revendiquer des «stades profondément infantiles» (p. 54). Ce texte ne semble avoir suscité aucun débat.

50. Dirigé par Laurie Bell et publié par The Women's Press de Toronto, 1987, le livre *Good Girls/Bad Girls, Sex Trade Workers and Feminsts Face to Face* est à cet égard remarquable en présentant les résultats d'une conférence organisée par le Ontario Public Interest Research Group. Comme le titre l'indique, le but de cette conférence était d'engager une discussion de la politique sexuelle entre femmes dont les pratiques sont souvent totalement étrangères.

51. *Ibid.*, p. 182.

52. Entendue d'une intervenante anonyme lors d'une discussion de la pornographie dans le contexte d'une émission radiophonique de tribune libre dans la région de Québec.

53. Catharine A. Mackinnon, *op. cit.*, p. 216.

54. Voir, par exemple, l'article de B. Ehrenreich, E. Hess et G. Jacobs, «A Report on the Sex Crisis», MS, mars 1982.

55. «Censorship May Not Be Answer to Porn», CAUT *Bulletin ACPU*, février 1984, p. 27.

56. «The Body as Evidence, A Critical Review of the Pornography Problematic», *Screen*, vol. 23, n° 5, novembre-décembre 1982, p. 38-60.

57. Rapporté par *Newsweek*, «The War Against Pornography», 18 mars, 1985, p. 66.

58. Varda Burstyn, «Who the Hell is "We"»?, dans Bell, Laurie (dir.), *Good Girls/Bad Girls, Sex Trade Workers Feminists Face to Face*, Toronto, The Women's Press, 1987, p. 163. Ma traduction.

59. Nathalie Petrowski, *Notes de la salle de rédaction*, Montréal, Saint-Martin, 1983, p. 248-254.

60. Voir par exemple ce qu'en dit le rapport Badgley sur les infractions sexuelles à l'égard des enfants, Gouvernement du Canada, novembre 1984, vol. II, p. 1274 à 1279.

61. «Confessions of a Feminist Porn Programmer», *Film Quarterly*, vol. XXXVII, n° 1, automne 1983, p. 9-16.

62. *Hard Core: Power, Pleasure, and the «Frenzy of the Visible»*, University of California Press, 1989.

63. Vance, Carole S. (dir.), *Pleasure and Danger, Exploring Female Sexuality*, Boston, Routledge and Kegan Paul, 1984.

64. Voir par exemple Gordon Hawkins et Franklin E. Zimring, *Pornography in a free society*, Cambridge University Press, 1988.

65. «Politically Correct? Politically Incorrect?» dans C. S. Vance (dir.), *op. cit.*, p. 138-148.

66. «Thinking Sex: Notes for a Radical Theory of the Politics of Sexuality», in C. S. Vance (dir.), *op. cit.*, p. 267-319.

67. *Sexe, Pouvoir et Plaisir*, Montréal, Les Éditions du remue-ménage, 1989 (texte original anglais de 1985).

68. «Retrenchment Versus Transformation: The Politics of the Antipornography Movement» dans VardaBurstyn (dir.), *Women Against Censorship*, Vancouver et Toronto, Douglas and McIntyre, 1985, p. 107-120.

69. Voir le résumé qu'en trace Ann Ruso, «Conflicts and Contradictions Among Feminists Over Issues of Pornography and Sexual Freedom», *Women's Studies International Forum*, vol. 10, n° 2, p. 103-112, 1987.

70. Voir par exemple l'article de Lois Gould, «Pornography for Women», *New York Times Magazine*, 2 mars, 1975, p. 10-11.

71. Barbara Faust, *Women, Sex and Pornography*, Harmondsworth, Pelican, 1980.

72. Citée par Helen Hazen, *Endless Rapture, Rape, Romance and the Female Imagination*, New York, Charles Scribner's Sons, 1983, p. 116.

73. *Ibid.*, p. 105.

74. *Histoire de la littérature érotique*, Paris, Seghers, 1989, p. 247 et 290.

75. «Pornography: What Do We Want?», dans Laurie Bell, *Good Girls/Bad Girls*, *op. cit.*, p.157-162.

76. Mentionné par Anne McClintock, «Porn in the U.S.A., A Story Without a Climax», *The Village Voice, Literary Supplement*, vol. XXXV, n° 15, 10 avril 1990, p. 16-17.

77. *Idem*. L'article est en grande partie un compte rendu très élogieux du livre de Linda Williams, *Hard Core: Power, Pleasure, and the «Frenzy of the Visible»*, University of California Press, 1989.

78. Alfred C. Kinsey, W.B. Pomeroy, C.E. Martin et P. H. Gebhard, *Le Comportement sexuel de la femme*, Paris, Amiot-Dumont, 1954, p. 488, où il était dit que les variations dans les réactions sexuelles chez les femmes sont si étendues que «nombre d'entre elles sont incapables de comprendre les autres». Parmi les enquêtes plus récentes, voir en particulier le contraste marqué entre deux sœurs ayant grandi dans un même milieu familial où la pornographie était très présente, dans Zella Luria, «Sexual Fantasy and Pornography: Two Cases of Girls Brought Up with Pornography», *Archives of Sexual Behavior*, vol. 11, n° 5, 1982, p. 395-404.

79. Dans l'entrevue qu'elle accordait à *Penthouse* en avril 1987, la seule réaction d'Andrea Dworkin aux analyses pourtant considérables de Carole Vance de l'université Columbia se limite à affirmer: «I know who Vance is and what she does, and I don't agree with her point.» Dans l'imaginaire de John Irving, cette difficulté à communiquer s'incarne dans une femme qui se fait trancher la langue pour ensuite abattre son contradicteur (*The World According to Garp*, 1976).

80. Marie-Françoise Hans et Gilles Lapouge, *Les Femmes, la Pornographie, l'Érotisme*, Paris, Seuil, 1978, p. 113.

81. *Against Our Will: Men, Women and Rape*, New York, Simon and Schuster, 1975, p. 323.

82. Griffin, Susan, *Pornography and Silence, Culture's Revenge Against Nature*, New York, Harper and Row, 1981.

83. «*Histoire d'O*, The Construction of a Female Subject», dans Vance, *op. cit.*, p. 320-349.

84. Government of Canada, Committee on Sexual Offenses Against Children and Youths, *Sexual Offenses Against Children*, Ottawa, 1984, cité dans le rapport de la Commission Meese, *op. cit.*, p. 1402. Voir aussi Ni Yang et Daniel Linz, «Movie Rating and the Content of Adult Videos: The Sex-Violence Ratio», dans *Journal of Communications*, printemps 1990, vol. 40, n° 2, p. 28-42, où les auteurs disent que la violence est absente dans 53 pour 100 des

films pornographiques (aux États-Unis classés X ou XXX), mais dans seulement 3 pour 100 des films classés R.

85. *Op. cit.*, p. 101
86. Griffin, *op. cit.*
87. Lisa Dungan, Nan Hunter et Carole S. Vance, «False Promises: Feminist Antipornography Legislation in the U.S.», dans Varda Burstyn (dir.), *Women Against Censorship*, Vancouver et Toronto, Douglas and McIntyre, 1985, p. 130-151.
88. Dan Georgakas, «Not a Love Story: An Interview with Bonnie Klein et Linda Lee Tracey», *Cinéaste*, vol. XII, n° 3, 1983, p. 6-10.
89. *Op. cit.*, p. 71.
90. *Policing Desire, Pornography, Aids and the Media*, Minneapolis, University of Minnesota Press, 1987, surtout le chapitre 4, «Aids, Pornography and Law», p. 58-76.
91. On en trouvera un exemple parmi d'autres dans le dossier «Un doigt de porno?» de la revue *Le Temps des femmes*, n° 15-16, été 1982, dont le ton conviendrait assez mal aux débats nord-américains de la même époque.
92. Voir à ce sujet Y. Tremblay, «Une voix de femme, féministe et pornographe» dans Imer R. A. *et al.*, *La Pornographie mise à nu*, Montréal, Aurore/Univers, 1981. Margaret Atwood en parle même dans le cas de la pornographie agressive: «Chez certains hommes, ces liens, ces chaînes, ces bâillons et autres articles du genre révèlent l'immense pouvoir de la sexualité féminine sur l'imagination mâle: on ne fait pas ça aux chiens, à moins d'en avoir peur.» (*op. cit.*, p. 102).
93. P. Bruckner et A. Finkielkraut, *Le Nouveau Désordre amoureux*, Paris, Seuil, 1977.
94. *Les Châteaux d'Éros, ou les Infortunes du sexe des femmes*, Paris, Maspero, 1981, p. 299.
95. *Idem*, p. 324.
96. *What is To Be Done About Violence Against Women?*, Harmondsworth, Penguin, 1983.
97. «Semio-Sex: The Pornographic Moment of Transgression

and Desire», département de sociologie et d'anthropologie, université Carleton, Ottawa, 1989. Voir aussi *The American Journal of Semiotics*, vol. 6, n° 4, 1990.

98. Soit dit en passant, et pour ne pas alourdir le texte, la preuve immédiate de l'ampleur du sujet nous est fournie par la facilité avec laquelle les interprétations de la pornographie font appel à Freud et à Marx, forcément, mais aussi à Foucault, Bakhtine, Irigaray et même René Girard. La pornographie est indubitablement un bon exemple. Voir, parmi bien d'autres, l'ouvrage récent dirigé par Susan Gubar et Joan Hoff, *For Adult Users Only, The Dilemma of Violent Pornography*, Bloomington et Indianapolis, Indiana University Press, 1989.

99. Alors étudiante au cours de premier cycle «Recherche» du département d'anthropologie de l'université Laval.

100. Isabelle Bricard, *Saintes ou Pouliches, l'éducation des jeunes filles au XIXᵉ siècle*, Paris, Albin Michel, 1985, p. 169.

101. G. Kelly, *Jeunesse moderne et Chasteté*, Montréal, Collège et famille, 1946, p. 15.

102. Micheline Carrier, *La Pornographie, base idéologique de l'oppression des femmes*, Sillery, Apostrophe, 1983, p. 3, mes soulignements.

103. Andrea Dworkin, «La Pornographie et le Deuil» *Sorcières*, n° 18, décembre 1979, d'abord publié dans *New Women's Times*, vol. 4, n° 11, décembre 1978.

104. *The Sadean Woman*, London, Virago, 1979.

105. «Politically Correct? Politically Incorrect?», dans Vance, *op. cit.*, p. 138-148.

106. «Thinking Sex: Notes for a Radical Theory of the Politics of Sexuality», dans Vance, C.S. (dir.), *op. cit.*, p. 267-319.

107. Lisa Orlando, «Bad Girls and "Good" Politics», dans *The Village Voice Literary Supplement*, 1(16), décembre 1982, p.19. Paula Webster, «Pornography and Pleasure», dans *Heresies*, 12, 1981, p. 48-51. Les deux articles sont cités par Ann Russo, «Conflicts and Contradictions among Feminists over Issues of Pornography and Sexual Freedom», dans *Women's Studies International Forum*, vol. 10, n° 2, 1987, p. 103-112.

108. «Pornography: Image and Reality», dans Varda Burstyn, (dir.), *op.cit.*, p. 40-57.

109. «Why Is There No History of Pornography?», dans Susan Gubar et Joan Hoff (dir.), *op. cit.*

110. L'image est empruntée à Claire Bretécher.

111. Le film *10* qui a lancé la carrière cinématographique de Bo Derek était basé sur la notion d'un classement des femmes sur une échelle de perfection physique, et donc d'attrait, qui déclarait en somme inférieures toutes les personnes notées 9 ou moins. Il est intéressant de signaler que le titre du film a été traduit en français par *Elle* et qu'ainsi toutes les autres femmes moins spectaculaires que Bo Derek devenaient en quelque sorte un peu moins, ou pas tout à fait, «elle».

112. Ce qui ne veut pas dire que l'argument soit sans fondement. Dans un récent article, Zillmann et Bryan concluent que la pornographie a pour effet de rendre les consommateurs, hommes et femmes, moins satisfaits de leurs partenaires sexuels habituels; mais ils ne sont pas du tout certains s'il s'agit là d'une relation causale ou si l'insatisfaction est en train de devenir une caractéristique de la modernité Dolf Zillmann et Jennings Bryan, «Pornography's Impact on Sexual Satisfaction», *Journal of Applied Social Psychology*, vol. 18, n° 5, avril 1988, p. 438-453).

113. *Smut, Erotic Reality/Obscene Ideology*, *op. cit.*, dans une petite note, à la page 280.

114. Nous reviendrons plus loin dans un autre contexte à ce livre de Alan Soble, *Pornography, Marxism, Feminism, and the Future of Sexuality*, New Haven et Londres, Yale University Press, 1986.

115. *Policing Desire, Pornography and the Media*, *op. cit.*, p. 75.

116. *The Power of Images, Study in the History and Theory of Response*, Chicago, The University of Chicago Press, 1989.

117. *The Secret Museum, Pornography in Modern Culture*, New York et Londres, Penguin Books, 1987.

118. Kendrick, *op. cit.*, p. 220.

119. «The Sociology of the Pornography Debate», *Philosophy of the Social Sciences*, 17, 1987, p. 257-275.

120. J. Kiedrowski et J. M. van Dijk, *op. cit.*

121. A. W. B. Simpson, *op. cit.*

Chapitre 3. Coup d'œil sur l'histoire

1. Walter Kendrick, *The Secret Museum, Pornography in Modern Culture*, Harmondsworth, Penguin Books, 1987, p. 237.

2. *Tch'ouen Ts'iou et Tso Tchouan*, textes chinois et traduction française par S. Couvreur, 3 vol., Paris, 1951, T.III, p. 445, cité par Robert van Gulik, *La Vie sexuelle dans la Chine ancienne*, Paris, Gallimard, 1971 (1961) p. 53.

3. Alexandrian, *Histoire de la littérature érotique*, Paris, Seghers, 1989, p. 19-20.

4. Walter Kendrick, *op. cit.*

5. David Foxon, *Libertine Literature in England 1660-1745*, New York, University Books, 1965, p. 5.

6. *Op. cit.*, p. 61.

7. Voir Kendrick, *op. cit.*, p. 96, qui s'inspire largement des travaux de Lucien Febvre et de Henri-Jean Martin sur les effets sociaux et culturels de l'imprimerie.

8. Alexandrian, *op. cit.*, p. 9.

9. Jacques Solé, *L'Amour en Occident à l'époque moderne*, Bruxelles, Complexe 1re éd., 1984, p. 241-252 (Albin Michel, 1976).

10. Ces comédies mériteraient peut-être d'être considérées comme représentant l'époque classique de la pornographie moderne, puisque par dérision elles s'inspirent très directement des auteurs déjà officiellement sacrés. Alexandrian (*p. cit.*, p. 160) cite une imitation grivoise de Corneille intitulée *La Nouvelle Messaline* (1750), dans laquelle l'héroïne se désole de ne trouver que trois amants impuissants: « Rage! Ô désespoir! Ô Vénus ennemie! / Étais-je réservée à cette ignominie? / ... N'est-ce donc pas pour toi le plus sanglant affront, / Qu'on m'ait enfin réduite à me branler le con?» La production pornographique a toujours

tendance à adopter la voie la plus facile de la transcription simple sur laquelle on plaque ensuite l'obscénité; au XVIIIᵉ siècle en France, il fallait connaître Corneille et la construction d'un alexandrin, tandis qu'au XXᵉ siècle il suffit de caricaturer les thèmes de contes pour enfants ou les personnages des téléfeuilletons.

11. Voir à ce sujet Peter Wagner, «The Pornographer in the Courtroom: Trial Reports about Cases of Sexual Crimes and Delinquencies as a Genre of Eighteenth-Century Erotica», dans Paul-Gabriel Boucé, (dir.), *Sexuality in Eighteenth-century Britain*, Manchester University Press, 1982, p. 120-140.

12. Cité par Roy Porter, «Mixed feelings: the Enlightenment and Sexuality in Eighteenth-Century Britain», dans Boucé, *op. cit.*, p. 9.

13. Alexandrian, *op. cit.*, p. 183-184.

14. Edward A. Tiryakian, «From Underground to Convention: Sexual Anomie as an Antecedent to the French Revolution», dans *Current Perspectives in Social Theory*, vol. 5, 1984, p. 289-307.

15. Douglas J. Stewart, «Pornography, Obscenity, and Capitalism», *The Antioch Review*, vol. 35, nº 4, automne 1977.

16. Angela Carter, *The Sadeian Woman*, London, Virago, 1979.

17. Jouée pour la première fois à Berlin-Ouest en 1964, cette pièce est généralement connue sous le titre *Marat/Sade*, parce que le titre original est *Die Verfolgung und Ermordung Jean-Paul Marats dargestellt durch die Schauspielgruppe des Hospizes zu Charenton unter Anleitung des Herrn de Sade*.

18. Citation de 1894 reprise par Tannahill, *op. cit.*, p. 276.

19. Jeffrey Weeks, *Sex, Politics and Society, The Regulation of Sexuality since 1800*, Londres et New York, Longman, 1981, p. 85.

20. *Pompeiana: The Topography, Edifices, and Ornaments*, Londres, 1824, cité par Kendrick, *op. cit.*, p. 7.

21. Steven Marcus, *The Other Victorians: A Study of Sexuality and Pornography in Mid-Nineteenth Century England*, Londres, Weidenfeld and Nicolson, 1967.

22. Michel Foucault, *Histoire de la sexualité 1*, *La volonté de savoir*, Bibliothèque des histoires, Paris, Gallimard, 1976, p. 192.
23. Voir par exemple l'excellent résumé de Jeffrey Weeks, *op. cit.*
24. Extrait de G. Durand, «Structures et récurrences de l'imaginaire», dans *Histoire et Imaginaire*, Paris, Poiesis, 1986, p. 143, cité par Annie Stora-Lamarre, *L'Enfer de la IIIe République*, Paris, Imago, 1990, p. 65.
25. Weeks, *op. cit.*, p. 21.
26. Voir par exemple Annie Stora-Lamarre, *op. cit.*, et l'article de Iain McCalman, «Unrespectable Radicalism: Infidels and Pornography in Early Nineteenth-Century London», dans *Past and Present*, n° 104, août 1984, p. 74-110.

Chapitre 4. Bref regard sur la modernité

1. Pour ne citer que ces exemples, mentionnons les travaux de Christopher Lasch, Louis Dumont, Daniel Bell, Richard Sennett, Jean Baudrillard, Alvin Toffler, John Naisbitt, Gilles Lipovetsky et Alain Renaud. Il faudra cependant rester bref car l'abondance des commentaires sur la modernité cache parfois le piège signalé en introduction et les inflations comparables de la pornographie et de la sociologie semblent répondre à une même tendance à communiquer pour communiquer.
2. *The Fall of Public Man, On the Social Psychology of Capitalism*, New York, Vintage Books, 1978 (*Les tyrannies de l'intimité*, Paris, Seuil, 1979).
3. Gilles Lipovetsky, *L'Ère du vide, Essais sur l'individualisme contemporain*, Gallimard, 1983, p. 275.
4. «L'Individualisme narcissique», dans *Critère*, n° 40, automne 1985, p. 71.
5. *The Culture of Narcissism*, New York, Warner Books, 1979 (*Le Complexe de Narcisse*, Paris, Laffont, 1980).
6. *Op. cit.*, p. 82.
7. *Op. cit.*, p. 116.
8. *Les Dix Commandements de l'avenir*, Paris/Montréal: Sand-

Primeur, 1984, 320 (*Megatrends*, New York, Warner Books, 1982).

9. Seulement au Québec, on compterait aujourd'hui quelque 50 000 associations et regroupements de toutes sortes et ce nombre serait en progression constante (*Le Soleil*, 19 novembre 1989, p. B-1).

10. *Op. cit.*, p. 298.

11. L'attitude prépare sans doute de fort mauvaises surprises quand l'écologisme cessera d'être une simple mode et que l'on prendra conscience que l'histoire naturelle n'a jamais obéi au rythme de notre éphémère.

12. Selon un rapport de l'Agence France Presse d'avril 1985, l'année 1983 marque le point tournant où les personnes vivant seules consacrent plus de temps à écouter la télévision (40,25 heures/semaine) qu'elles n'en passent au travail (40 heures).

13. Plusieurs sources attestent cette même tendance. Ces chiffres particuliers proviennent de *ISR Newsletter*, Institute for Social Research, The University of Michigan, Automne 1984, p. 3. Amitai Etzioni prédit rien de moins que la disparition de la famille aux États-Unis en l'an 2008; dans *An Immodest Agenda: Rebuilding America Before the 21st Century*, New York, McGraw-Hill, 1982.

14. Gilles Lipovetsky, *L'Empire de l'éphémère, La Mode et son destin dans les sociétés modernes*, Paris, Gallimard, 1987, p. 336. On rapporte par ailleurs qu'à Paris seulement il y aurait maintenant un million et demi de personnes vivant seules, ce qui a été suffisant pour qu'on décide d'y tenir un premier «salon pour célibataires».

15. Une étude de l'université Harvard rapportée par l'hebdomadaire *This Week in Business* en septembre 1989 prédisait que la valeur des maisons aux États-Unis pourrait subir une baisse de 50 pour 100 au cours des 20 prochaines années en raison de la baisse de la natalité et de l'augmentation du nombre des célibataires. Une des solutions envisagées serait de transformer ces maisons en chambres ou en petits appartements.

16. François-Bernard Huyghe et Pierre Barbès, *La Soft-idéologie*, Paris, Robert Laffont, 1987, p. 209.

17. *L'Ère du vide*, *op. cit.*, p. 52.

18. On trouvera un exemple de ce débat et quelques références bibliographiques dans un échange assez vif entre Louis Dumont et André Béteille publié par *Current Anthropology*, vol. 28, n° 5, décembre 1987, p. 669-677.

19. *Op. cit.*, p. 175.

20. À *l'ombre des majorités silencieuses, ou la fin du social*, Fontenay-sous-Bois, Cahier d'Utopie quatre, 1978, p. 109.

21. «The Great American Variety Show», dans le *New York Review of Books*, 2 février 1984, p. 36-40. Lasch y présente un compte rendu critique du livre de Peter Clecak, *America's Quest for the Ideal Self: Dissent and Fulfillment in the Sixties and Seventies*, Oxford University Press, qui conteste la vision pessimiste de la modernité.

22. Par contre, cette recherche peut en elle-même être fascinante pour tous ceux que les remises en question intéressent. Car c'est évidemment l'empire du doute et de l'ambiguïté. L'éphémère Boy George affirmait: «Je ne suis pas un homosexuel mais j'avoue ne pas être un hétérosexuel non plus.» Tandis que Michael Jackson semble devoir éternellement se maintenir hésitant entre les sexes, entre les âges et entre toutes les pigmentations. James Dean, Marilyn Monroe, Humphrey Bogart, absolument tous les modèles semblent devoir redevenir populaires, même Lawrence d'Arabie.

Chapitre 5. La pornographie, plaisir moderne

1. Paul Virillio (dir.), *Le Pourrissement des sociétés*, Paris, Union générale d'éditions, 10/18, 1975.

2. «Staged Sexuality» dans Nobile, Philip (dir.), *op.cit.*, p. 184-187.

3. *Pensées*, nouvelle édition, par Philippe Sellier, Mercure de France, 1976, p. 93.

4. Annie Le Brun, *Soudain un bloc d'abîme, Sade*, Paris, Jean-Jacques Pauvert, 1986, p. 18.

5. Tom Wolfe, *The Pump House Gang*, chap. 3, «King of the Status Dropout», Farrar, Straus and Giroux, 1968.

6. Il ne s'agit pas ici de dénoncer la vision mâle et hétérosexuelle de la philosophie Hefner, sur laquelle nous reviendrons plus loin. Le modèle pourrait être féminin qu'il demeurerait aux yeux des mêmes critiques tout autant fragmenté et dépersonnalisé. D'ailleurs, peut-être faudrat-il suivre l'histoire de la famille, puisque l'empire *Playboy* est maintenant dirigé par Christie Hefner, héritière de son père.

7. Parmi d'autres exemples, voir Edwin M. Schur, *The Americanization of Sex*, Philadelphia, Temple University Press, 1988. Ou encore Ashley Montagu et Floyd Matson, *The Dehumanization of Man*. Le plus souvent, ces protestations humanistes dénoncent une vision trop vulgaire et trop limitative de la sexualité et témoignent du fait qu'en général les intellectuels disent ne pas aimer beaucoup la pornographie moderne, qui d'ailleurs le leur rend bien.

8. Susan Sontag, «The Pornographic Imagination», *Partisan Review*, XXXIV, 2. p. 181-212.

9. Jean Baudrillard, *De la séduction, l'horizon sacré des apparences*, Paris, Denoël, Médiations, 1979, p. 53.

10. Cette confusion demeure néanmoins très courante. Ainsi, quand les responsables de la Santé de la Finlande proposèrent récemment la création de «vacances de sexe» visant à atténuer la tension et le stress de la vie moderne, leur suggestion se limitait à des «ambiances érotiques», des lieux remplis de «produits», «livres, revues, films, art» et la distinction n'est introduite qu'à la toute fin du rapport quand il est précisé que «le patient ou la patiente devra trouver son propre partenaire sexuel» avant de partir en vacances (Reuter, 23 février 1989).

11. Une version préliminaire de cette section fut présentée lors du septième colloque de l'Association québécoise des études cinématographiques. Voir Claude Chabot et Denise Pérusse (dir.), *Cinéma et Sexualité*, actes du septième colloque, Québec, Prospec, 1988, p. 157-161.

12. *Les Films de ma vie*, Flammarion, 1975, p. 18.
13. Ces plans d'éjaculation à l'extérieur du corps de l'autre ont été parfois interprétés comme une marque de l'importance du plaisir mâle, ou comme une preuve de sexe gratuit car sans fécondation. Mais comme ces mêmes plans sont aussi importants dans la pornographie homosexuelle, la raison la plus simple paraît la meilleure: montrer la réussite de l'acte et ainsi prouver que le sexe montré est véridique et crédible.
14. Jean Baudrillard, *Les Stratégies fatales* Paris, Grasset, 1983, p. 85. (La phrase est une reprise du texte *De la séduction*, *op.cit.*, p. 54.)
15. *The American Dream and the Zoo Story*, New York, Signet, 1958, p. 27, cité par M.S. Davis, *op. cit.*, p. 85.
16. Murray S. Davis suggère que le dosage idéal a été atteint par le théâtre «burlesque» américain dans des spectacles qui oscillaient avec beaucoup de précision entre la tension sexuelle créée par les strip-teases et le relâchement humoristique des comédiens (*op.cit.*, p. 229). Mais sans jamais confondre les deux genres.
17. *Les Stratégies fatales*, *op. cit.*, p. 151.
18. Voir par exemple l'illustration d'un spectacle présenté à Chicago en 1941, où une salle d'hommes blancs contemplent la nudité de danseuses dont aucune n'a la peau blanche, dans D'Emilio, John et Estelle B. Freedman, *op. cit.*, p. 51.
19. Dépêche de l'Agence France Presse, 3 novembre 1984.
20. *Op. cit.*, p. 278-279.
21. John Berger, *Ways of Seeing*, Harmondsworth, Penguin, 1972; et *About Looking*, Londres, Writers and Readers Cooperative, 1980.
22. Susanne Kappeler, *The Pornography of Representation*, Minneapolis, University of Minnesota Press, 1986.
23. Nancy Huston, *Mosaïque de la pornographie, Marie-Thérèse et les autres*, Paris, Denoël/Gonthier, 1982.
24. Griffin, *op. cit.*.
25. *La Littérature et le Mal*, Paris, Gallimard, 1957.

26. «L'universalité du principe masculin par le biais de la pornographie», *Revue québécoise de sexologie*, vol. 2, n° 4, 1982, p. 217-226.

27. Citée par Kathleen Barry, *L'esclavage sexuel de la femme*, Stock/F, 1979, p. 348.

28. «Un nouvel art d'aimer?», dans *Le Semblant/VIᵉ Congrès international de Psychanalyse*, Milan, 28-31 janvier 1981, Paris, Galilée/Spirali, 1981, p. 51-79.

29. «Blessures de virilité», dans *Le Genre humain, 10, Le Masculin*, Bruxelles, Complexe, 1984, p. 39.

30. «Le pénis facial» dans *Le Genre humain, 10, Le Masculin*, Bruxelles, Complexe, 1984, p. 17.

31. On touche là un postulat encore plus élémentaire, noté par Murray S. Davis (*op. cit.*, p. 287, note 7): le droit de veto sur l'activité sexuelle est ordinairement attribué aux gens séduisants plutôt qu'à ceux qui les regardent et qui les désirent et dont le lot dans la vie risque d'être la frustration perpétuelle. S'il fallait que l'on inverse un jour les rôles et que les séduits obtiennent droit de veto sur les séduisants, il y aurait une révolution dans l'industrie des cosmétiques qui inventerait sans doute rapidement tous les moyens de s'enlaidir.

32. Sur cette obsession de la menace féminine, voir par exemple l'étude considérable quoique un peu répétitive de Bram Dijkstra, *Idols of Perversity, Fantasies of Feminine Evil in Fin-de-Siècle Culture*, Oxford, New York, Oxford University Press, 1986.

33. Michèle Sarde, *Regard sur les Françaises*, Stock, 1983, p. 431.

34. Murphy, Robert, «Man's Culture and Woman's Nature» *Annals of the New York Academy of Sciences*, 1977, 293, p. 15-24.

35. Huston, *op. cit.*, p. 125, note.

36. Griffin, *op. cit.*

37. Simone Debout, «Légitime défense, légitime entente: Sade et Fourier», *Libre*, 77-1, p. 202-246 et *Libre* 78-4, p. 137-191.

38. *Pornography, Marxism, Feminism, and the Future of Sexuality*, New Haven et Londres, Yale University Press, 1986.

Chapitre 6. L'Inde, ou l'«encastration» du sexe

1. Les informations à la base de ce chapitre sont presque exlusivement puisées dans l'ouvrage de Devangana Desai, *Erotic Sculpture of India, A socio-cultural study*, New Delhi, Munshiram Manoharlal Publishers, 1985 (2e éd.) La version originale est une thèse de doctorat présentée par madame Desai à l'université de Bombay en 1970.

2. Par contre, en juillet 1988, l'édition outre-mer du *Quotidien du Peuple* rapportait la découverte par des archéologues chinois en Mongolie intérieure de plus de cent fresques murales datant de plus de trois mille ans et «décrivant la vie sexuelle des êtres humains». Le journal concluait que «ceci prouve que les habitants de cette région portaient un culte au sexe», sans aucune autre explication.

3. En quelques mots, parce que les actes sexuels illustrés correspondent mal à ce que l'on enseigne habituellement aux enfants, parce que n'importe qui pouvait entrer au temple et pas seulement les fidèles qui mériteraient un test et enfin parce que l'intérieur des temples est souvent tout aussi décoré que l'extérieur.

4. Cela rappelle l'évolution du taoïsme chinois, telle que décrite par Robert Van Gulik (*La Vie sexuelle dans la Chine ancienne*, Paris, Gallimard 1971 (1961), p. 388), où une inquiétude originale à l'égard du gaspillage du sperme et un intérêt pour le «vampirisme sexuel», c'est-à-dire la capacité de s'attribuer une partie des forces de ses partenaires sexuels, dégénèrent progressivement vers la préoccupation beaucoup plus matérielle de l'impuissance sexuelle et le commerce de ses remèdes.

5. Niloufer Ichaporia, «Tourism at Khajuraho, An Indian Enigma?», dans *Annals of Tourism Research*, vol. 10, p 75-92, 1983.

6. *Ibid.*, p. 85.

Chapitre 7. La raison du serpent

1. Il ne saurait être ici question d'engager un débat sur le terrain de l'exégèse dont nous sommes trop ignorant. Nos sources se limitent aux ouvrages synthèse de Monique Alexandre, *Le Commencement du livre Genèse I-V, La Version grecque de la Septante et sa réception*, Paris, Beauchesne, 1988, Gordon J. Wenham, *Word Biblical Commentary, Volume 1, Genesis 1-15*, Waco, Texas, Word Books, 1987, Daniel A. Bertrand, *La Vie grecque d'Adam et Ève*, Paris, Jean Maisonneuve, 1987, et U. Cassuto, *A Commentary on the Book of Genesis*, Jérusalem, The Magnes Press, The Hebrew University, 1961.

2. Pour un exemple d'humanisme cultivé et de fort bon goût face à l'érotisme, voir F. Gonzalez-Crussi, *On the Nature of Things Erotic*, San Diego, New York, Londres, Harcourt Brace Jovanovich, 1988.

3. Ce qui ne veut pas dire que l'exercice soit futile ou désagréable. Voir par exemple l'article de William N. Stephens, «A Cross-Cultural Study of Modesty», *Behavior Science Notes*, 7, p. 1-28, 1972; ou l'ouvrage J.-C. de Bologne, *Histoire de la pudeur*, Paris, Olivier Orban, 1986; ou encore le collectif dirigé par O. Burgelin et P. Perrot (dir.), «Parure, pudeur, étiquette», *Communications*, n° 46, Paris, Seuil, 1987.

4. J.-C. de Bologne, *op. cit.*, p. 75.

5. «Social Distance and the Veil», dans Ferdinand D. Schoeman (dir.), *Philosophical Dimensions of Privacy: An Anthology*, Cambridge University Press, 1984, p. 34-55 (d'abord publié dans *American Anthropologist* 66 [6, pt.1] p. 1257-1274, 1964).

6. L'analyse de Murphy a été par la suite corrigée par Dominique Casajus qui se sert d'une ethnographie beaucoup plus solide pour expliquer en plus pourquoi les femmes touareg ne portent pas de voile et comment cette réserve voilée demeure incompréhensible sans tenir compte du besoin, spécifiquement mâle, de se protéger de la menace cons-

tante des esprits. Il est fort probable que Casajus ait entièrement raison et que l'analyse de Murphy ne fasse pas justice à la complexité de la situation, mais la thèse générale de Murphy demeure largement intacte. («Why Do the Touareg Veil Their Faces?», dans R. H. Barnes, Daniel De Coppet et R. J. Parkin, (dir.), *Contexts and Levels, Anthropological Essays on Hierarchy*, Oxford, Jaso, 1985, p. 68-77).

7. Irving Goffman, *Les Rites d'interaction*, Paris, Minuit, 1974, p. 94.

8. *Idem*, p. 199.

9. Par ignorance autant que par aversion, il faut laisser à d'autres le soin de retracer les liens réels et symboliques entre la bouche, le regard, le fellatio, la psychanalyse, l'anus, le pénis et le regard masculin (qui expliquerait pourquoi tous les sondages s'accordent à dire que le plus séduisant des hommes a immanquablement un «regard doux»), l'obscénité de déshabiller quelqu'un en public et la panique face à l'obligation de devoir parler en public, l'expression «sur la sellette» qui veut dire faire avouer et qui fait allusion à un petit siège de bois et à l'évacuation par voies naturelles, et le fait que, sans même songer aux difficultés de l'apprentissage de la toilette, le mot «selle» est assez proche du mot «self», un anglicisme que les Français ont adopté vraiment très rapidement.

10. *Le Catéchisme des Provinces Ecclésiastiques de Québec, Montréal et Ottawa*, Sherbrooke, Les Éditions Saint-Raphaël, 1976 (réimpression intégrale du texte de 1944).

11. Dans Anne Sentuc, «Le Regard solitaire du voyeur», *Psychologies*, n° 21, avril 1985, p. 24.

Chapitre 8. La geste d'Onan

1. L'ouvrage de référence classique en anthropologie de la sexualité, C. S. Ford et F. A. Beach, *Patterns of Sexual Behaviour*, Londres, Methuen, 1965 (d'abord publié par Eyre Spottiswoode en 1952), consacre un bref chapitre à l'autostimulation qui ne fait qu'énumérer les rares rapports

ethnographiques sur un sujet qui, pas très important et souvent très privé, demeure sûrement mal connu.

2. Tout cela est très bien dit dans le troisième chapitre du livre de Claude Lévi-Strauss, *Les Structures élémentaires de la parenté*, Paris, PUF, 1949.

3. A. Hesnard, dans Ellis, Havelock, *Études de la psychologie sexuelle*, Paris, Cercle du livre précieux, 1964, p. 163.

4. Hesnard disait ainsi que les jeunes Arabes, sexuellement plus libres, se masturbent moins que les jeunes Juifs d'éducation religieuse stricte et très prude. (*La Sexologie*, Paris, Petite Bibliothèque Payot, 1959, p. 287). Et Kinsey, qui a choqué l'Amérique en lui révélant l'ampleur de la pratique, expliquait la fréquence et l'importance de la masturbation par le fait que la société américaine était relativement puritaine.

5. Gladys A. Reichard, *Navaho Religion, A Study of Symbolism*, vol. I, Bollingen Series XVIII, New York, Pantheon Books, 1950, p. 31.

6. *Les Structures élémentaires de la parenté*, op. cit.

7. *Idem*, chapitre III.

8. Reay Tannahill, *Le Sexe dans l'histoire*, Paris, Marabout, 1980, p. 115.

9. Jean-Louis Flandrin, *Le Sexe et l'Occident*, Paris, Seuil, 1981, p. 259.

10. Voir Jacques Solé, *L'Amour en Occident à l'époque moderne*, Bruxelles, Complexe, 1984, p. 108-109 (première édition, Albin Michel, 1976).

11. Voir à ce sujet Roger-Henri Guerrand, «Le Temps des castrés», dans Geneviève Delaisi de Parseval (dir.), *Les Sexes de l'homme*, Paris, Seuil, 1985, p. 17-37.

12. G. J. Barker-Benfield, *The Horrors of the Half-Known Life, Male Attitudes toward Women and Sexuality in Nineteenth-Century America*, New York, Harper et Row, 1976.

13. *Onanisme avec troubles nerveux chez deux petites filles*, Paris, Solin, Petite bibliothèque des étonnements, 1978 (d'abord publié en 1882 dans la très sérieuse revue *L'Encéphale*, «journal des maladies mentales et nerveuses»).

14. *Idem*, p. 58.
15. Cité par Guerrand, *op.cit.*, p. 23.
16. Georges Falconnet et Nadine Lefaucheur, *La Fabrication des mâles*, Paris, Seuil, Points, 1975, p. 136.
17. Paris, Grande librairie médicale A. Maloine, 1925.
18. Cité par Faligot et Kauffer, *op. cit.*, p. 213.
19. Dans un reportage intitulé «Sexualité des Français: fantasmes et réalités», l'hebdomadaire *Le Point* du 1ᵉʳ février 1987 mentionnait (p. 56) un effet imprévu de la vieille honte de l'onanisme: il est presque impossible d'amener les lycéens ou les recrues à donner leur semence à la science, et les centres de conservation et d'étude du sperme manquent de jeunes donneurs.
20. Manfred F. DeMartino (dir.), *Human Autoerotic Practices*, New York, Human Sciences Press, 1979. Albert Ellis a écrit entre autres la préface et le chapitre 18, «The Art and Science of Masturbation», Morton Hunt, le chapitre 17, «Changes in Masturbatory Attitudes and Behavior» et Betty Dodson, le chapitre 12, «Masturbation as Meditation».
21. Marie Chevret-Measson, «Le Toucher», dans Nadine Grafeille, Mireille Bonierbale et Marie Chevret-Measson, *Les Cinq Sens et l'Amour*, Paris, Robert Laffont, 1983, p. 184.
22. André Béjin, «Crépuscule des psychanalystes, matin des sexologues», dans Philippe Ariès et André Béjin (dir.), *Sexualités occidentales*, Communications, 35, Paris, Seuil, Points, 1982, p. 215, note 54.
23. «Le Pouvoir des sexologues et la Démocratie sexuelle» dans P. Ariès et A. Béjin, *op. cit.*
24. Dans W.H. Masters, V.E. Johnson et R.J. Levin, *L'Union pour le plaisir*, Paris, Robert Laffont, 1974, p. 35, cité par A. Béjin, dans P. Ariès et A. Béjin, *op.cit.*, p. 238.
25. Albert Ellis, «The Art and Science of Masturbation» dans De Martino (dir.), *op. cit.*, p. 254.
26. Suzanne Sarnoff et Irving Sarnoff, *Masturbation and Adult Sexuality*, New York, M. Evans, 1979, p. 17, cités par Edwin

M. Schur, *The Americanization of Sex*, Philadelphie, Temple University Press, 1988, p. 62.

27. Betty Dodson, «Masturbation as Meditation» dans De Martino, *op. cit.*, p. 166-168.

28. Voir à ce sujet J. C. Messenger, «Sex and Repression in an Irish Folk Community» et D. S. Marshall, «Sexual Behavior on Mangaia», tous deux dans D. S. Marshall et R. C. Suggs (dir.), *Human Sexual Behavior, Variations in the Ethnographic Spectru*, New York, Londres, Basic Books, 1971.

29. Voir G. Heider, K. «Dani Sexuality: A Low Energy System», dans *Man*, vol. 11, 2, 1976.

30. Deux livres qui ont alimenté ce débat, LizHodgkinson, *Sex Is Not Compulsory*, Columbus Books, 1986 et Celia Haddon, *La Véritable Harmonie sexuelle du couple*, Paris, J.C. Lattès, 1984 (*The Limits of Sex*, 1982).

31. Paris, Autrement, 1984.

32. Agence France Presse, 16 janvier 1985.

33. *Mort de la famille*, Paris, Seuil, 1972, p. 9, cité par Béjin, *op.cit.*, p. 15 (*Death of the Family*, 1971).

34. *Notre-Dame-des-Fleurs*, *Œuvres complètes*, II, Paris, Gallimard, 1951, p. 69.

35. *L'Art et la Science de l'amour*, Paris, Laffont, 1967.

Chapitre 9. Le jaguar et le tamanoir

1. Les informations ethnographiques qui suivent proviennent de Curt Nimuendaju, *The Sherente*, Los Angeles, Frederick Webb Hodge Publications Fund, 4, 1942. Thomas F. Portante a complété un mémoire de deuxième cycle, comme on dit «sous ma direction» portant le titre «Contribution to South American Semiology: A Study of the Role of the Great-Anteater in South American Mythology» à l'université McGill en 1977, et son analyse, comme tant d'autres, s'inspire directement des travaux de Claude Lévi-Strauss, en particulier *Du miel aux cendres*, (Paris, Plon, 1966).

2. L'information, citée par Portante, *op. cit.*, p. 10, vient de B. J. Susnik, *Estudios Emok-Toba. Parte Iʳᵃ: Fraseario*, Boletin de la Sociedad cientifica del Paraguay, vol. VII-1962, Etnolinguistica 7, Asunción, 1962.
3. Que l'on trouvera dans Lévi-Strauss, *op. cit.*, p. 112, qui la tient de C. Nimuendaju, *The Tukuna*, UCPAAE, vol. 45, Berkeley-Los Angeles, 1952.
4. «The Pornography of Death», *Encounter*, octobre 1955.
5. *Essais sur l'histoire de la mort en Occident du Moyen Âge à nos jours*, Paris, Seuil, 1975. Voir aussi N. O. Brown, *Life Against Death*, Wesleyan University Press, 1959; E. Becker, *The Denial of Death*, New York, Free Press, 1973; et R.J. Lifton, *The Broken Connection*, New York, Harper, 1983.
6. *Le Sexe et la Mort*, Seuil, Odile Jacob, 1986, p. 270.
7. *Histoire de la sexualité 1: La volonté de savoir*, Paris, NRF, Gallimard, 1976, p. 206.
8. *The Last Taboo: Sex and the Fear of Death*, New York, Doubleday, 1979.
9. «Thanatophobic Man», *Anthropology Today*, vol. 5, n° 2, avril 1989, p. 11-14. Puisque l'idée n'est pas sans conséquences pour la construction culturelle de la féminité, elle a été développée avec attention par plusieurs analystes féministes; voir par exemple D. Dinnerstein, *The Mermaid and the Minotaur*, New York, Harper, 1976, et W.D. O'Flaherty, *Women, Androgeny, and Other Mythical Beast*, Chicago, University of Chicago Press, 1980.
10. À ce sujet, voir le bref mais intéressant article de Christiane Robitaille, «L'Infirmière et la Pornographie», dans *Possibles*, vol. 13, n° 4, automne 1989, p. 57-65.
11. Associated Press, août 1985.
12. Le texte classique sur le sujet demeure celui de Robert Hertz, «Contribution à une étude sur la représentation collective de la mort», *Année sociologique*, 10, 1907, p. 48-137. On trouvera aussi un résumé récent dans Phyllis Palgi et Henry Abramovitch, «Death: A Cross-Cultural Perspective», *Annual Review in Anthropology*, 13, 1984, p. 385-417.

13. *L'Homme et la Mort*, Paris, Seuil, 1976, p. 304 (première édition chez Buchet et Chastel, 1951) les italiques sont dans le texte.

14. «Pudeur et Pornographie», *Contraception-fertilité-sexualité*, vol. 13, n° 5, 1985, p. 773-777.

15. *Op. cit.*, p.11.

16. La dépêche vient de l'Agence France Presse (30/12/87): la société new-yorkaise Creative Programming Inc. connaît beaucoup de succès avec «Toutou-vidéo» qui montre un petit chien amical, enjoué et toujours propre, «Minou-vidéo», moins obéissant mais qui ronronne, et «Bébé-vidéo» à qui le spectateur peut demander quelques questions et qui inlassablement porte la cuiller à sa bouche, montre du doigt, rampe à quatre pattes, lance une balle, gazouille et pleurniche.

TABLE DES MATIÈRES

Ce livre est imprimé sur
du papier contenant plus
de 50% de papier recyclé
dont 5% de fibres recyclées.

Achevé   Imprimerie
d'imprimer Gagné Ltée
au Canada Louiseville

Mars 1991